Autor: Ps. Hanny Juez

LA CIENCIA
DE LA
SUPER-CONCIENCIA

Y EL MÉTODO ASHTANGA-YOGA

Título:

*La Ciencia de la Super-Conciencia
y el Método Ashtanga-Yoga*

Primera edición
© 2023

DEDICATORIA

*Agradezco a la sagrada y amorosa
Conciencia Cósmica, por tanta
generosidad y misericordia.*

ÍNDICE DE CONTENIDO

DEDICATORIA 3

AGRADECIMIENTOS 11

ACERCA DEL AUTOR...13

PRÓLOGO...15

PREFACIO 17

INTRODUCCIÓN..23

CAPÍTULO I: YAMA 29
  1) No violencia (ahimsa)...*33*
  2) Verdad (sathyam)..*36*
  3) No robar (astheyam)..*38*
  4) Celibato (brahmacharyam)..*40*
    Beneficios del Celibato.. 42
    Sublimar las energías más elevadas: Viryas y Oyas 42
    Jefe de familia y castidad.. 43
  5) No aceptar dádivas (aparigraha)..............................*44*
    El rescate del Sanathana Dharma y los Valores Eternos 48
      El Sendero Eterno hacia la Morada Suprema 49
      Despertar al Sanathana Dharma 50
      El Sanathana Dharma y el Raya-Yoga.......................... 51

CAPÍTULO II: NIYAMA 53
  1) Pureza (soucham)..*55*
  2) Penitencia (tapas)..*57*
    ¿De qué sirve... 59
    ¿Cuál es el verdadero ascetismo?.................................... 59
  3) Contento (santhosham)...*61*
    Si logro... 62
    Entonces ¿qué es y cómo se logra el verdadero contento? 63
  4) Estudio de textos sagrados (swadhyayam).................*64*
  5) Entrega a Dios (Ishwara pranidhaanam)..................*66*
    Aquel que... 68
    La ley cósmica del Karma 68
      El Karma es semilla.. 69
      ¿Cuál es la dinámica de los efectos de las acciones (karma)? . 70
      ¿Cómo escapar de los efectos de las acciones (karma)?.......... 71
      Karma-yoga: Rendición del cuerpo físico o de actividad 72
      Bhakti-yoga: Rendición del cuerpo mental o de Luz.............. 73
      Jñana-yoga: Rendición del cuerpo espiritual o de sabiduría... 73
      Profundizando en el karma-yoga 74

Las tres clases de frutos que entrega la actividad (karma) 75
¿Cuáles son los beneficios de la práctica del karma-yoga?..... 77
Purusharthas: Los cuatro medios legítimos para el éxito 78
Dar siempre lo mejor en toda actividad... ¡y un poco más! 79

CAPÍTULO III: ASANA..**81**
La práctica espiritual (sadhana) 83
Sadhana externo.. 83
¿Es posible estar concentrados en el trabajo y al mismo tiempo
practicar las enseñanzas espirituales? 84
¡Despiertos!... 84
Sadhana interno 85
Mudras de la cabeza... 85
Mudras de las manos 88
Mudras Jñana y Chin 89
Mudra Dhyana.. 90
Mudras de la postura física (asana)... 91
Postura sentado en una silla 91
Postura cuarto de loto: Sukha-Asana.................................... 92
Postura medio loto: Ardha-Padma-Asana 92
Postura loto: Padma-Asana 93
Horario recomendado para el Sadhana Interno (Brahma-Muhurta)... 94
El sadhana es remar contra-corriente... 95
Recomendaciones adicionales para la práctica del sadhana interno. 96
La importancia del asana sobre los estímulos.................................. 96

CAPÍTULO IV: PRANAYAMA...**101**
¿Qué es el Pranayama?.. 105
¿Qué beneficios se alcanzan con el Pranayama?............................ 105
El Pranayama es de dos tipos 107
Pranayamas básicos recomendados 107
Purificación de canales: Nadi-Shodhana 107
Pranayama simplificado: Laghu-Pranayama............................ 108
Kundalini: El Principio Energético Fundacional 111
Pranayama y Kundalini... 111
Ritmo de la respiración para los pasos posteriores 114

CAPÍTULO V: PRATYAHARA...**115**
Maya-Shakti: el poder de la ilusión 118
Los Tres Factores Condicionantes 120
Impresiones (samskaras) 121
Tendencias (vasanas).. 122
Recuerdos o impulsos internos (vrittis) 122
Otras consideraciones sobre los Factores Condicionantes........ 123
La Manifestación Cósmica y sus cuatro períodos (yugas) 124
Dinámica mente-sentidos.. 125
¿Estímulos o libre albedrío?... 126
¿Qué significa Pratyahara? 127
La fuente que entrega completa satisfacción.................................. 128

CAPÍTULO VI: DHARANA **131**
La importancia de la concentración (dharana) *136*
Los tres cuerpos y las cinco envolturas *137*
Los Gunas: las tres características primarias universales *141*
   Importancia de la saturación en el satwa-guna 145
Relación entre los cuerpos, planos y estados de conciencia *147*
   La importancia de conocer las envolturas, los planos y los estados
   de conciencia 148
Concentración en un solo punto (ekagrata) *150*
Dios con atributos y Dios sin atributos *151*
Paso a paso *152*

CAPÍTULO VII: DHYANA **155**
El escalar de los estados de conciencia *159*
La meditación y las vasijas de aceite *161*
Relación sujeto-objeto *162*
La Conciencia es eternidad *162*
Triputhi: la triada del objeto, significado y sujeto *163*
El Triputhi y el proceso de la percepción *166*
   El objeto de la percepción (jñeyaam) 167
   El conocimiento de la percepción (jñanaam) 167
      Proceso físico 169
      Proceso mental 169
         Sinapsis trascendental: El punto de encuentro entre la
         materia y la no materia 169
         Los sentidos internos (anthakaarana) 171
      Proceso causal 172
   El sujeto de la percepción (jñatham) 172
Conciencia y conocimiento *174*
Meditación en la Luz: Jyotir-Dhyana *176*
"No soy esto, no soy esto": Neti-Neti *177*
Trascender la triple causa que genera karma: Trikaarana-suddhi ...*178*
Elementos fundamentales para la meditación: Satwa-guna,
Trikaarana-Suddhi y Triputhi *180*

CAPÍTULO VIII: SAMADHI **183**
Profundizando en los planos de conciencia *187*
   Plano físico (viswa) 187
   Plano sutil (taiyesa) 188
   Plano causal (prajña) 188
   Plano Supra-Causal (Turiya) y la vibración primordial "Om" 189
La sagrada Biblia, el Verbo y la Vibración Primordial "Om" *190*
Los estados de conciencia y el "Om" *191*
¿Cómo escalar en los planos de conciencia? *193*
La ruta Ashtanga-Yoga *194*
El Samadhi como instrumento de ascensión *195*
   Samadhi con características: Savikalpa-Samadhi 196
      La esencia del Ishtadevata: Samyama 197
      La ventana de cristal: el reflejo 197

Samadhi sin características: Nirvikalpa-Samadhi 198
La ventana de cristal: del otro lado 200
¿Qué es la realización? 203

TESTIMONIOS FINALES **207**
Beneficios adicionales de la práctica del Ashtanga-Yoga 207
Dar el justo valor a las cosas 207
No a la pre-ocupación ni post-ocupación 207
Mejorar y prolongar la calidad de vida 208
Las cuatro preguntas fundamentales 209
No se trata de... 210
El despertar de la sagrada energía "Kundalini" 211
Yo soy la Conciencia Divina 212

GLOSARIO **217**

ANEXO BIBLIOGRÁFICO **229**

ÍNDICE DE ILUSTRACIONES

Ilustración 1: El Sendero Eterno opera por medio del Raya-Yoga. 51
Ilustración 2: Representación sagital del encéfalo humano 86
Ilustración 3: La postura de los ojos en el rostro humano y ciertos puntos de concentración recomendados 87
Ilustración 4: Posición similar a un triángulo equilátero 89
Ilustración 5: Jñana-mudra o el "gesto para el conocimiento" 90
Ilustración 6: Chin-mudra o el "gesto para la conciencia" 90
Ilustración 7: Dhyana-mudra o el "gesto para la meditación" 91
Ilustración 8: Asana sentado en una silla 91
Ilustración 9: Sukha-asana y el chin-mudra 92
Ilustración 10: Ardha-padmasana y dhyana-mudra 93
Ilustración 11: Padma-asana y el jñana-mudra 93
Ilustración 12: Dinámica de los sentidos internos (anthakaarana) 98
Ilustración 13: Los ejercicios de respiración actúan como un puente donde transita y se captura el prana 105
Ilustración 14: Ejecución nadi-shodhana y su alternabilidad nasal 108
Ilustración 15: Ciclo del laghu-pranayama para el despertar del Kundalini 109
Ilustración 16: Las tres principales corrientes energéticas del ser humano: ida, píngala y sushumna. 113
Ilustración 17: Representación de la técnica del Pratyahara 129
Ilustración 18: Descripción de los tres cuerpos (dehas) y las cinco envolturas (koshas) en el ser humano 141
Ilustración 19: El "Ser" (Purusha), su relación con los Siete Mundos y su ascendencia sobre los Reinos Espiritual y Material 142

Ilustración 20: Figura (a): Cuando los gunas se encuentran impuros. Figura (b): Cuando se está libre del tamo y rayo gunas y cuando el satwa brilla con todo su esplendor 144
Ilustración 21: Los planos de conciencia, donde el anterior es causa del posterior.............. 148
Ilustración 22: La meditación (dhyana) es el fluir constante y estable de la Gracia Divina (conocimiento) 161
Ilustración 23: Dinámica del Triputi. La triada del sujeto, significado y objeto............ 165
Ilustración 24: La sinapsis trascendental se da en un espacio entre los estímulos y los sentidos internos............ 170
Ilustración 25: La "Dinámica del Triputhi" durante el "Proceso de la Percepción" y su impacto sobre los tres tipos de sujetos 174
Ilustración 26: Sólo una fracción de longitud de onda del "Espectro Electromagnético" es captada por el ojo humano. 187
Ilustración 27: La ruta Ashtanga-Yoga hacia la Super-Conciencia... 195
Ilustración 28: Proceso del triputhi desde la vigilia, siguiendo por el savikalpa-samadhi hasta alcanzar el nirvikalpa-samadhi............. 199
Ilustración 29: Los planos de conciencia incluso desde antes de la génesis (Fuente Primordial); la génesis como tal (Super-Conciencia); causa, ideación y evolución (el resto) 205
Ilustración 30: Representación del despertar de la sagrada energía Kundalini y su circulación, vibración e intensidad en el autor...... 211

ÍNDICE DE TABLAS

Tabla 1: Comparación entre los cinco valores ascéticos de Patányali y los cinco valores humanos establecidos por Sai Baba 49
Tabla 2: Representación de los dedos de la mano versus lo manifestado y lo no-manifestado (Dios / Parama-Atma) 88
Tabla 3: Los cuerpos del ser humano y sus cinco envolturas 140
Tabla 4: Relación entre las envolturas del ser humano, los gunas y sus características 143
Tabla 5: Los estados de conciencia y sus ondas cerebrales 146
Tabla 6: Relación entre los cuerpos, planos y estados de conciencia 147
Tabla 7: Composición de los cuerpos y sus atributos en los distintos estados de conciencia 160
Tabla 8: El trikaarana-suddhi no sólo purifica la triple causa que genera karma, sino también los tres factores condicionantes, las tres características primarias universales (adi-gunas) y los tres estados de conciencia (avastha) 179
Tabla 9: Relación entre el Om, los cuerpos, los planos de conciencia, los estados de conciencia y los niveles de conciencia 192

AGRADECIMIENTOS

A mis amados padres terrenales Hammoud Juez y Ghada de Juez, quienes han sido y siguen siendo de modo incondicional, mi sostén y apoyo.

A mi amada esposa Lai, verdadero receptáculo permanente de Gracia y Bendición, que me beneficia de manera invaluable y generosa.

A mis hermosos hijos Samir y Devi, auténticas encarnaciones del Amor de Dios.

A mis hermanos Bassam y Wisam, soportes sinceros, leales y amorosos de mi trayecto existencial.

A mis queridos Abg. Marigloria Cornejo Cousin, Lic. Fernando Naranjo, Ing. Guillemo Muñoz, así como también al Dr. Edelio Sánchez Pérez, por su valioso tiempo y experiencia que dedicaron a la revisión de esta obra.

A los sagrados maestros Sri Yagnavalkya, Sri Babayi, Sri Lahiri Mahasaya, Sri Yukteswar, Sri Paramahamsa Yogananda, Sri Swami Rama, Sri Shivananda, Sri Vivekananda, Sri Ramakrishna Paramahamsa.

A los sagrados maestros y monjes Buda, Chum Sam-Yun, Kuan-Tai-Kun, Yin Su Lee (Dr. Ricardo Tay-Lee Salazar), Virgen Kum-Yam.

Al venerable padre Pío y al sabio hermano Adolfo Armijos (Dositeo).

Al amado Señor Jesús y la Divina Madre María.

A Sri Rama y Krishna Avataram.

A mi benefactor y fuente de eterna Gracia Bhagawan Sri Sathya Sai Baba Avataram.

Foto 1: El autor Hanny Juez

ACERCA DEL AUTOR

Hanny Juez es psicólogo clínico, escritor y hombre de negocios. Nació en el seno de una familia piadosa. Sus padres, originarios del Líbano, se asentaron en el Ecuador en la década de los sesenta y procrearon tres hijos, siendo Hanny el menor.

Estudió en el Colegio Católico "San José – La Salle" de Guayaquil. Es Psicólogo Clínico por la "Universidad de Guayaquil" en la que también fue miembro del Consejo Directivo y presidente de la Asociación de Estudiantes de dicha Facultad. Ha participado gran parte de su vida en la Organización Sri Sathya Sai tanto nacional como internacional. En la primera llegó a ser presidente y en la segunda brindó su aporte en varios frentes. Ha cursado muchas disciplinas deportivas, sobre todo, en artes marciales, específicamente la rama del Kung-Fú junto al respetado maestro Ricardo Tay-Lee Salazar (*Yin Su Lee*).

Una de las principales características del autor es la seriedad en todo quehacer, por lo que no acostumbra a dar crédito a leyendas, mitos, etc. sino que siempre prioriza el sentido común y la verificación por medio del estudio y la práctica. A diferencia de lo que se pueda imaginar, Hanny no buscó un sendero trascendental, sino que la vida misma fue la encargada de encaminarlo. Desde tierna edad, Jesús estuvo presente en su vida y más tarde tuvo la infinita gracia de compartir con Bhagawan Sri Sathya Sai Baba y atestiguar de primera mano la majestuosa fortuna con que la humanidad se ha visto invaluablemente beneficiada.

Intensamente ligado al trabajo y servicio desinteresado hacia la comunidad. Este último campo lo desarrolla por medio de espacios educacionales, deportivos, musicales, radiales, digitales, etc. dirigidos a un amplio sector de la sociedad (niños, jóvenes, adultos y adultos-mayores); tanto de instituciones públicas y particulares como también de poblaciones deprimidas del Ecuador y allende sus fronteras.

Junto a su amada esposa Lai ha procreado una hermosa familia gracias a las dos bellas criaturas Samir y Devi con los que fueron bendecidos.

Foto 2: *Bhagawan Sri Sathya Sai Baba y el autor en el Ashram de Prashanti Nilayam (Puttaparthi, India, 1997)*

PRÓLOGO

Quiero agradecer a Hanny Juez por la oportunidad y el honor de escribir el prólogo para su libro *"La Ciencia de la Super-Conciencia y el Método Ashtanga-Yoga"*.

Hace muchos años que Hanny comenzó su trabajo espiritual. La llegada de Bhagawan Sri Sathya Sai Baba a su vida, ha nutrido e intensificado aún más su determinación para avanzar en el sendero del autodescubrimiento.

El compromiso asumido por Hanny para poner en práctica en su vida diaria las enseñanzas de Bhagawan Sri Sathya Sai Baba, así como también, para colaborar en la organización espiritual fundada y nutrida por la guía y enseñanzas del mismo Baba, es una muestra más de la seriedad y sinceridad de su trabajo espiritual.

Este es el sendero por el que todos los seres humanos cursamos: el regreso a nuestra fuente. Así como todos los ríos tienen como destino inexorable el mar de donde han surgido, así también todos los seres, tarde o temprano, en una vida u otra, tenemos que llegar a despertar a nuestra verdadera realidad.

Los grandes maestros espirituales que se han manifestado en la humanidad y las sagradas escrituras nos dicen que, este camino tiene dos elementos indispensables: uno es el intenso trabajo interior o disciplina espiritual para que nuestra conciencia se purifique y pueda ver la realidad; el otro elemento es ayudar a la mayor cantidad de seres posibles a avanzar en este despertar.

Por medio de este libro, Hanny está poniendo en práctica ambos aspectos del verdadero camino a la meta. Por un lado, el escribir el presente texto que profundiza en las enseñanzas del ashtanga-yoga que nos legó el sabio Patányali, es un enorme trabajo espiritual; y, por otro lado, esta obra es en sí mismo una magnífica ayuda para los aspirantes espirituales para comprender mejor uno de los senderos espirituales que nos llevarán a realizar la meta más alta de la vida.

En su libro, Hanny comparte los comentarios del creador de este camino: el sabio Patányali, y también de maestros como Vivekananda y Bhagawan Sri Sathya Sai Baba. Hanny también comparte su comprensión de estas enseñanzas a partir de sus experiencias de vida y del fruto de su propio camino espiritual.

Personalmente, el leer este libro me enriqueció y ayudó a comprender mejor *"La Ciencia de la Super-Conciencia y el Método Ashtanga-Yoga"* como uno de los caminos para alcanzar la meta más alta de la vida.

Le agradezco a Hanny el esfuerzo y dedicación en esta obra. Estoy seguro será de mucha ayuda para todos los aspirantes espirituales que tengan la oportunidad de leerlo.

Leonardo Gutter

Psicólogo Clínico y hombre de negocios
Seguidor de Sri Sathya Sai Baba desde 1979
Miembro del Consejo de Prashanti desde 2004

PREFACIO

El estudio y cultivo de una buena salud, bienestar y trascendencia ha sido siempre tema prioritario de toda sociedad. Desde la antigüedad, grandes civilizaciones como la egipcia, árabe, china, persa, india, entre otras, han hecho gigantescas contribuciones al respecto. Con el transcurso del tiempo comprendieron que una buena salud física se fundamenta en una buena salud metafísica; o sea, que aquello que se ve, se sostiene y nutre en aquello que no se ve. Muchos de esos conceptos mantienen su vigencia hasta hoy.

En occidente, a fines del siglo XIX e inicios del XX, se empezaron a formar las primeras escuelas científicas para el estudio de la psiquis, mismas que básicamente, hasta la actualidad, no han variado mucho. En esencia, se fundamenta en el estudio de la conciencia y sus distintas implicaciones en el ser humano. Incluso la llegaron a segmentar en consciente, subconsciente e inconsciente, las cuales tienen una sorprendente similitud (por no decir exactitud) con aportes realizados milenios antes por algunas de las sociedades citadas inicialmente en el párrafo anterior. Increíblemente dejaron de lado al segmento más importante, aquel que es la base para todos los demás, aquel que incluso, con un poco de picardía, podría haberse extraído nuevamente de aquella riquísima fuente de conocimiento de las tempranas sociedades de nuestra época, ese segmento es la *Super-Conciencia*.

Existe en Asia meridional un grupo de científicos especializados que han venido trabajando arduamente desde hace varios miles de años buscando la causa raíz de toda la Naturaleza: ¿Qué la sostiene? ¿Cuál es la inteligencia detrás de toda esta ingeniería? ¿Cuál es la materia prima utilizada para todo este conglomerado de objetos llamado Naturaleza? ¿Dónde se constituye dicha materia prima? ¿Será inagotable?

Estos científicos, conocidos con el nombre de *yoguis*[*], como todo ser humano, son curiosos por naturaleza y continuaron con esta investigación, pero pasaron de buscar respuestas afuera para comenzar a buscarlas adentro.

---

[*] Del sánscrito *yoga* que significa unión.

La auto-indagación y auto-observación fueron sus herramientas y los laboratorios fueron sus cuerpos en donde emplearon una objetividad tan fría como témpano de hielo y, al mismo tiempo, una disciplina tan férrea cual temple diamantino. Continuaron indagando sobre lo efímero de la vida, la dualidad vida y muerte.

¿Quién es el que percibe, luego entiende, luego analiza y descubre un nuevo aprendizaje? Entendieron que hay un sujeto, un observador permanente, a quien llamaron "yo" y de aquí, la más importante interrogante, piedra angular y motivacional de los grandes científicos que buscan la verdad que transciende toda temporalidad: ¿Quién soy "yo"?

Este proceso dio como resultado un cúmulo de experiencias y aprendizajes que se fueron puliendo, perfeccionando, sintetizando y transmitiendo de científico (maestro o **gurú**) a estudiante (discípulo o **sadhaka**), de forma directa (oral o **sravana**).

Hace más de dos mil años el sabio Patányali expuso un sistema de técnicas que tienen como propósito fundamental: "descubrir plenamente las capacidades latentes en el ser humano". Sí, el ser humano tiene un potencial que no se enmarca sólo en lo físico o cognitivo, sino que incluye otros niveles. Alcanzar la máxima capacidad en cada uno de ellos, en todo su conjunto, eleva al ser humano hasta niveles inimaginables.

Un poco antes de finalizar el siglo XIX nace en India un joven llamado Narendranath Datta, quien fue bautizado por su prístino maestro Ramakrishna Paramahansa con el nombre Vivekananda (aquel cuyo discernimiento otorga bienaventuranza). Poseía una aguda inteligencia y sabiduría tal, que derretía toda ignorancia como "cuchillo caliente en mantequilla". Fue uno de los precursores en llevar este invaluable conocimiento científico-yóguico a Occidente por medio de un viaje histórico hacia Estados Unidos de Norteamérica*. También fue un intenso activista de las causas sociales justas de India, su amada tierra natal.

---

* En 1893 se registró la primera visita de un maestro yogui a Occidente, específicamente a los Estados Unidos de América, para participar como orador del "Parlamento Mundial de Religiones".

Este texto de estudio se nutre con los mensajes de estos dos grandes científicos/yoguis: Sri Maharishi Patányali y Sri Swami Vivekananda y se complementa con la perfecta sabiduría del Maestro Purna-Avataram Bhagawan Sri Sathya Sai Baba, quien durante todo el siglo XX y parte del XXI, ha guiado e inspirado con su ejemplo de vida a niños, jóvenes y adultos de todos los rincones del mundo, sin distinción de raza, credo, sexo, condición social, profesión o grado intelectual. Su mensaje es siempre sencillo y claro:

"Ama a todos, sirve a todos"
"Ayudar siempre, lastimar nunca"

En un contexto mundial en donde lo complejo e indescifrable es aplaudido y lo sencillo y prístino es minimizado, Bhagawan Sri Sathya Sai Baba tomó como su portaestandarte principal a algo que en la actualidad se lo ha relativizado y restado importancia: el *Amor*, pero no el seudo-amor trivial y sensual que por estas décadas se quiere destacar y prevalecer, sino un amor perfecto, puro, que no pide nada a cambio, que siempre está disponible, que siempre acompaña, que sana, que guía y que inspira.

Bhagawan Sri Sathya Sai Baba ha dedicado enteramente su vida a servir e inspirar, sin pausa ni descanso. Su fuerza y legado radica precisamente en el más puro *Amor*. Es precisamente este generoso e inagotable *Amor* el que permanece y crece sin límites, de manera exponencial, haciendo de la vida cotidiana un espacio de plenitud y satisfacción, de verdadera calidad de vida.

Todo lo que existe en la manifestación cósmica son simplemente modificaciones a partir de este sencillo y puro *Amor*. Dicho *Amor* está presente en todos y cada uno de nosotros, en lo que nos rodea y en cantidades inagotables. Es un *Amor* vivo, real, eterno, siempre consciente, más allá del tiempo, lugar o circunstancia, más allá de la alegría. Bhagawan Sri Sathya Sai Baba dice:

"El Amor da y perdona,
El egoísmo recibe y olvida (al dador)"

El presente tratado está también acompañado de varias citas bíblicas, en su mayoría del amoroso Señor Jesucristo, las cuales se encuentran relacionadas con los temas específicos a desarrollar y que se espera que entreguen, sobre todo a los lectores cristianos, mayor cercanía y familiaridad, pero sobre todo un enfoque complementario que motive la práctica y profundización de dicha sagrada escritura.

El sistema de técnicas denominado **Ashtanga-Yoga** (del sánscrito **ashta**: ocho y **anga**: rama o parte) es una contribución invaluable de aquellos científicos/yoguis, en términos de efectividad y tiempo, puesto que aquel que lo ponga en práctica con disciplina, sinceridad e intensidad mostrará en un tiempo relativamente corto un impactante cambio en la forma de percibir su entorno y de percibirse a sí mismo.

Un fuego interno de dicha, paz y sabiduría se irá estableciendo y estabilizando en su diario vivir sin necesidad de causa previa, sino única y sencillamente por descubrir (levantar lo que oculta) el maravilloso potencial latente del Ser en su manifestación humana.

Como toda ciencia, el **Ashtanga-Yoga** es susceptible de comprobación; por ende, cualquiera que ponga en práctica esta disciplina de recomendaciones, alcanzará la misma meta señalada por aquellos científicos/yoguis que la anunciaron, enunciaron, detallaron, organizaron e implementaron.

Es importante señalar que el método **Ashtanga-Yoga** *per se,* no entrega la más alta meta, puesto que es únicamente un sistema, una herramienta. Es total responsabilidad del aspirante tener completa sinceridad, persistencia, anhelo, intensidad, pureza y entrega para alcanzar la Plenitud del Ser.

Como se explica y profundiza en los próximos capítulos, así como existe el Cosmos, las leyes que lo rigen y los métodos para operativizar de la mejor manera dichas leyes, así también existe el **Sanathana Dharma** (el Sendero Eterno), el **Raya-Yoga** (la Ciencia Superior del Yoga) *y el* **Ashtanga-Yoga** (la óctuple disciplina), respectivamente. Este último es la sabiduría que permite sacar el máximo provecho del **Raya-Yoga** y por ende transitar de manera directa y segura por el **Sanathana Dharma** hasta la Morada Suprema, la Fuente Primordial, la Conciencia Única y Suprema.

La ciencia eterna del ***Raya-Yoga***, sendero virtuoso por medio del cual la "Sagrada Fuente desde donde todo se originó" beneficia, sin excepción alguna, al conglomerado universal, con la única finalidad de hacer efectiva la sagrada herencia, el más importante de los tesoros: recuperar plena conciencia sobre el significado del verdadero "Yo".

Dicha herencia está siempre lista para ser reclamada y no exige condición social, raza, sexo o credo. Es para usted, que se considera una persona con una vida muy similar a la gran mayoría de la humanidad; es para usted, que busca saciar su sed por comprender la vida, por ayudar a su prójimo; es para usted, que aún no sabe cuál es su meta de vida, que siente un vacío existencial; sobre todo, es para aquel que se encuentra sumido en la desesperanza, paralizado por el error, estupefacto por el descarte y terror de las grandes ciudades, atónito por el horror y las injusticias de las sociedades, que no sabe cómo salir del pantano del alcoholismo y la drogadicción, que quiere resolver graves problemas personales, familiares y laborales, incluso para los que han pensado en poner fin a su presencia terrenal. Esta ciencia ancestral, es para todos, pero más aún es para estos últimos, para los que se encuentran en estado de necesidad extrema y urgente.

Cabe indicar que este material contiene muchos términos en idioma sánscrito, los cuales están acompañados de su traducción más cercana al castellano y su respectivo glosario al final. Se ha realizado un sincero esfuerzo para que dichas traducciones sean lo más fiables posibles.

Adicionalmente, aun cuando el presente texto está elaborado bajo una premisa objetiva y científica, ciertos párrafos están ceñidos devocionalmente, pues el amor hacia aquel Ser Supremo fluye, como fluye el agua en las montañas.

Para mayor facilidad de estudio, cada capítulo se organizó con los aforismos de Maharishi Patányali*, los comentarios de Swami Vivekananda, las palabras de Bhagawan Sri Sathya Sai Baba y el testimonio del autor.

---

* El autor cita el Yoga-Sutra[1] de Patányali, re-editada y comentada por Swami Vivekananda.

Favor tomar en consideración que, las referencias numéricas y sus correspondientes detalles están organizados de la siguiente manera:

- Si la referencia numérica está al final de la oración, favor buscar su correspondencia en el anexo bibliográfico.

- Si la referencia numérica está al inicio de la oración, favor buscar su correspondencia en la misma sección del texto.

- Si la referencia no numérica está al final de la oración, favor buscar su correspondencia en la misma sección del texto.

Querido lector, este texto ha llegado a usted, no como fruto de la casualidad sino de la causalidad, pues todo sucede y existe gracias a un propósito previo lleno de sabiduría y bondad. Es el anhelo desde un corazón rebosante y sincero que dicho propósito resulte inspirativo, enriquecedor y transformador.

Éxitos y paz permanentes para usted y todos los seres.

Hanny Juez
Diciembre-2022

INTRODUCCIÓN

Sin duda alguna la investigación científica es una herramienta muy importante y enriquecedora, y si esta es acompañada por la excelsa dádiva de la Gracia Divina, el resultado final siempre superará largamente las expectativas iniciales. Es así que estos dos elementos (la investigación o **vichara** y la Gracia Divina o **Ishwara Kripa**) coadyuvaron a inspirar, comprender y observar gran similitud y coincidencia entre varios escritos y textos antiguos dedicados a instruir en aquella ciencia que revela por completo el potencial latente del ser humano.

La ciencia del **Raya-Yoga***, por medio del método **Ashtanga-Yoga**†, contempla ocho pasos a seguir para que el ser humano pueda alcanzar la plenitud de sus capacidades. Cada uno de estos pasos (o ramas) tiene su propósito específico y debe ser seguido en el orden prescrito.

El **Raya-Yoga** se rige por el *Sendero de la Eterna Virtud* denominado **Sanathana Dharma,** por el cual inevitablemente todos los seres transitamos de regreso a la Fuente Primordial; por ende, es el hilo conector y conductor de muchas enseñanzas y textos afines, pues ha sido citado por **Mahatmas** (grandes almas) como el Señor Jesús, Sri Vyasa, Sri Yagnavalkya, Sri Patányali, Sri Shankaracharya, Sri Ramakrishna Paramahamsa, Sri Lahiri Mahasaya, Sri Yukteswar, Sri Paramahamhamsa Yogananda, Sri Shivananda y también por **Avatares**‡ como Sri Babayi, Sri Krishna y Bhagawan Sri Sathya Sai Baba, entre otros. También se encuentra presente en grandes textos de la historia de la

---

* Del sánscrito *raya*: rey y *yoga*: unión. Es el sendero más alto (rey o realeza) del *yoga*. Se refiere a que este proceso de perfeccionamiento es el más elevado, así como se considera a los monarcas lo más elevado. El lector no debe confundirse pues no es una práctica exclusiva para cierto estrato social, sino todo lo contrario: la ciencia espiritual es de todos y para todos. Basta sólo con ser conscientes de esta verdad y reclamar (por medio de la práctica) la posición que por origen nos corresponde, recobrar dicha invaluable herencia. Todos somos reyes y reinas sin excepción ninguna y el *Raya-Yoga* nos recuerda el sendero para re-establecernos en tan sagrada herencia.

† Del sánscrito *ashta*: ocho y *anga*: miembros (ramas o pasos). Es el sistema óctuple que conduce a la plenitud de las capacidades humanas.

‡ Literalmente significa descenso o encarnación. En el contexto de esta obra se refiere al descenso o encarnación de la sagrada Conciencia Divina.

humanidad como la Biblia, el Corán, el Tipitaka, el Mahabarata, el Yoga-Sutra, etc. así como las principales religiones del mundo: cristiano, hinduista, musulmán, budista*, yainista, entre otras. Mucho de esto se testificará a lo largo de esta obra.

Todos sin excepción, más allá de la casta, credo, sexo o condición socio-económica están invitados a beneficiarse de esta elevada ciencia y así alcanzar la totalidad de sus potencialidades. La meta de este texto no es sólo mejorar su *calidad de vida*, sino que alcance *plenitud de vida*.

A continuación el aforismo de Patányali con la introducción al yoga de las ocho extremidades o pasos (**Ashtanga-Yoga**):

Aforismo de Maharishi Patányali, 2:29

यमनियमासनप्राणायामप्रत्याहारधारणाध्यानसमाधयोऽष्टाव अङ्गानि ॥ २९ ॥

Yamaniyamasanapranayamapratyahara dharanadhyanasamadhayo ashtava anggani

Yama, niyama, asana, pranayama, pratyahara, dharana, dhyana, samadhi *son los pasos del Yoga* [1].

Palabras de Bhagawan Sri Sathya Sai Baba

*Que cada aspirante se regocije siempre bajo la sonrisa del Soberano: el **Atma**. La destrucción de las agitaciones y perturbaciones de la mente es la condición que debe anteceder a una audiencia con ese Soberano. Su sala de recepción tiene ocho puertas que se han de atravesar antes de ser recibidos: autocontrol (**yama**), control de la mente (**niyama**), postura o manera de sentarse (**asana**), respiración (**pranayama**), abstracción de los sentidos de los objetos externos (**prathyahara**), concentración (**dharana**), meditación interna (**dhyana**) y super-conciencia (**samadhi**).*

---

* El excelentísimo "Noble Camino Óctuple" del budismo es una propuesta similar al *Asthanga-Yoga*, el mismo que representa a la sección práctica del *Raya-Yoga*.

Una vez que la mente ha llegado a ser controlada mediante el dominio de estas ocho disciplinas, la voluntad se podrá mejorar fácilmente. La voluntad es la naturaleza del Señor. También se le alude como el designio del Señor.

*El Señor, por su sola voluntad, puede hacer fácil y rápidamente cualquier cosa, pero el hombre no puede realizar su voluntad tan pronto como esta surge. El poder de la voluntad es el factor decisivo. En el hombre, la voluntad no es tan avasalladoramente fuerte; pero si llega a adquirir este poder, será equiparable al del Señor. Tal es el significado de la fusión (**laya**). La fusión se hace posible a través de la meditación (**dhyana**).*

De estas ocho puertas, la meditación es la séptima y la **super-conciencia** *es la octava. La meditación es el camino real hacia la* **super-conciencia** [2].

Cualquiera que sea la erudición, posición o afluencia, estas no servirán de nada si no se ha adquirido la capacidad de enfrentar las vicisitudes de la vida con fortaleza y ecuanimidad. El mensaje perenne de la antiquísima cultura de **Bharat** *(nombre antiguo de India) debe adaptarse a las necesidades del presente como parte del proceso educativo.*

Los estudiantes tienden a descarrilarse porque no han embebido en forma correcta los valores humanos durante sus carreras académicas. La significación de los valores humanos puede captarse solamente si los conceptos de **yama** *y* **niyama** *son comprendidos de un modo apropiado* [3].

Testimonio del autor

Así como una escalera es subida peldaño a peldaño, de manera similar el sistema **Ashtanga-Yoga** debe ser observado con disciplina, sin apuro, paso a paso y con plena confianza en el mismo: la semilla germinará, la raíz crecerá, la rama brotará, el tronco se fortalecerá, el capullo nacerá, la flor se mostrará, la fruta brotará y luego madurará. Todo esto sucederá en su justo momento.

Estos ocho pasos son los siguientes:

1. **Yama**: Autocontrol.
2. **Niyama**: Purificación interna y externa.
3. **Asana**: Postura.
4. **Pranayama**: Control sobre la energía vital.
5. **Pratyahara**: Desapego de los sentidos.
6. **Dharana**: Concentración.
7. **Dhyana**: Meditación; y,
8. **Samadhi**: Super-Conciencia.

Tradicionalmente en el **Ashtanga-Yoga** a los primeros cinco pasos se los denomina "ayudas externas al **sadhana***" (**bahiranga sadhana**) y a los tres "ayudas internas al **sadhana**" (**antharanga sadhana**).

Para facilidad de estudio y comprensión, sobre todo de los "estados de conciencia" que se profundizará en los próximos capítulos, el método **Ashtanga-Yoga** es clasificado en tres secciones: externo, intermedio e interno.

- **Externo**: Al poner en práctica los primeros tres pasos del **Ashtanga-Yoga**: **yama**, **niyama** y **asana**, enfocados a guardar auto-control o dominio sobre lo externo, se alcanza dominio sobre el estado de vigilia (**yaagrath**: conciencia de lo externo por medio de los sentidos). En la psicología de occidente se lo conoce sencillamente como conciencia. Por ello, a estos tres primeros pasos se los categoriza como *externos*.

- **Intermedio**: Al poner en práctica los siguientes dos pasos del **Ashtanga-Yoga**: **pranayama** y **pratyahara**, destinados a tener auto-control o dominio sobre lo intermedio, se alcanza dominio sobre el estado de sueño con sueños (**swapna**: conciencia de lo externo por medio de los sentidos y conciencia de lo interno por medio de lo inmanifestado o región causal. Por ello a este estado intermedio se lo conoce también como mental, celestial, astral o de luz). En la psicología de occidente se lo conoce con los nombres de preconciencia o subconciencia. Por ello, a estos dos pasos se los categoriza como *intermedios*.

---

* Disciplina y/o práctica espiritual.

- **Interno**: Al poner en práctica los últimos tres pasos del ***Ashtanga-Yoga***: ***dharana***, ***dhyana*** y ***samadhi***, diseñados para lograr auto-control o dominio sobre lo interno, se alcanza dominio sobre el estado de sueño sin sueños (***sushupti***: conciencia de lo interno por medio de lo inmanifestado o región causal, también conocido como sueño profundo). En la psicología de occidente se lo conoce como inconciencia. Por ello, a estos tres últimos pasos se los categoriza como *internos*.

En el transcurrir de la presente obra, el lector deberá definir (si no lo tiene aún) su objetivo o ideal trascendental de vida (***Ishtadevata***), mismo que hará las veces de faro. Así navegará con confianza y seguridad en cada una de las próximas páginas, ya que en todo momento podrá conocer y observar su puerto seguro.

A partir del siguiente capítulo se profundizará sobre todo lo anterior, especialmente sobre cada uno de los ochos pasos del ***Ashtanga-Yoga***.

Alístese para un viaje extraordinario: vístase con su mejor traje, el de la disciplina; póngase su mejor calzado, el de la perseverancia; prepare sus mejores anteojos, los de la indagación; perfúmese con su mejor esencia, la del sincero anhelo; y, lleve consigo su más hermosa flor, la de la gratitud, la ofrenda para Aquel que será guardián y guía por toda esta maravillosa travesía y que también es, a su vez, la más alta meta.

Foto 3: El autor dando en una conferencia en el Auditorio de Filanbanco (Guayaquil, Ecuador, circa 1996)

CAPÍTULO I: YAMA

*Del autocontrol y
los cinco valores ascéticos*

El primer y segundo paso (*yama* y *niyama* respectivamente) dentro del sistema *Ashtanga-Yoga* (sección práctica del *Raya-Yoga* o el Yoga-Real, magnánimo o el más alto), consisten en los preparativos para el transitar en los siguientes peldaños. Radican en la observancia básica (entiéndase como fundamental) de la calidad del pensar, hablar y accionar.

Toda la manifestación cósmica (en sus tres planos: lo denso, lo sutil y lo más allá de lo sutil) tiene como base a lo eterno e infinito y es así que, sus expresiones (efectos) no pueden ser distintas a la sustancia (causa). El fruto no puede ser distinto del árbol.

Dicha existencia eterna e infinita es la base y el hilo conductor de la naturaleza que se expresa como vida, conciencia, inteligencia, unidad, contento, etc.

Sólo la perfección expresada como virtud puede ser fuente y semilla de lo anteriormente descrito y es así que, por medio de esta (la virtud), iniciamos (o mejor dicho retomamos o recordamos) el camino del *Ashtanga-Yoga*. *Yama* y *niyama*, siendo las bases de esta óctuple disciplina, tienen sus pilares fundamentales en la virtud.

Para facilitar este proceso virtuoso, en este primer paso (*yama*) se enuncian y recomiendan cinco valores ascéticos: no violencia (*ahimsa*), verdad (*sathyam*), no robar (*astheyam*), celibato (*brahmacharyam*) y no aceptar dádivas (*aparigraha*).

Se inicia así la sección de estudio de las técnicas del *Ashtanga-Yoga* dirigidas al dominio o auto-control de lo externo (conciencia despierta o *yaagrath*). Recordar que, en esta sección externa de estudio (*bahiranga-sadhana*), también se incluyen los siguientes dos capítulos denominados *niyama* (Cap. II) y *asana* (Cap. III).

<u>Aforismo de Maharishi Patányali, 2:30</u>

अहिंसासत्यास्तेयब्रह्मचर्यापरिग्रहा   यमाः ॥ ३० ॥

Ahimsasathyasteyabrahmacharyaparigraha yamah

Yama consiste en no matar, no mentir, no hurtar, continencia y abstención de dádivas [1].

<u>Comentario de Swami Vivekananda</u>

Quien aspire a ser un yogui perfecto, ha de renunciar al apetito sexual. El Ser no tiene sexo; ¿por qué se ha de degradar con pensamientos de sexualidad? Más adelante comprenderemos mejor por qué se ha de desechar toda idea de sexualidad.

Recibir es tan malo como robar; recibir dádivas de otros. Quienquiera que reciba una dádiva, su mente está influida por la mente del donante. Recibir dádivas destruye la independencia de la mente y nos convierte en meros esclavos. Por lo tanto, absténganse de recibir [1].

<u>Palabras de Bhagawan Sri Sathya Sai Baba</u>

*Es suficiente si se observa esta única disciplina (**Yama**). Todos los valores humanos están contenidos en ella. La condición humana está incrustada en ella. **Yama** incluye los **pancha pranas** (cinco aires vitales), los **pancha bhutas** (cinco elementos), los **pancha koshas** (cinco envolturas), los **pancha tatwas** (cinco principios básicos) y los **pancha rupas** (cinco formas). Las cinco formas son las formas de **Gayatri***. Los cinco principios básicos son: **ahimsa** (no violencia), **sathya** (verdad), **asteyam** (no robar), **brahmacharya** (continencia y período de estudiante) y **aparigraha** (el no recibir nada de otros) [4].*

*[**Yama**] incluye no violencia, verdad, no robar, celibato y no aceptación. Este es el significado habitual que se le da a **Yama**, pero Yo la definiría como la renunciación al apego al cuerpo y a los sentidos. La entidad **Brahman**† carece de nombre, forma y cualidades; no tiene fin, alegría, tristeza ni modificación; es eterno*

---

* *Gayatri Mantra:* Canto que contiene en sí mismo la esencia de los Vedas.
† El Ser Absoluto Universal o Dios.

*y de la naturaleza del Ser-Conciencia-Bienaventuranza (**Sat-Chit-Ananda**).*

*Por otro lado, la creación está dotada de todas las cualidades y modificaciones, a saber: nombre, forma, transformación, crecimiento y decaimiento, alegría y dolor. Esta apariencia tiene un fin así como muchas otras limitaciones; finge estar siempre moviéndose y por lo tanto se describe como rueda de nacimientos y muertes (**samsara**).*

*Por lo tanto, esta entidad **Brahman** aparece tanto en la forma individual (**vyashti**) como en la forma colectiva (**samashti**) engaña incluso a grandes eruditos y sabios (**pandits**).*

*Una singular conciencia (**chaitanya**) se manifiesta de diferentes maneras como toda esta multiplicidad. Por lo tanto, hablamos de lo particular y de lo colectivo; es decir, una colección de particulares. Por supuesto, lo particular (**vyashti**) es una super-imposición sobre **Brahman**, como ver la serpiente en la cuerda, el lago en el espejismo.*

*Para el conocedor de **Brahman**, cada uno de los tres cuerpos (el denso o **sthula**, sutil o **sukshma** y causal o **kaarana**) es en sí mismo una super-imposición. Decir que uno de los cuerpos es real o irreal es incorrecto; no es ni real ni irreal, es algo entre verdad y falsedad (**mithya**). La persona ignorante, atrapada en las mallas de esta ilusión, cree que el mundo objetivo es eterno y fuente de felicidad.*

*Debido a que los hombres se identifican falsamente con el cuerpo sufren con los lazos del apego a la madre, al padre, a la esposa, a los hijos, a los parientes y a los amigos. No se dan cuenta que no son cuerpo ni sentidos, que son **Brahman**, el sostén, el soporte de la triple envoltura corpórea y de todo cuanto existe; pero esto sólo puede ser realizado a través de la constante contemplación de **Brahman**, habiendo alcanzado las características del Ser-Conciencia-Bienaventuranza (**Sat-Chit-Ananda**) por medio del incesante discernimiento entre lo inmutable y lo efímero, por la asociación con los buenos, el servicio a los sabios y mediante el logro de una inteligencia purificada.*

*El establecimiento del intelecto en esta conciencia significa la real renunciación (**vairagya**) al cuerpo y a los sentidos, lo que está implícito en el término **yama**, según mi definición anterior.*

*Esto es lo que se conoce como **yama** en el **jñana-yoga** (el sendero del conocimiento).*

*Se debe terminar con sentimientos tales como felicidad en tiempos buenos y tristeza en los malos o confundir el dolor del cuerpo y de los sentidos como propio. Poco a poco se tiene que renunciar a la identificación con el cuerpo y los sentidos. Este es el signo de haber adquirido el paso (**anga**) del autocontrol (**yama**). Este paso es la base misma de **jñana-yoga** [5].*

Testimonio del autor

Hoy más que nunca el ser humano se encuentra sumido en la cultura del hedonismo y la búsqueda de la satisfacción total de los sentidos, evitando a toda costa cualquier "obstáculo", ya sea moral, ético o de auto-regulación que impida la consecución de los mismos.

El discernimiento, similar a un músculo que se le da poco o ningún uso, se encuentra atrofiado, no distingue lo bueno de lo malo, y si así lo hiciera, el individuo no tiene la fuerza necesaria para traducir su voluntad en acción, pues, similar al discernimiento y debido al poco uso que se da a estas capacidades, terminan debilitándose y marchitando como una planta que no se la riega ni cuida de manera adecuada.

Es así que, en lo concerniente a este capítulo, **yama**[*] busca como primer paso recuperar el control de nuestras vidas que no es otra cosa que regir y regular sobre nuestras facultades y no viceversa. Entre los ejemplos de lo que se considera **yama** son los "Diez Mandamientos" que el Señor Yahvé entregó a Moisés en el Monte Sinaí así como los "Diez Principios" enunciados por Bhagawan Baba[†].

---

[*] Término sánscrito que literalmente significa restricción.

[†] 1) Amen y sirvan a la Madre Patria. No odien ni dañen la Patria de otros; 2) Honren cada religión. Cada una es un camino hacia el único Dios; 3) Amen a todos los hombres sin distinción. Sepan que la Humanidad es una sola comunidad; 4) Mantengan su hogar y sus alrededores limpios. [Esto] asegurará salud y felicidad para ustedes y para la sociedad; 5) No promuevan la mendicidad tirando monedas a los mendigos cuando estiran la mano: ayúdenlos a volverse autosuficientes. Provean alimento y abrigo, amor y cuidado, para los enfermos y los ancianos; 6) No tienten a otros ofreciendo sobornos y no se rebajen ustedes mismos aceptando sobornos; 7) No desarrollen celos, odio o envidia por la razón que fuere; 8) No dependan de otros para satisfacer sus necesidades personales. Vuélvanse auto-suficientes ¿Cómo puede una persona

Los cinco valores ascéticos o auto-regulaciones son para todos, pero especialmente útiles para aquellos discernimientos confundidos y mentes nubladas que no logran distinguir entre lo correcto y lo no correcto. Para aquellos (la gran mayoría de la sociedad en la actualidad), estas auto-regulaciones son huellas y marcas a seguir para evitar el error y lo que esto conlleva: dolor, miseria y sufrimiento.

Así, acierto tras acierto, se fortalecerá la voluntad y crecerá la seguridad en sí mismo y la posibilidad de tener una vida próspera y virtuosa. Estos cinco valores ascéticos enunciados por Maharishi Patányali son los siguientes: no violencia *(ahimsa)*, verdad *(sathyam)*, no robar *(astheyam)*, celibato *(brahmacharyam)* y no aceptar dádivas *(aparigraha)*.

1) No violencia (ahimsa)

Aforismo de Maharishi Patányali, 2:35

अहिंसाप्रतिष्ठायां तत्सन्निधौ वैरत्यागः ॥ ३५ ॥

Ahimsapratishthayam tatsannidhau vairatyagah

Cuando se establece la idea de no matar, toda enemistad cesa [1].

Comentario de Swami Vivekananda

Si un hombre se afirma en la idea de no lastimar, se le mostrarán mansos hasta los animales naturalmente más feroces. El tigre y el cordero juguetearán juntos ante el yogui. Cuando se alcanza el estado de yogui, se tiene el convencimiento de estar firme en la idea de no dañar [1].

Palabras de Bhagawan Sri Sathya Sai Baba

Ahimsa no significa no causar daño a otros. En realidad quiere decir que no se debe lastimar a nadie con el pensamiento,

---

dependiente servir a otros?; 9) Observen las leyes del Estado y sean ciudadanos ejemplares; 10) Adoren a Dios. Aborrezcan el pecado [14].

la palabra o la acción. Esta es la más importante de las cualidades humanas, y solo cuando se la ha cultivado, está uno capacitado para practicar y experimentar la verdad [6].

Debido al egoísmo e interés por lo propio, los hombres no practican esta estimable virtud. Todos los males surgen del sentido del "yo" y "lo mío". Este rasgo puede ser eliminado solamente al desarrollar pureza en pensamiento, palabra y acción [3].

*También implica abstenerse de causarse daño a uno mismo. ¿Acaso alguien que se daña a sí mismo puede evitar causar daño a otros? Quienquiera que desee observar **ahimsa** debe poner atención en no causarse daño a sí mismo. ¿Cómo ha de lograr esto? Examinando constantemente si su conducta es correcta o incorrecta.*

Por ejemplo, en relación con la palabra, debe examinar si sus palabras están causando dolor a otros o no. Debe ver que sus miradas no estén contaminadas con malas intenciones o pensamientos. No ha de escuchar conversaciones malas. Todo esto causa daño al individuo.

Por lo tanto, todos deberían procurar no dar lugar a las miradas malas, a oír lo malo, a las conversaciones malas, a los malos pensamientos y a las malas acciones. ¿Cómo determinar qué es malo? Consultando la propia conciencia. Cada vez que actúan contra los dictados de su conciencia, lo que viene después son malos resultados.

La conciencia es la forma de lo Divino dentro de cada uno. Hagan lo que hicieren, la conciencia les dice si es correcto o incorrecto. Sin embargo, para cerciorarse de las directivas de la conciencia, tienen que esperar algún tiempo. No deben tener prisa. Cuando quieren decir algo, deben considerar por un momento si eso sería correcto o no, y luego hablar. Cuando quieren escuchar algo, deben examinar si es bueno o malo escucharlo, y luego decidir qué es lo apropiado.

*Deben ser cuidadosos no solamente con respecto a cómo reaccionan frente a los "cinco elementos", sino también con respecto a su alimento. Comer demasiado causa violencia al cuerpo. La moderación en la comida conduce a la felicidad. **Ahimsa** (no violencia) es, por lo tanto, aquello que les confiere* *felicidad. Aquello que los lastima es **himsa** (violencia). Eso no es todo. Incluso al tomar agua, deben observar restricciones.*

Del mismo modo, toda la vida de uno debería ser gobernada por el principio de la no violencia. Muchos gérmenes mueren cuando uno toma un baño, camina o realiza cualquier otra acción. Incluso en el proceso de la respiración mueren muchos gérmenes. La violencia está presente en todas estas actividades. Por lo tanto, para evitar las consecuencias de tal violencia involuntaria hacia criaturas vivientes, se aconseja dedicar todas las acciones a lo Divino. Pero no tiene sentido dedicar a lo Divino los actos conscientes de violencia. La conciencia no aprobará tal conducta.

*En el lenguaje vedántico, la conciencia se denomina **chit**. También se la denomina ser consciente, que significa entendimiento total . Dicha comprensión total se halla dentro de la capacidad de cada ser humano. Por lo tanto, todos deben esforzarse por buscar y manifestar este Ser Consciente. Así, **ahimsa** es el deber primario del hombre* [4].

Testimonio del autor

Lo que comúnmente se entiende como violencia, es abuso o maltrato físico, pero también existen actos que son similares o incluso aún peores, sobre todo cuando afectan la mente o el espíritu. La violencia puede atacar a los tres cuerpos que componen al ser humano* y de variadas maneras, incluso muy veladas: el hacerse notar en una posición superior o de ventaja, el mostrar las habilidades propias con la finalidad de denigrar a quienes no las poseen o incluso el buscar a toda costa convencer a otros para implantar ideas propias, etc. Lo anteriormente descrito se circunscribe como violencia externa.

Cuando un acróbata camina sobre la cuerda floja debe mantener un equilibrio perfecto. Desbalancearse del mismo, para un lado o para el otro, sería catastrófico, con un final terrible y seguramente violento. De manera similar, mantener el control sobre sí mismo, bajo cualquier circunstancia y de forma real y completa, es también no violencia ¿contra quién? contra uno mismo.

---

* Léase el Cap. VI "Dharana", específicamente "Los tres cuerpos y las cinco envolturas", pág. 137.

Cualquier forma que afecte el auto-control es sinónimo de violencia: codicia, envidia, enojo, victimización, etc. Podemos decir que no solo son violentos, sino también distractores. Por ende, perder de vista el control sobre uno mismo (auto-control) es violencia interna.

Primero hay que estar libres de auto-violencia ya sea esta de pensamiento, palabra, acción y hasta emociones ya que estos actúan como estímulos. Como se verá en los próximos capítulos, a medida que se regulan estos estímulos se irá alcanzando el auto-control. Al estar libres de violencia contra nosotros mismos, nuestra conducta también será así, por añadidura y en consecuencia, con toda la naturaleza.

2) Verdad (sathyam)

Aforismo de Maharishi Patányali, 2:36

सत्यप्रतिष्ठायां क्रियाफलाश्रयत्वम् ॥ ३६ ॥

Sathyapratishthayam kriyafalashrayatvam

Por el establecimiento en la veracidad, el yogui adquiere el poder de obtener para sí y para los demás el fruto de la acción sin realizar acciones [1].

Comentario de Swami Vivekananda

Cuando la veracidad esté firmemente establecida en el hombre, ni aun en sueños mentirá. Será verídico en pensamiento, palabra y obra. Todo cuanto diga será verdad. Le dirá a otro hombre: "bendito seas" y el otro hombre recibirá la bendición. Si otro está enfermo y le dice "sana", será sanado inmediatamente [1].

Palabras de Bhagawan Sri Sathya Sai Baba

No significa la mera enunciación de los hechos como uno los ve o conoce. La verdad es lo que no cambia con el tiempo. Además, un habla veraz debe ser a la vez agradable y beneficiosa para la persona concernida. No debe excitar pasión ni promover mala voluntad. No deben decir falsedades para complacer a otros. Debe decirse con completa pureza de mente, palabra y cuerpo [6].

*En su sentido completo, el término verdad puede aplicarse tan sólo a aquello que proviene del corazón en su forma pura e inmaculada como la voz de la conciencia. **Sathya** (verdad) también recibe el nombre de **ritham**. Es verdad en todos los tiempos: pasado, presente y futuro. No se ve afectada por los cambios en el tiempo o el lugar. No cambia y no puede ser suprimida.*

*La verdad es su propia prueba. Es la forma de lo Divino, como lo declara el dicho védico: "**sathyam, jñanam, anantham Brahma**"(la verdad, la sabiduría más elevada y lo Infinito: eso es el Ser Absoluto). Así, la verdad es el segundo valor humano* [4].

Testimonio del autor

¿Qué caracteriza a la verdad? Fundamentalmente en aquello que es permanente, o sea, que nunca cambia. La verdad no es una idea o un concepto, es mucho más que esto, <u>es la vida misma</u>. La verdad es la base de todo lo manifestado y lo no manifestado.

La verdad como base de lo manifestado se refiere a todo lo que existe (la naturaleza, la multiplicidad), todo lo que sustenta (el espacio) y todo lo que vive* (el observador, el testigo).

La verdad no manifestada es la base de lo manifestado, así como el océano es la base de las olas. La verdad inmanifiesta es la base inmutable para la verdad manifiesta (entiéndase **Prakriti** o Naturaleza).

La verdad entendida según estos párrafos, es la base de todos los planos de conciencia y de todos los estados del tiempo. Comprender esta realidad es vivir en la unidad con toda la manifestación cósmica, pues la verdad es lo que nos hace a todos iguales, hijos de un mismo Principio Supremo, de aquí la frase "hijos de un mismo Padre". Esto es lo que nos hace familia a todo y todos.

"Paternidad de Dios y hermandad del hombre"
Bhagawan Sri Sathya Sai Baba

---

* No se refiere únicamente a la vida entendida como terrenal, sino a la vida que está presente en lo micro (átomos de minerales, vegetales y animales) y en lo macro (en planetas, sistemas solares, galaxias).

"Pero ustedes no deben pretender que la gente los llame maestros, porque todos ustedes son hermanos y tienen solamente un Maestro. Y no llamen ustedes padre a nadie en la tierra, porque tienen solamente un Padre: el que está en el cielo"

Mateo 23, 8-9

3) No robar (astheyam)

Aforismo de Maharishi Patányali, 2:37

अस्तेयप्रतिष्ठायां सर्वरत्नोपस्थानम् ॥ ३७॥

Asteyapratishthayam sarvaratnopasthanam

Por el establecimiento de no hurtar toda riqueza llegará al yogui [1].

Comentario de Swami Vivekananda

Cuanto más te alejas de la naturaleza, más te sigue ella, y si no te preocupas por ella en lo absoluto, entonces se convierte en tu esclava [1].

Palabras de Bhagawan Sri Sathya Sai Baba

Abstenerse de robar lo que les pertenece a otros. Ni siquiera el pensamiento de tomar la propiedad ajena debería cruzar por la mente. Tampoco debe uno decirle a otro que cometa un robo [6]. *El término propiedad no debería limitarse a los objetos físicos, como por ejemplo un libro. Cuando ustedes necesitan algo, no está mal tomarlo con el permiso de su propietario. Tomar o usar cualquier objeto sin tal permiso equivale a robar. Incluso criticar a alguien de un modo que lo lastime, también equivale a un robo [de su buen nombre].*

Es común entre los estudiantes tomar prestada la cámara de un amigo y usarla. Cuando la cámara recibe un daño, la responsabilidad para repararla es de quien la usó. De este modo pueden comprender cómo el concepto de robar se aplica incluso a incidentes triviales de la vida diaria [4].

Testimonio del autor

Si alguien invade la propiedad de otra persona y se lleva algo sin su consentimiento está cometiendo hurto. Lo anterior sucede en el ámbito del plano material. Pero hay también otros tipos de robo que son aún peores, como por ejemplo, robar la paz del prójimo. En este caso, se ingresa también a un feudo ajeno, pero no físico o material, sino interno, sembrando ideas o deseos que sabe le hará daño o no podrá cumplir, dando como resultado en la víctima dolor, miseria y sufrimiento. Es otra forma de robo, pues no sólo se hurta la esperanza a la persona afectada, sino que también se le siembra el trauma presente en el agresor. El chantaje, la extorsión y la victimización son formas similares que caen en esta categoría.

Otra forma muy común de robo en nuestros días es el inmiscuirse, chismear o criticar la vida de los demás. Así como se considera ladrón a quien invade o traspasa los linderos de una propiedad ajena, también quien ingrese sin permiso en los pensamientos o asuntos de otro, debe ser categorizado de igual forma. La persona que se dedica a esta vida vacía, desperdicia así la propia y probablemente desarrollará una seudo-conducta-esquizoide al querer morar en la vida de los demás, dejando la propia en un muy relegado y casi inadvertido lugar. Estos tipos de robo son de la más baja categoría, pues se está robando a sí mismo al desperdiciar su tiempo, vida y energías. Trabajemos siempre en mejorar nosotros mismos. No desperdiciemos el tiempo en vanidades ni actividades superfluas.

"No critique, no condene ni se queje" [7]

Dale Carnegie

El concepto promedio de robar es tomar aquello que no nos pertenece, pero en esencia, significa quitar la paz. Por eso podemos concluir que no robar significa respetar la paz, ¿de quién? la de los demás y la propia también, porque no se puede encontrar paz en otro si el propio corazón está envuelto en un torbellino de culpas y miserias. Hay tanto que mejorar, tanto que descubrir y redescubrir. Aprovechemos cada instante de esta preciosa vida para elevar la calidad de nuestras vidas. Como dice el axioma popular *"tiempo desperdiciado es vida desperdiciada"*.

4) Celibato (brahmacharyam)

<u>Aforismo de Maharishi Patányali, 2:38</u>

ब्रह्मचर्यप्रतिष्ठायां वीर्यलाभः ॥ ३८ ॥

Brahmacharyapratishthayam viryalabhah

La afirmación de la continencia acrecienta la energía [1].

<u>Comentario de Swami Vivekananda</u>

El cerebro del hombre casto manifiesta tremenda energía y gigantesca fuerza de voluntad. Sin castidad no es posible tener energía espiritual. La continencia confiere admirable dominio sobre las gentes. Los instructores espirituales del mundo fueron todos muy castos, y de dicha castidad provenía su poder. Por lo tanto, el yogui ha de ser abstinente [1].

<u>Palabras de Bhagawan Sri Sathya Sai Baba</u>

En la vida diaria, esto puede no ser fácil de observar. **Brahmacharya** *requiere apartarse absolutamente de toda mala acción y vivir siempre en* **Brahman** *(la contemplación del Absoluto). En la vida práctica esto significa dedicar todos los pensamientos, palabras y acciones a la Divinidad. Hacer todo como una ofrenda a* **Brahman** *es* **brahmacharya**.

El estudio de los Vedas, Upanishads y otras escrituras también constituye **brahmacharya***, mismo que es el cimiento para las otras etapas en la vida:* **grihastha** *(jefe de familia),* **vanaprastha** *(anacoreta, reclusión) y* **sanyasa** *(renunciante)* [3].

Hay otra etapa conocida como **avadhuta (yivanmuktha** *o* **paramahamsa**). *Cuando los pensamientos, que son el preludio de la acción, están centrados en Dios, no tenderán a desviarse* [8].

Brahmacharya *se interpreta de muchas formas. Un significado es permanecer soltero. Este no es el significado correcto. El verdadero significado del término es "morar en* **Brahman**". **Brahmacharya** *significa la contemplación incesante de Dios.* **Charya** *significa moverse o andar.*

*La mera soltería no es **brahmacharya**. Un hombre casado recibe el nombre de **grihastha** (padre de familia). Existe **brahmacharya** incluso en la vida de un padre de familia. Ello consiste en vivir la vida familiar solamente con la esposa: **ardhangi**. Si un hombre casado lleva una vida promiscua, no está observando **brahmacharya**. Incluso en pensamientos y miradas, uno debería observar la continencia.*

***Brahmacharya** adquirió su importancia debido a que nuestros antiguos sabios observaron estrictamente esta práctica. De un modo inconsciente o de otros modos, los hombres tienden a malgastar sus energías. Todos estos son deslices de **brahmacharya**.*

*El control de los sentidos es vital en la práctica de la continencia. Es más fácil conquistar a **Indra** (el Señor de los dioses) que dominar los **indriyas** (sentidos). El control de los sentidos es un valor humano importante. Debido a que estas disciplinas vitales fueron observadas por los sabios y por otros desde la antigüedad, ellas continúan siendo atesoradas hasta el día de hoy* [(4)].

Testimonio del autor

Por lo general, al término **brahma-charyam**[*] comúnmente se lo comprende como el guardar celibato, mantenerse soltero o hacer el voto de castidad, sobre todo en la etapa de la juventud. Ahora, Continencia es sinónimo de celibato y al mismo tiempo significa también no sucumbir a la tentación, no apartarse del camino prescrito, tener moderación, etc. Por lo tanto, desde un punto de vista más amplio y trascendental, celibato o **brahmacharya** significa mantenerse en el sendero de la virtud (**dharma**)[†], o sea, no desviarse del mismo, siendo este el único medio adecuado y seguro para conducirse como tal (entiéndase, como **brahmacharya**).

---

[*] Del sánscrito *Brahma*: Dios creador y *charyam*: conducta; o sea, es el conducirse bajo los designios del Dios creador.

[†] Una gran mayoría traduce *dharma* como rectitud; sin embargo, para los mismos estudiosos del sánscrito, la coincidencia en el significado y más aún en su traducción no es concluyente. Virtud refleja más el espíritu de lo que se quiere dar a entender como *dharma*, pues si cada quien vive virtuosamente, estará ciñéndose a la verdad, bondad y belleza (*sathyam, shivam, sundaram*) pero sobre todo estará expresando su verdadera esencia. Por otra parte, varios *Srutis* (texto sagrados como los Upanishads) lo ejemplifican de esta manera: La virtud (*dharma*) puesta en acción (*karma*) da como resultado la rectitud.

"Dios quiere que ustedes vivan consagrados a Él, que no tengan relaciones sexuales prohibidas, y que cada uno de ustedes sepa controlar su propio cuerpo, como algo sagrado y digno de respeto. Deben dominar sus malos deseos sexuales, y no portarse como los que no creen en Dios"

I Tesalonicenses 4:3-5

Beneficios del Celibato

A diferencia de la opinión de varios profesionales de la salud mental y social de la actualidad, la castidad brinda muchos beneficios en la salud física, mental y espiritual. Sendos estudios demuestran que las personas célibes tienen mayor probabilidad de tener una vida terrenal más larga (y por cierto de mejor calidad, entiéndase, con la mayoría de sus sistemas funcionales en buen estado), por ejemplo, los sacerdotes ¿cómo se explica esto?

La respuesta no está, como muchos han tratado de minimizar (o incluso de menospreciar), en que la vida de los clérigos es relajada y llena de muchos privilegios. Nada más alejado de la realidad, sobre todo si se considera que enormes proyectos y esfuerzos para servir a la comunidad se dan en zonas deprimidas, peligrosas y de gran necesidad humana. Esto último más bien refuerza la idea de que una vida religiosa, a pesar de estar expuesta a mayores riesgos, tiene un mayor promedio de vida.

Particularmente, tuve una educación católica, y puedo dar testimonio del sacrificio de hombres y mujeres consagrados a Dios y al servicio del prójimo. Así también conozco y puedo dar fe que muchos cristianos, testigos de Jehová, mormones, musulmanes, budistas, hinduistas, hare-krishna, etc. hacen de sus vidas una sincera ofrenda en beneficio de la humanidad.

Sublimar las energías más elevadas: Viryas y Oyas

Parafraseando al gran sabio Swami Shivananda*, cuando se ingiere un alimento, este pasa por un proceso que incluye varias transformaciones; a saber:

---

* (1887-1963) Elevadísimo maestro espiritual y *jñana-yogui*. Muy destacado por su extenso aporte literario y estado de bienaventuranza constante. Su nombre de nacimiento fue *Kuppu Swami Iyer*.

El alimento se convierte en quilo;
Luego en sangre;
Luego en músculo;
Luego en grasa;
Luego en hueso;
Luego en médula; y,
Finalmente en fludos vitales o ***viryas***.

Entonces, una de las principales razones para la pregunta planteada anteriormente sobre el por qué ciertas personas viven más que otras[†] se encuentra en que estos ***viryas*** (que son una materialización del principio de la energía vital o ***prana***) al no ser expulsados del organismo y que, al mismo tiempo, el sujeto practicante se acompaña de una conducta virtuosa (***dharma-charya***) junto a ciertas técnicas específicas, sublima dichos ***viryas*** en partículas denominados ***oyas***. Estos últimos son poderosos nutrientes que alimentan todos los cuerpos del ser encarnado y por ende viven más. A continuación el impacto del ***oyas*** sobre las tres envolturas o cuerpos:

- **Cuerpo físico:** Nutriendo los órganos, músculos, huesos, sangre, médula, sistema nervioso, etc.

- **Cuerpo mental:** Fortaleciendo el autocontrol y concentración.

- **Cuerpo espiritual:** Intensificando la energía ***sátvica*** (pureza, santidad).

Jefe de familia y castidad

Si se está en la edad y en las condiciones para establecer una familia y/o si se está dominado por intensos impulsos reproductivos, es siempre preferible una vida de hogar. La sagrada Biblia nuevamente da luces sobre el tema:

[†] Hay muchas otras razones para esto, sobre todo aquellas vinculadas al *karma* y a muchas otras más profundas como la sabiduría para hacer descansar el sistema nervioso involuntario (ver Cap. "Testimonios Finales", sección "Mejorar y prolongar la calidad de vida", pág. 208).

"En cuanto a aquello que pusieron en la carta que recibí de ustedes, de que 'es mejor no tener relaciones sexuales', por supuesto que es mejor, aunque mejor aún es que cada hombre tenga su propia esposa, y que cada mujer tenga su propio esposo, para que no caigan en relaciones sexuales prohibidas. El esposo debe tener relaciones sexuales sólo con su esposa, y la esposa debe tenerlas sólo con su esposo"

I Corintios 7:1-3

La familia y la castidad no son términos contradictorios. De hecho, en la antigüedad al término castidad se lo relacionaba con la virtud (**dharma**). En otras palabras, el matrimonio debe conducirse con *virtud* (**dharmacharya**) y de esta forma establecer una familia. Entonces, **brahmacharya** y **dharmacharya** se igualan, son uno y lo mismo.

El camino hacia la plenitud o auto-realización está siempre basado en el dominio y regulación sobre el cuerpo*, nunca al revés. De aquí la máxima espiritual: *"siempre reyes, nunca esclavos"*. No se trata de satanizar la vida, pues el Principio Absoluto (desde el cual se manifestó todo) es bello y bondadoso; por ende, su resultado no puede ser distinto de aquella misma bondad. Más bien, se trata de llenar la vida virtuosamente (**dharma**) por medio de cada pensamiento, palabra y obra (**trikaarana suddhi**). Aquel que vive así será sabio, justo y con templanza de carácter.

5) No aceptar dádivas (aparigraha)

Aforismo de Maharishi Patányali, 2:39

अपरिग्रहस्थैर्ये जन्मकथंतासंबोधः ॥ ३९ ॥

Aparigrahasthairye janmakathantasanbodhah

Cuando se afirma en la idea de no recibir dádivas, adquiere la memoria de vidas pasadas [1].

---

* Entiéndase, la Naturaleza.

<u>Comentario de Swami Vivekananda</u>

Cuando el hombre no admite dádivas ni regalos ni dones, no depende del donante sino que permanece independiente y libre, purificando así su mente, porque con cada dádiva recibida, también toma todos los males del dador, y al continuar así estaría colocando capa tras capa sobre la mente hasta ocultarla por completo con toda clase de maldad. Si no admite dádivas, su mente se vuelve pura y la primera facultad que adquiere es la memoria de vidas pasadas. Sólo así el yogui queda perfectamente establecido en su ideal. Ve que ha venido a este mundo y salido de él muchas veces y toma la determinación de liberarse, para ya no ir ni venir, ni ser esclavo de la naturaleza [1].

<u>Palabras de Bhagawan Sri Sathya Sai Baba</u>

Aparigraha *usualmente se interpreta como el no aceptar la propiedad de otro, ya sea como don o dádiva. Pero este no es el significado exacto. En realidad, se refiere a realizar las acciones sin esperar ninguna recompensa, sin ninguna intención de adquirir algo y con un espíritu completamente desinteresado* [6]. *Los Upanishads consideran a* ***parigraha*** *(aceptación de dádivas) como pecaminoso. Cualquier ayuda que uno pueda dar a otros, debemos hacerla sin esperar nada a cambio. Las escrituras declaran que es natural para los humanos cosechar el fruto de sus acciones.*

Uno tiene derecho a recibir beneficios del padre, de la madre, del maestro y de Dios, pero no de otros. Como Dios es el creador, sostenedor y protector, ustedes pueden exigir cualquier cosa de Dios. De sus padres pueden ustedes recibir lo que ellos están en posición de dar de acuerdo a su capacidad, pero no deben buscar más que eso de ellos. Del preceptor, quien les enseña lo que promueve su bienestar, deben recibir sólo conocimiento, deben buscar formas de satisfacerle y ningún otro beneficio. Los estudiantes de hoy carecen de estas cualidades. El resultado es que ellos se vuelven deudores de otros en muchas maneras. Nadie puede decir qué suerte de nacimientos tienen que asumir para saldar estas deudas en vidas futuras.

Los límites deben observarse al aceptar la hospitalidad de los amigos. Incluso debe evitarse permanecer más de la cuenta en las casas de los amigos, quienes a su vez pueden depender de sus padres. De aquí que sea esencial cultivar comedimiento al aceptar ofrecimientos de otros. Deben estar dispuestos a ofrecer una fruta, flores, agua u otra cosa sencilla a un huésped, pero deben ser prudentes en aceptar cosas de otros [3]. *Esto significa no aceptar cosas de otros. Tienen todo el derecho de recibir regalos u otras cosas de sus padres. Ustedes son el producto de sus padres y por lo tanto, pueden aceptar cualquier cosa que ellos les den.*

Aparigraha *posee ciertos significados sutiles. Por ejemplo, no es correcto aceptar regalos de los propios tíos o parientes políticos, o incluso de los propios hermanos. Cuando reciben cualquier regalo de estos parientes, ustedes tienen que corresponder a ellos mediante regalos equivalentes.*

En la actualidad, se viola flagrantemente la regla de **aparigraha**. *Por ejemplo, cuando los muchachos se casan después de finalizar su educación, reciben dotes en el momento del casamiento. Esto está muy mal. Incluso constituye un pecado. Una muchacha que ha sido bien criada es ofrecida a un joven en matrimonio. Eso es en sí mismo un gran regalo. ¿Por qué habría uno de pedir dinero junto con la novia? Los padres de la muchacha pueden darle a ella cualquier cosa que elijan. Pero el novio no debería esperar ni aceptar nada. Esta es la actitud que uno debería tener hacia los regalos ofrecidos por otros. Debido a que muchos de estos preceptos inmemoriales han sido abandonados, hoy* **Bharat** *(India) está experimentando diversos problemas.*

No hay límites para los regalos de Dios. Pueden aceptarse regalos de los padres, del preceptor y de Dios. Estas son las excepciones a la regla de **aparigraha**. *De estos cuatro, pueden recibir cualquier cosa. Pero incluso de los padres ustedes no deberían tratar de obtener nada mediante la compulsión o el litigio. Lo que los padres ofrecen con amor debe ser recibido con amor. Hay límites para lo que pueden recibir de los padres. Pero no hay límites para lo que pueden recibir de Dios. Ustedes pueden aceptar cualquier cosa de Dios porque Él es el Señor de todo. Él puede liberarlos del pecado y redimirlos de las consecuencias.*

Dios abarca todas las relaciones y por consiguiente, uno debería identificar al propio ser con Dios. Atribuirle a Dios relaciones como madre y padre, establece límites restrictivos a la asociación entre Dios y el hombre.

En el vasto océano de **Sat-Chith-Anandha** *(Ser-Conciencia-Bienaventuranza), la miríada de seres humanos, con diferentes* *nombres y formas, son como las olas. Pero así como las olas están formadas por la misma agua que el océano, todos los seres humanos son chispas de lo Divino* [4].

Testimonio del autor

Si hacemos un trabajo, merecemos recibir el fruto del mismo. Pero aceptar regalos sin haber realizado trabajo alguno, no solo es inapropiado sino contraproducente*. Nuevamente, el equilibrio mencionado en párrafos anteriores entra en juego al igual que las consecuencias por nuestras decisiones. Esto es similar a aquel que recibe un crédito bancario y que, desde luego, después debe devolverlo ¡y con intereses! Nunca se debe recibir sin dar, pues si así se lo hace, se rompe el balance de la vida, que buscará su equilibrio nuevamente, tarde o temprano. Si recibimos, recordemos siempre devolver y si es desde el *Amor*, mucho mejor.

Yendo a un análisis más profundo, realmente no venimos a este mundo a recibir, sino más bien a dar, a recordar la bondad, a manifestar la generosidad del *Amor*. Dar desinteresadamente (en toda la extensión que esto significa), sin siquiera esperar una mirada o un gesto de agradecimiento. Solo dar, desde un corazón desbordante de *Amor*.

¿Cómo lograrlo? La manera más fácil es ser amplio de miras, ser conscientes de que el Principio Divino, que es puro *Amor*, mora en todos y cada uno de nosotros (recordar el valor anterior de la verdad). Alcanzar esta experiencia es suficiente para colmar toda necesidad de satisfacción, volviéndose así innecesario recurrir a lo que por derecho nos corresponde, el fruto de las acciones. De esta manera, la conciencia del *Amor* se expande y crece†. Es el círculo virtuoso del **karma-yoga**‡. Así ofrecemos a la vida en sacrificio el fruto de nuestras acciones, renunciando a sus resultados y también a sus colaterales como reconocimiento, pompa, etc.

El sacrificio de los frutos de las actividades (**karma-yoga**) es un fuego que los consume (a los frutos) convirtiéndolos en

---

* Los sobornos o comisiones ilegales entran también se considera *aparigraha*.

† Se refiere al *satwa-guna*. Más adelante se profundizará en este particular.

‡ La senda de ofrecer en sacrificio los frutos de las acciones, o sea, servir desinteresadamente.

humo que se eleva a los cielos. La naturaleza agradecida los recibe, y, aunque no esperamos nada a cambio, retorna en forma de lluvia muy próspera a nuestras vidas.

Otro beneficio inevitable es la expiación de los pecados o acciones negativas que en algún momento se cometieron, por lo que se dispondrá de un mejor porvenir, de una mejor calidad de vida. Es un inevitable círculo virtuoso. De aquí la célebre frase que dice "el que da, mucho recibe".

"No aceptar sin dar, es bueno;
pero dar sin esperar, es mucho mejor"

El rescate del Sanathana Dharma y los Valores Eternos

Una de las principales misiones de Bhagawan Sri Sathya Sai Baba como Avatar de la era de hierro (***kali-yuga***)* es la del restablecimiento del sagrado y eterno sendero, también llamada ***Sanathana Dharma***†, que no solo corresponde a la cultura hindú sino también a toda religión que promueva la paternidad de un único y mismo Dios y la hermandad intrínseca del ser humano.

Es así que los "cinco valores ascéticos" prescritos en este primer paso del ***Ashtanga-Yoga*** fueron actualizados, revitalizados, refundados y rebautizados por Bhagawan Baba como los "cinco valores humanos", los cuales son los pilares básicos de Su enseñanza para el mundo entero‡, misma que no distingue condición social, raza, credo, sexo o edad. El siguiente cuadro equipara y compara los valores ascéticos de ***yama*** versus los valores humanos actualizados por Bhagawan Sri Sathya Sai Baba ***Avataram***:

---

* Léase el Cap. V "Pratyahara", específicamente "La Manifestación Cósmica y sus cuatro períodos (yugas) ", pág. 124.

† Su traducción más cercana es perpetua virtud. Se refiere al sendero que todos, sin excepción alguna, estamos transitando de regreso a la fuente primordial.

‡ El Programa Sathya Sai de Educación en Valores Humanos (PSSEVH) se desarrolla en todos los más de cien Institutos Educativos Sathya Sai alrededor del mundo, mismos que comprenden escuelas, colegios y universidades. Adicional, este PSSEVH ha sido incorporado por muchas otras instituciones educativas laicas alrededor del mundo con resultados extraordinarios a nivel individual, familiar y social.

#	VALORES ASCÉTICOS	VALORES HUMANOS
1	**No Violencia** *Ahimsa*	**No Violencia** *Ahimsa*
2	**Verdad** *Satyam*	**Verdad** *Satyam*
3	**No robar** *Astheyam*	**Paz** *Shanti*
4	**Celibato** *Brahmacharyam*	**Rectitud (virtud en acción)** *Dharma*
5	**No aceptar dádivas** *Aparigraha*	**Amor** *Prema*

*Tabla 1: Comparación entre los cinco valores ascéticos estipulados por Patányali y los cinco valores humanos establecidos por Sai Baba***

Esta actualización y revitalización de los valores por Bhagawan Baba no fueron sólo de forma sino sobre todo de fondo; es decir, pasaron de ser de tipo doctrinal (externo) a ser de tipo fundacional (interno). Es cambio y transformación total del significado de los valores, antes llamados ascéticos, ahora llamados humanos. Tanto es así, que Bhagawan Baba enseña que los valores humanos no pueden ser aprendidos sino que deben ser manifestados. A este proceso Él lo bautizó como **Educare**[†], debido a que estos (los virtuosos valores humanos) moran en cada uno de nosotros, o sea, son innatos, no se aprenden ni se consiguen por medio de títulos, sino hay que dejarlos salir, expresarlos, vivirlos, experimentarlos.

El Ser testigo que mora en el cuerpo humano es únicamente pura conciencia, **Sat-Chit-Ananda** (Eternidad, Conciencia y Bienaventuranza) que se expresa como verdad, bondad y belleza. Por ende, el ser humano es esencialmente bueno siendo el objetivo principal de educare facilitar la expresión de dichos valores ya presentes en cada uno de nosotros.

El Sendero Eterno hacia la Morada Suprema

No importa la religión: puedes ser cristiano, mahometano, budista, judío, hindú, yainista, bahai, etc.; no importa la etnia, la nación, la clase social, etc. Este es el sendero (**marga**) que inevitablemente todos, sin excepción, nos encontramos cursando

---

** Léase al inicio de este capítulo, en "Palabras de Bhagawan Sri Sathya Sai Baba", en su primer párrafo: *"[...] todos los valores humanos están contenidos en ella [yama]"*, pág. 30.

† Del latín *eductus* que significa sacar y guiar.

de regreso a casa, por eso se le denomina **Sanathana Dharma** o la perpetua virtud, no porque sea dogmático, sino todo lo contrario, porque es el curso natural del progreso evolutivo del ser encarnado hacia la completa realización de su verdadera naturaleza, la Conciencia Eterna, el **Sat-Chit-Ananda**[*].

Despertar al Sanathana Dharma

Pero ¿cuál es el punto de inicio de este sendero? De hecho, todos nos hallamos permanentemente cursando el mismo, sólo que en la mayoría se encuentra en estado latente y otros en estado manifiesto. Para romper el período de latencia y poder continuar conscientemente por el sendero eterno se hace fundamental una causa que lo genere, la cual puede ser de dos clases:

- **Despertar por necesidad natural:** En este punto el individuo siente una profunda sed por lo eterno y trascendental o por encontrar respuestas a la vida más allá del conocimiento inferido o indirecto (**paroksha-jñana**[†]), la cual sólo puede ser saciada por la experiencia o el conocimiento directo (**aparoksha-jñana**).

- **Despertar por necesidad extrema:** Cuando una persona se encuentra sumida en una profunda crisis, cualquiera que esta fuere: laboral, financiera, de pareja, de vacío existencial, de consumo de sustancias que generan dependencia, etc., atraviesa la triple aflicción de dolor, miseria y sufrimiento. Luego de buscar toda ayuda posible, no logra sobreponerse y su última opción es aceptar una fuerza superior que quizás en algún momento previo haya negado, en otros casos relegado o incluso ignorado. Este tipo de despertar es en el que se encuentra la mayoría de la humanidad.

---

[*] Bhagawan Sri Sathya Sai Baba enseña que la Conciencia Suprema es eterna y auto-refulgente, o sea, auto-consciente y cuando se sabe eterno (*Sat*) y auto-consciente (*Chit*), la bienaventuranza (*Ananda*) es su manifestación; así, todo el Universo está embebido de bienaventuranza. Las manifestaciones en el Universo buscan dicha satisfacción pero la ignorancia hace que sus caminos sean diversos. Solo cuando se distingue lo eterno de lo efímero es que se reconoce la fuente que todo satisface y se la sigue. Dicha fuente es la Conciencia Suprema, que es la sustancia y sustento en toda la manifestación cósmica.

[†] Se refiere a aquel conocimiento indirecto o inferido obtenido por intermedio de distintas fuentes: textos, videos, audios, discursos, etc.; es decir, es un conocimiento aprendido, no experimentado ni comprobado.

El Sanathana Dharma y el Raya-Yoga

Nuevamente, el sendero sagrado y eterno (**Sanathana Dharma**) cobija a toda la humanidad (de hecho, a toda la Naturaleza o Manifestación Universal), no importa el credo, color de piel, sexo, títulos o posición social. Ya sea por una necesidad natural o por una extrema, ambos despertares son el inicio manifiesto del sendero eterno o la perpetua virtud en que toda la humanidad en algún momento de la vida, sin excepción alguna, transitará.

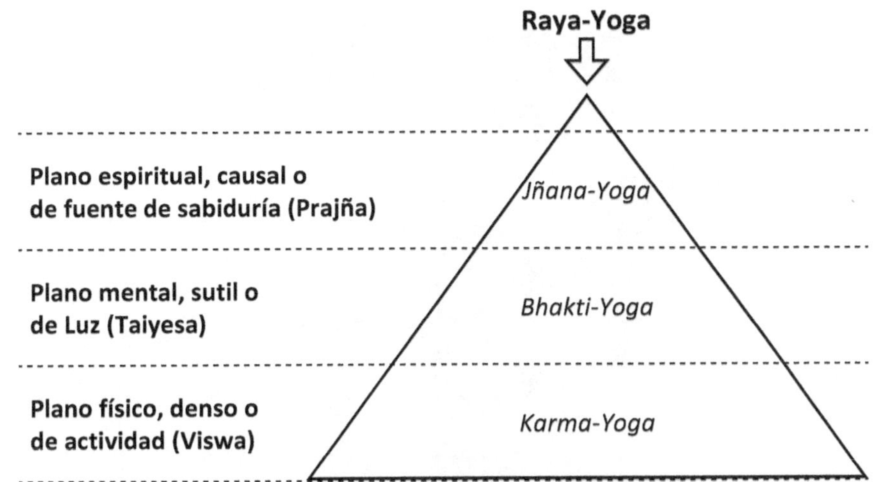

Ilustración 1: El Sendero Eterno opera por medio del Raya-Yoga. Este último se compone de tres escalones, mismos que están correlacionados con los planos de conciencia

El estado manifiesto del **Sanathana Dharma** es el **Raya-Yoga**, el cual contiene los siguientes tres senderos concomitantes: **karma-marga** (sendero de la actividad desinteresada por sus frutos), **bhakti-marga** (sendero de amor por aquel Ser Superior) y **jñana-marga** (sendero del conocimiento Superior). El **Ashtanga-Yoga** es el vehículo por excelencia para transitar de manera segura por cada uno de ellos y el **Sanathana Dharma** es el mapa o sendero de retorno a la Morada Suprema, la Fuente Primordial, la Conciencia Única y Suprema.

En los próximos capítulos se profundizará sobre cada uno de estos inevitables y excelentísimos senderos.

Foto 4: El autor y su padre Hammoud Juez (circa 1988)

CAPÍTULO II: NIYAMA

*De la purificación
interna y externa*

Aforismo de Maharishi Patányali, 2:32

शौचसंतोषतपःस्वाध्यायेश्वरप्रणिधानानि नियमाः ॥ ३२ ॥

**Souchasanthoshatapahswadhyayishvarapranidhanani
niyamah**

Niyama *es la purificación externa e interna, el contento, la mortificación, el estudio y la adoración a Dios* [1].

Comentario de Swami Vivekananda

La purificación externa significa un cuerpo limpio. El hombre desaseado no puede ser yogui. También ha de haber purificación interna que se obtiene por el ejercicio de las virtudes. Por supuesto, la purificación interna es más valiosa que la externa, pero ambas son necesarias, y la externa sin la interna de nada vale* [1].

Palabras de Bhagawan Sri Sathya Sai Baba

El segundo conjunto de disciplinas es conocido por el término **niyama***. Consta de cinco prácticas: pureza (***soucham***), penitencia (***tapas***), contento (***santhosham***), estudio de textos sagrados (***swadhyayam***) y ofrenda a Dios (***Ishwara pranidhaanam***)* [10]*.* ***Niyama*** *es un estado lleno de gozo, en el que siempre se practica austeridad o recordación del sagrado nombre, según se menciona en el* ***Raya-Yoga***. *[...] Sin embargo, Yo lo explico de la siguiente manera:* **niyama** *es la condición de Amor puro hacia la Divinidad, siempre y bajo cualquier circunstancia. Es la clase más elevada de Amor. Sólo cuando se profesa este Amor firme hacia lo Absoluto, se obtendrán del* ***Raya-Yoga*** *o entrega al Señor pureza externa e interna, alegría, austeridad, estudio y entrega a Dios.*

---

* Se encuentran detalladas en el Cap. I, "Yama", aforismo 2:30, pág. 30.

*Cuando se alcance el control de los sentidos, la bienaventuranza y la paz se volverán posesión del hombre a través de la fuente de toda paz y felicidad, la entidad del Eterno Absoluto Universal, el estado de la más alta bienaventuranza, misma que no deriva de los áridos objetos materiales. "Él es dulzura", "Dios es bienaventuranza", dicen los Upanishads. Es en y por Dios que el mundo material tiene una ínfima gota de alegría. Sin el sostén de **Brahman**, que es la dulzura y alegría en su plenitud, toda esta apariencia evanescente no podría ser tan placentera para los materialistas. El mundo sería terriblemente amargo sin esa dulzura esencial. El océano de néctar es la causa de la pequeña dulzura que brindan los objetos materiales.*

*Aquellos que están situados en **niyama** (disciplina de la pureza), se caracterizan por asociarse con los que conocen a **Brahman (satsanga)**, conversan con ellos sobre la naturaleza del Absoluto en una actitud humilde y fervorosa, con la ansiedad por realizar la Verdad y el Amor sin vacilación hacia el Señor. Tampoco afectarán a estas firmes personas la burla o el elogio, no se alterarán por el viento, el Sol o la tormenta, el honor o el deshonor; ellos seguirán el camino de la emancipación, libres de todo apego, excepto el de realizar y así alcanzar el estado de bienaventuranza al unisono con el **Brahman** fundamental.*

*Quien ya ha realizado el nivel de **niyama** estará dispuesto a sacrificar todo por la adquisición de conocimiento; irá donde sea para escuchar un discurso sobre **Brahman**; obedecerá toda instrucción de los sabios; buscará apegarse a aquellos que le transmitan la ciencia de la Ultra-Conciencia (**Chinmaya-tatwa**) como si ellos únicamente fuesen sus más íntimos amigos; sorteará cualquier obstáculo con tal de satisfacer los anhelos de aquellos. Estas son las características de la persona que ha alcanzado **niyama (niyamastha)** [5].*

Testimonio del autor

Tal como se mencionó en el primer capítulo, la base para **yama** y **niyama** está en la virtud. Esta segunda sección se titula "**Niyama***" que significa observar obediencia hacia las directrices del preceptor (padre, sacerdote, guía, maestro o gurú), rituales, himnos, así como austeridades (**tapas**).

---

* Término sánscrito que literalmente significa "práctica de auto-restricciones".

Así como en **yama** se establecen cinco valores básicos[†] de vida, de manera similar en **niyama** se promueve la práctica disciplinada de cinco ejercicios cuya finalidad primordial es la de saturar espiritualmente **(satwa-guna)** al aspirante, lo que será fundamental para los siguientes pasos del sistema **Asthanga-Yoga**. Tal como se mencionó en párrafos anteriores, estos cinco ejercicios o prácticas virtuosas son: pureza **(soucham)**, penitencia **(tapas)**, contento **(santhosham)**, estudio de textos sagrados **(swadhyayam)** y entrega a Dios **(Ishwara pranidhaanam)**.

Es como preparar un terreno para la siembra: se lo tiene que proteger de todo agente externo e interno que pueda contaminarla (pureza o **soucham**); se lo debe desraizar la maleza (sacrificio o **tapas**); hay que trabajar con entusiasmo (contento o **santosham**); también abonar adecuadamente (estudio o **swadhyayam**) y por último ser leal en todo momento al señor dueño de la tierra (rendición o **Ishwara pranidhaanam**).

1) Pureza (soucham)

Aforismo de Maharishi Patányali, 2:40

शौचात् स्वाङ्गजुगुप्सा परैरसंसर्गः ॥ ४० ॥

Souchat svanggajugupsa parairasansargah

Establecida firmemente la limpieza interna y externa, surge el disgusto sobre su propio cuerpo y el no tener coito con otros [1].

Comentario de Swami Vivekananda

Cuando hay verdadera purificación del cuerpo, externa e interna, surge el abandono al cuerpo y se desvanece la idea de mantenerlo hermoso. Un rostro que a otros les parecerá bello, será para el yogui meramente animal, si no lo anima la inteligencia. En cambio, lo que el mundo llama un rostro muy común, será celestial para el yogui si lo ilumina el espíritu. El afán de mimar al cuerpo es el peor tósigo de la vida humana. Así, el primer indicio de la afirmación de la pureza será no pensar en identificarse con el cuerpo. Únicamente cuando la pureza se establece, desechamos la idea sobre el cuerpo [1].

---

† Entiéndase "básico" como base fundamental y no como algo simple, primitivo o con poco valor.

Palabras de Bhagawan Sri Sathya Sai Baba

***Soucham** (pureza) es de dos tipos: limpieza externa y limpieza interna. La pureza externa se logra mediante el uso de agua y agentes de aseo. Pero aparte de la limpieza corporal, todo lo que usamos en nuestra vida diaria debe estar limpio. La ropa que usamos, la cama en la que dormimos, los libros que leemos, la casa donde vivimos, todo esto debe ser puro y limpio.*

Todos los órganos y miembros del cuerpo deben mantenerse completamente puros y limpios. Es por eso que temprano por la mañana, tan pronto como nos levantamos, se prescriben prácticas como cepillarse los dientes, lavar la boca y la cara, no solo para mantener una salud perfecta, sino también para disfrutar de un estado de dicha. El medio ambiente que nos rodea también debe mantenerse limpio.

En cuanto a la pureza interna, cabe señalar que la mente está contaminada por malos pensamientos y por apegos y aversiones. No hay lugar para que los pensamientos sagrados se manifiesten en una mente tan contaminada. Para purificarla, se deben desarrollar cualidades como el amor, la bondad, la compasión, la tolerancia y la simpatía [10].

Testimonio del autor

Como ya se mencionó previamente, la finalidad de esta observancia es promover y mantener la pureza externa e interna. Pero ¿a qué se refiere exactamente por externo e interno?[*]

- Por externo se puede definir a la interacción del individuo con la naturaleza. Ej: órganos de acción (***karmendriyas***), órganos de percepción (***jñanendriyas***), objetos de percepción (***tanmatras***), el cuerpo físico como tal, etc.
- Por interno se puede definir a la interacción del individuo con sus propios procesos no orgánicos. Ej.: los sentidos internos ***(anthakaarana)***[**], experiencias espirituales, etc.

---

[*] El Cap. VII "Dhyana", en la sección "Relación sujeto-objeto" (pág. 162) se explica que no existe lo externo ni lo interno, sino que ambos son externos, pues son susceptibles de ser observados, o sea, son objetos.

[**] Los sentidos internos o *anthakaarana* están compuestos por: ego (*ahamkara*), mente (*manas*), inteligencia (*buddhi*), conciencia individual (*chitta*). Bhagawan Sri Sathya Sai Baba indica que hay un quinto compuesto llamado conocedor (*jñatha*).

Así como se cuida del terreno evitando que entren ladrones, animales, o plagas (lo externo) y/o previendo cualquier posible amenaza desde el mismo campo (lo interno), así también, al cuidar la calidad de los estímulos e interacciones, ya sea con lo externo o lo interno, los instrumentos† del aspirante espiritual se purifican y, de esta manera, se logran dos objetivos:

1. Los instrumentos con los que venimos a este plano rinden cada vez mejor hasta alcanzar su plenitud. Esto es fundamental para escalar en los estados de conciencia, tal como se explicará en los próximos capítulos.
2. El testigo u observador comienza a vislumbrar las cosas tal como son, libre de prejuicios, opiniones, parcialidades, etc. pero sobre todo, comienza a tener una visión cada vez más clara de sí mismo, hasta lograr la inmaculada auto-revelación, el re-descubrir‡ quién es.

Soucham es tener el terreno expedito, siempre libre de cualquier semilla que derive en un indeseado brote posterior**.

2) Penitencia (tapas)

Aforismo de Maharishi Patányali, 2:43

कायेन्द्रियसिद्धिरशुद्धिक्षयात् तपसः ॥ ४३ ॥

Kayendriya siddhirashuddhikshayattapasah

La mortificación confiere poderes a los órganos del cuerpo y elimina las impurezas [1].

Comentario de Swami Vivekananda

Los resultados de la mortificación se notan inmediatamente en ocasiones con la clarividencia, clariaudiencia y otras facultades psíquicas [1].

---

† Entiéndase: órganos de la acción (*karmendriyas*), órganos de la percepción (*jñanendriyas*), principios vitales (*panchapranas*), elementos sutiles (*tanmatras*) y sentidos internos (*anthakaarana*).

‡ ¿Por qué re-descubrir? Porque siempre ha sido, sólo que no era consciente de su eterna realidad.

** En la sección "El Karma es semilla" (pág. 69) se explica con más detalle el significado de semilla.

Palabras de Bhagawan Sri Sathya Sai Baba

*El ascetismo (**tapas**) no significa ponerse boca abajo, con la cabeza en el piso y lo pies levantados, como un murciélago. Tampoco es la renunciación a las posesiones y propiedades, esposa e hijos o maltratar al cuerpo, o presionar la nariz para regular el aliento. No. Las acciones físicas, disertaciones orales y resoluciones mentales, todas estas tres tienen que encontrarse al unísono. El pensamiento, palabra y acción, todos deben ser puros. Este es el verdadero **tapas**. Adicionalmente, estos tres tienen que estar coordinados, no por la compulsión del deber sino por el contento de uno mismo. El esfuerzo debe llevarse a cabo para satisfacer los propios anhelos internos. Este arresto es la esencia del ascetismo (**tapas**). [...] En la vida, la verdadera penitencia es observar las disciplinas y restricciones anteriormente prescritas. La mente es el principal de los tres instrumentos internos del hombre (**trikaaranas**).*

*Debemos proteger a la mente de los apegos, pasiones y emociones. Estos extremos son naturales para la mente. La olas que se elevan con furia en el son los seis enemigos internos: lujuria, ira, codicia, apego, orgullo y envidia. Las primeras dos conllevan a los otros cuatro. Para liberarse de aquellas dos y poder progresar en el sendero espiritual, se debe practicar disciplina espiritual (**sadhana**)* [11].

*Dicho **taapamu** (esfuerzo) se convierte en **tapas**. "Tengo que lograr mi objetivo", se debe mantener constantemente este pensamiento, en todo momento y en todas las situaciones. Se dice "**sathatham yoginah**" (estar siempre establecido en yoga). Siempre debemos anhelar la realización del Absoluto sin Forma y sin Atributos (**Atman**). Ese anhelo se convierte en penitencia a su debido tiempo.*

*Debemos experimentar la unidad entre lo que pensamos, lo que decimos y lo que hacemos. Esta es la contemplación de Dios con pureza y unidad de pensamiento, palabra y obra. Con este tipo de **tapas** (penitencia) es posible alcanzar el **Paratatwa** (Principio Trascendental) que no tiene atributos ni forma.*

El mero hecho de ir a un bosque y vivir de raíces y hojas no constituye penitencia. Deshacerse de los malos pensamientos y pasiones y llenar la mente con sentimientos sagrados es verdadera penitencia[10].

Testimonio del autor

Cuando se escuchan palabras como ascetismo, austeridad, penitencia o renuncia, lo primero que se viene a la mente del común de las personas son pensamientos de pobreza, dolor, sufrimiento, miseria y más. Nada más alejado de lo que realmente se quiere decir con ***tapas***.

¿De qué sirve...

...andar con taparrabos,
si se está sediento de vivas y glorias?

...renunciar al cabello,
si aún se conserva la identificación con el cuerpo?

...hacer el voto de silencio,
si no cesan las conversaciones internas?

...atormentar al cuerpo con ayunos,
si se está deseoso de un banquete?

...vivir en austeridad y pobreza,
si se envidia al prójimo?

...declararse célibe,
si los impulsos siguen dominados por las pasiones?

...refugiarse en el bosque,
si no se logra real crecimiento espiritual?

¿Cuál es el verdadero ascetismo?

El verdadero ascetismo, la real austeridad, la penitencia bien entendida, la renuncia que ciertamente cuenta, sucede cuando decidimos alejar de nuestras vidas aquellas motivaciones, pensamientos, palabras, conductas, deseos y emociones que no son dignas de un ser humano depositario del más grande tesoro, el tesoro de la Divina Conciencia*.

---

* A lo largo de este texto se emplearán constantemente términos como Divina Conciencia, Conciencia Superior, Conciencia Suprema, Principio Único, etc. que se refieren a aquella Fuente Original desde la cual todo se manifestó y que muchos llaman Dios. Puede haber gran variedad de joyas pero el oro es uno;

Así como se cuida del terreno al eliminar plagas, arrancando de raíz malas yerbas o expulsando animales no oficiosos, así también, se debe cuidar que, apenas brote algún impulso, tendencia o deseo inadecuado en forma de pensamiento, palabra, obra o emoción, este debe ser desechado de manera inmediata, evitando que crezcan aún más. Esto puede ocurrir tanto durante las actividades cotidianas así como en los periodos de trabajo interno.

Existen muchas formas de realizar esta limpieza, arrancando siempre con lo más básico: la higiene y el cuidado personal[†]. El practicante espiritual no puede aspirar a científico-yogui si no precautela su cuerpo físico, cuyo estado principal es el estar despierto (vigilia); esto incluye tanto la limpieza, apariencia, cuidado y adecuada alimentación. Pero el ser humano está compuesto, además del cuerpo físico, por el cuerpo mental con su estado característico subconsciente o sutil y el cuerpo causal con su estado inconsciente o de fuente espiritual. En estos casos, la "suciedad" puede presentarse respectivamente en forma de tendencias e impresiones[*] que, según sea la situación, se podrían manifestar como apegos, adicciones, celos, envidia, odio, ira, lujuria, codicia, etc.

Por medio de ciertas técnicas se puede "limpiar" dicha "suciedad". A continuación se pueden citar unas cuantas: la buena compañía (***satsanga***); pedir ayuda a personas competentes pero sobre todo al preceptor (orar a Dios); aplicar técnicas mentales para que, aquellos "objetos amenazantes" sean empleados en beneficio de las actividades que en ese momento nos encontramos realizando, o sea, convertir la amenaza en oportunidad, utilizándola a nuestro favor, matándola en el intento. Sobre esto último el siguiente ejemplo: un cajero de banco por error recibe de un depositante más dinero de lo que había declarado, y debido a una "baja tendencia" siente el deseo

---

puede haber gran cantidad de océanos y ríos pero el agua es una; puede haber gran variedad de focos pero la energía que los activa es la misma. Es decir, el efecto no puede ser diferente de la causa. El ser humano no es diferente de su fuente que es Divina (Léase Cap. IV "Pranayama", sección "Kundalini: El Principio Energético Fundacional", pág.111).

† Todas las principales religiones y filosofías espirituales del mundo afirman la importancia de la limpieza. Una de las que más énfasis hace al respecto es el Islam, donde el profeta Mahoma llama a asearse para cada uno de los cinco rezos diarios. En general, la contribución científica del Islam para una buena salud humana es innegable y palpable alrededor del mundo hasta nuestros días.

* Léase Cap. V "Pratyahara", parte "Los Tres Factores Condicionantes", pág. 120.

de quedarse con dicho saldo. En lugar de dar paso a dicho deseo, es mejor emplear esa misma energía (la del sutil deseo de satisfacer su ambición) para fortalecer su carácter y voluntad, actuar con virtud, evitar el error y destruir la tendencia. Cuando la pureza (**soucham**) no logra prevalecer, o sea, cuando ciertas semillas indeseadas se asientan en el terreno, la renunciación (**tapas**) entra en acción, arrancando de raíz cualquier brote inadecuado presente en forma de pensamiento, palabra u obra.

3) Contento (santhosham)

Aforismo de Maharishi Patányali, 2:42

संतोषाद् अनुत्तमः   सुखलाभः ॥ ४२ ॥

Santoshad anuttamah sukhalabhah

Del contento proviene la superlativa felicidad [1].

Palabras de Bhagawan Sri Sathya Sai Baba

El siguiente valor es **santhosham**. *¿Cuándo podemos obtener* **santhosham**? *El hombre puede experimentar gozo y felicidad solo cuando está contento. A medida que crecen los deseos, crece el descontento y se multiplican las preocupaciones. Debemos aprender a estar contentos con lo que tenemos. Debemos disfrutar con lo que tengamos. Nunca debemos albergar deseos excesivos. Por lo tanto, experimentaremos la felicidad solo cuando nos mantengamos contentos. El que tiene mucha satisfacción es el hombre más rico. Por lo tanto, debemos permanecer siempre contentos, eso es lo que nos dará la felicidad* [10].

Deberán tener contento, sea cual fuere la ganancia, pérdida o estado en que se encuentren. Esto es esencial; el contento otorga felicidad y la incrementa. Para la mente contenta, la vida es un festival interminable. La mente preocupada por el deseo no encontrará la paz. Cuando el deseo le acosa, se hace imposible la concentración. El deseo es el infierno del cuerpo, lo reduce a cenizas. El contento es el remedio eficaz para eliminarlo. Así como un baño en las frescas aguas de un manantial refresca al viajero exhausto y abrumado por el calor quemante del sol, el hombre que sufre a causa del abrasador fuego de la codicia será refrescado por las diáfanas aguas del contento.

*[...] Los sabios (**rishis**), religiosos mendicantes (**bikshus**) y yoguis del pasado alcanzaron la meta de la vida gracias a la paz que les advino mediante el contento. Este otorga a todos los aspirantes espirituales el entusiasmo y el vigor necesarios para emprender el sendero que conduce a la realización de Dios (**sakshatkara**). Al estar contento, el aspirante espiritual tiene la capacidad para ignorar los peligros y las dificultades de ese camino; mira como veneno todas las cosas impermanentes de esta vida, las rechaza como basura. Mediante el contento se desarrollan el discernimiento, la renunciación, el espíritu inquisitivo. El relato de Meera (santa de la India: mística, poeta y devota del Señor) es un ejemplo de esto. Comprendan bien las historias de Radha (consorte de Krishna), Jayadeva (gran poeta) y Gauranga (devoto de Krishna). Les enseñarán la Verdad* [2].

Testimonio del autor

En la actualidad, el ser humano se encuentra enfrascado en la búsqueda de algo que no logra identificar bien. Se afana y lucha con todas sus fuerzas durante su vida para alcanzar algún tipo de felicidad. La experiencia de una efímera alegría se desvanece a los pocos momentos y entonces busca repetirla, y piensa:

Si logro...

...una gran riqueza, seguramente seré feliz;
...un gran poder, seguramente seré feliz;
...viajar por el mundo, seguramente seré feliz;
...vivir en pareja, seguramente seré feliz;
...reconocimiento social, seguramente seré feliz;
...descendencia, seguramente seré feliz;
...mucha erudición, seguramente seré feliz.

Finalmente logra...

...riqueza, pero no es feliz;
...poder, pero no es feliz;
...viajar por el mundo, pero no es feliz;
...tener una vida de pareja, pero no es feliz;
...reconocimiento social, pero no es feliz;
...descendencia, pero no es feliz;
...erudición, pero no es feliz.

Entonces ¿qué es y cómo se logra el verdadero contento?

Para considerar algo como verdadera felicidad o real contento debe reunir tres características: debe ser permanente, debe satisfacer plenamente y debe ser enteramente hermoso; o sea, debe ser verdadero, bondadoso y bello respectivamente (**sathyam, shivam, sundaram**). Estas son las características de la comunión con lo Divino. Aquel que alcanza uno de ellos, por añadidura alcanza también a los otros dos, porque en sí mismos son uno. Así, el que alcanza contento permanente, por añadidura también alcanza satisfacción completa y excelsitud total.

Y es que, como se mencionó anteriormente, el ser humano se afana por buscar la felicidad fuera de él, en toda expresión de la naturaleza, pero sabemos que esta última sufre de la séxtuple ola o miseria del mundo, caracterizada por el sufrimiento e ilusión, hambre y sed, decadencia y muerte*. Por ende, jamás encontraremos verdadera felicidad en la naturaleza, que es lo mismo que decir fuera de uno mismo.

La palabra contento proviene del latín **continere** que quiere decir contener o mantener dentro. Así como aquel que alcanza algún objeto precioso lo atesora con mucho cuidado, de manera similar, aquel que alcanza la experiencia más elevada, la comunión con lo Divino y que está capacitado con una sana inteligencia (**buddhi**) la sabrá valorar y atesorar en su interior, no la dejará escapar e ir.

El saber que este tesoro yace en nuestro interior, que está siempre a disposición y que satisface plenamente significa real contento, y el posesionarse de dicho tesoro resulta en felicidad y paz duraderas. El contento actúa como un dínamo que yace en nuestro interior, del cual fluye con una incesante paz y felicidad. Es como la abeja que liba constantemente y en silencio el néctar de las flores.

Aquel que sabe que su tesoro está bien resguardado vivirá siempre en paz. No importa lo que suceda fuera de él, ninguna vicisitud distraerá su atención del gozo que siente por su tesoro interno. Por ende, contento también es paz, lo que por añadidura entrega equilibrio y ecuanimidad.

---

* Basados en la obra "La Joya de la Corona del Discernimiento" (Viveka Chudamani [15]) escrito por Sri Shankarachaya en sus versos 256 y 258.

Nuevamente, la pureza es la base angular para expresar plenamente alguna facultad interna; en este caso, el contento es directamente proporcional a la pureza. Sin lugar a dudas podemos consignar que: <u>a mayor pureza, mayor contento.</u>

Resguardemos este tesoro que funcionará como combustible espiritual para avanzar en el sendero hacia la auto-perfección.

Seamos conscientes de esta herencia, anhelemos la experiencia y vivamos agradecidos.

4) Estudio de textos sagrados (swadhyayam)

Aforismo de Maharishi Patányali, 2:44

स्वाध्यायाद् इष्टदेवतासंप्रयोगः ॥ ४४ ॥

Swadhyayad ishtadevatasanprayogah

Por medio de la repetición del mantra se alcanza la realización de la deidad anhelada [1].

Comentario de Swami Vivekananda

Mientras más altos sean los seres que quieres alcanzar, más difícil será la práctica [1].

Palabras de Bhagawan Sri Sathya Sai Baba

El cuarto valor es **swadhyayam**. *Esto no significa simplemente estudiar los Vedas. Deben estudiarse todas las escrituras triples básicas** (**prasthaan trayee**): *el Bhagavad Gita, los Upanishads y los Brahma-Sutras. Uno debe estar familiarizado con toda la literatura sagrada.* **Swadhyayam** *significa que siempre debemos seguir leyendo algunos textos sagrados. De ese modo, uno se deshace de las impurezas de la mente* [10].

---

* Bhagawan Baba en muchas ocasiones basa sus discursos en función de la creencia-cultura de la audiencia presente. En este discurso, particularmente, enfatiza a la cultura de la India, pero en innumerables ocasiones cita y destaca a la cultura cristiana, musulmana, budista, etc.

Testimonio del autor

La mente es el resultado de nuestras decisiones pasadas y presentes. Mientras más arraigadas estén, más difícil será controlarla**. Es así que una forma de purificar y domar a la mente es mantenerla imbuida en lo sagrado. El estudio de conocimiento trascendental así como el recordar historias y pasajes inspiradores es similar a sacar la suciedad de un vaso con agua: hay que verter permanentemente agua limpia y poco a poco esta reemplazará por completo al líquido contaminado.

De las veinte y cuatro horas del día se debe asignar una porción de tiempo para esta actividad, así como se agendan espacios para la el trabajo, la alimentación, limpieza personal, etc. Debe de ser parte de nuestra práctica diaria. La clave está en dos aspectos:

1. Que no haya exceso de lectura que embote y confunda el pensamiento. El refrán "ni tanto que queme al santo ni tan poco que no lo alumbre" lo aclara perfectamente.
2. Que lo rutinario no se vuelva aburrimiento.

Para ambos casos la solución es la práctica comprehensiva por medio del **amnaya** (tradición ancestral) que es el recibir la instrucción del preceptor o de algún texto sagrado (**sravana**), reflexionar sobre ello (**manana**) e integrarlo en uno mismo (**nididhyasam**).

Paso a paso, la mente así ocupada se irá purificando, las tendencias de a poco quemando y los sentidos controlando. Nuevamente la pureza juega un papel fundamental en el proceso del **Ashtanga-Yoga**, en el proceso de auto-perfeccionamiento de todo individuo. Tal como se mencionó en el capítulo introductorio, el lector deberá definir su ideal trascendental (**Ishtadevata**). Esto facilitará la selección de textos y episodios a estudiar relacionados con el mismo.

** De hecho, en la actualidad, un gran porcentaje de la población no controla la mente y cuando piensa que la controla es cuando precisamente se encuentra bajo el efecto de impresiones y tendencias pasadas, so pretexto de hacer la propia voluntad. Por esto se menciona que somos esclavos de los sentidos, pues las tendencias nos incitan. Cuando dominemos las tendencias y, por ende, a los sentidos, pasaremos de ser esclavos a ser amos de nosotros mismos. Esta tragedia se da en todas partes, no importa la región, no tiene que ver la posición social, el sexo ni el credo, pero en mayor medida se da en las grandes ciudades.

5) Entrega a Dios (Ishwara pranidhaanam)

Aforismo de Maharishi Patányali, 2:45

समाधिसिद्धिरीश्वरप्रणिधानात् ॥ ४५ ॥

Samadhisiddhirishvara pranidhanat

*Al sacrificar todo a **Ishwara**, viene el **samadhi*** [1].

Comentario de Swami Vivekananda

*Por medio de la renuncia al Señor, el **samadhi** se vuelve perfecto* [1].

Palabras de Bhagawan Sri Sathya Sai Baba

*El quinto valor es **Ishwara pranidhaanam**. Cualquier acción que emprendamos debe agradar al Señor. En cualquier acción que realicemos, debe hacerse la pregunta: "¿Esto agradará al Señor o no?", "¿Estará Dios satisfecho con este acto o no?" Debemos emprender este tipo de investigación en cada acción nuestra y realizar solo aquellas acciones que agraden al Señor. Dios es en efecto tu conciencia.*

*No debes hacer nada que no entregue **Atma-trupti** (auto-satisfacción). Tu propia conciencia te castigará si te opones. Tu propia mente te causará dolor si realizas acciones que no le den autosatisfacción. Por lo tanto, debemos cultivar los buenos sentimientos y emprender solo aquellas acciones que produzcan autosatisfacción. En el lenguaje vedántico, esto se llama "**sarva karma Bhagavat prityaartham** (únicamente cuando emprendan acciones que agraden al Señor, se les otorgará cosas buenas)".*

*Sólo cuando uno observa a **yama** y **niyama**, equivaldría a lograr los cuatro **purusharthas** (metas legítimas) de la vida (**dharma** o virtud, **artha** o riqueza, **kama** o deseo legítimo y **moksha** o liberación). También equivaldría a la práctica de **sama** y **dama**. No podemos ver la práctica de estos valores humanos como se prescribe en **yama** y **niyama** en los estudiantes de estos días. Por eso hoy el corazón de los estudiantes está contaminado. Los estudiantes deben tener un corazón sagrado.*

Deberían convertirse en futuros ciudadanos responsables. Lo bueno o lo malo de la nación descansa sobre los hombros de estos estudiantes. Los estudiantes deben entrar en todos los dominios de la vida: mundano, ético, moral, espiritual y científico; y tener un impacto positivo en el mismo [10].

Mukti *(liberación) puede alcanzarse si se dominan los primeros, **yama** y **niyama**. ¡En verdad, el Universo es sostenido sólo por estos dos, **yama** y **niyama**!* [8] *[...] y la observancia de las disciplinas espirituales **sama** y **dama**:*

Sama *significa el control de los sentidos, la mente y el intelecto, y asegurar que no se desvíen. Es sólo cuando los órganos internos de los sentidos están controlados, que los órganos externos como los ojos, oídos, etc., pueden ser controlados fácilmente.*

Dama *se refiere al control de los órganos de percepción (**jñanendriyas**) y los órganos de acción (**karmendriyas**). La transformación espiritual del hombre requiere el control de los órganos de los sentidos.*

Vighneshvara *es la deidad que preside la inteligencia y dota a los devotos de pureza del intelecto y del poder de discriminar entre lo correcto y lo incorrecto, y entre lo permanente y lo transitorio. Los placeres mundanos son momentáneos y efímeros. Deben esforzarse por buscar la bienaventuranza espiritual, que es duradera e inmutable y que trasciende los placeres de la tierra y del cielo. Manteniendo esta última meta a la vista, deben cumplir con sus deberes en este mundo y llevar una vida recta* [3].

Testimonio del autor

La Conciencia Suprema, que es todo *Amor* y compasión y cuya manifestación es la propia Naturaleza, entrega a todas sus criaturas lo que necesitan para su sustento y progreso:

"Pues si Dios viste así a la hierba del campo, que hoy está verde y mañana será quemada en el horno, ¡cuánto más hará por ustedes! ¡Qué débil es la fe de ustedes!"

Mateo 6:28 y 30

El ser humano fácilmente puede llegar a ser consciente de esto y precisamente es lo que lo diferencia de los seres que están por debajo de su escala. Obsérvese que se utiliza el término "puede" porque es la decisión de cada quien hacer uso de los instrumentos con los que fue facultado al encarnar como ser humano. ¿Acaso el sentido común no dicta que lo más conveniente es entregarse a aquel que es fiel, que es sabio, que es compasivo, que es protector, que es indivisible y que es magnánimo?

Aquel que...

...nos brinda todo lo necesario para subsistir;
...nos entrega todos los medios para nuestro progreso;
...nos reconforta cuando nos encontramos más desdichados;
...nos cuida y guía en todas los planos de conciencia;
...se manifiesta como consciencia en todo, en lo micro y lo macro;
...lo es todo, y aun así, nos permite hacerle ofrendas.

¿No debemos...

...como mínimo ser gratos
con Quien cuida siempre por nuestro progreso?
...acaso guardar lealtad
hacia Aquel que vela por nuestro permanente bienestar?
...ser inteligentes para confiar
en Quien colma nuestras necesidades reales?

La ley cósmica del Karma

Para profundizar en la práctica de la rendición, se debe comprender primero la ley cósmica del **karma**. El término **karma** proviene del idioma sánscrito, pudiéndose traducir como actividad. Se refiere a que toda acción conlleva una reacción, una relación causa-efecto que se da en toda manifestación cósmica, por ende, sucede a todo nivel, desde lo micro hasta lo macro, desde lo denso hasta más allá de lo sutil. Todo **karma** o acción es una causa, lo que en el lenguaje **vedanta**[*] se le denomina

---

[*] Del sánscrito *vid* (sabiduría) y *anta* (final o conclusión). Se refiere al conocimiento final o conclusiones sobre los textos védicos, los más famosos son los Upanishads y el Bhagavad-Guita. El vedanta es una de las seis escuelas filosóficas (*darshanas*) de India.

semilla, misma que, ya sea en esta o en una próxima encarnación, entregará su efecto, o sea, germinará y dará sus frutos.

A diferencia de lo que el mundo de occidente cree, **karma** no se refiere a los efectos negativos de cualquier actividad previa realizada, de hecho, la ley del **karma** no distingue ni califica algo como bueno o malo, sencillamente es un reflejo de lo que se proyecta sobre el mismo.

El Karma es semilla

I

El karma es una semilla,
que se siembra en todo campo;
ya sea en lo terrenal, sutil o causal,
la simiente va a germinar.

II

Su semilla aguarda en estado latente,
así brotará cuando se la recuerde,
y en otras ocasiones cuando sea su tiempo,
mientras tanto su fruto permanece sereno.

III

Su brote puede darse pronto o tardar,
así en esta vida podría no germinar,
y se vuelve nuevamente hasta atestiguar,
lo que la semilla tiene que brindar.

IV

Su brote puede subsistir poco o durar,
Así en ocasiones la vida podría no alcanzar,
y se vuelve nuevamente hasta consumar,
lo que el fruto tiene que brindar.

V

Es que se vuelve donde se sembró,
ya sea la tierra, el cielo o el arrobador;
y sus frutos reparte por igual,
en las tres casas que son de su propiedad.

El ***karma*** es causa-efecto, por ende es acción-reacción, es manifestación, es naturaleza. Todo lo que nos rodea es ***karma***. Desde la actividad más básica hasta la más compleja tarea, todo genera ***karma***, incluso ver, oír, gustar, disgustar, pensar, respirar y hasta las emociones y sentimientos.

¿Cuál es la dinámica de los efectos de las acciones (karma)?

Como se mencionó en el párrafo anterior, toda acción genera una reacción. Entonces, ¿Qué sucede con los efectos de las acciones? Dichos efectos proceden de las siguientes tres formas:

- ***Aagami-karma***: Es aquella acción del pasado, que permanece en estado latente y cuyas consecuencias serán experimentadas en el futuro.
- ***Samchitha-karma***: Es aquella acción del presente que se acumula y permanece en estado latente.
- ***Praarabdha-karma***: Es aquella acción del pasado y cuyas consecuencias están siendo experimentadas en el presente.

El ***karma*** siembra semillas en el plano de conciencia (terreno) en el que se realizó: lo físico (lo material, el estado despierto), lo sutil (lo mental, el estado de sueño) y lo causal (lo espiritual, el estado de sueño profundo).

Los frutos de las semillas, o sea, sus efectos, serán experimentados en el terreno en el que se sembró, pero también afectará a los otros dos, a saber: si se sembró en el estado terrenal o vigilia, sus frutos se darán en el mismo, pero también afectará a los estados sutil y causal. Otro ejemplo, si se sembró en el estado mental o de sueño, se experimentará a nivel mental pero también afectará al estado de vigilia y al estado espiritual, etc.

El ***karma*** puede ser de tres tipos: bueno, malo y mixto. Dependiendo de la motivación interna del practicante de la actividad será su ***karma***. Ejemplos: Si se desea realmente hacer bien al prójimo sin esperar nada a cambio, calificará como bueno. Si se desea hacer bien al prójimo pero con la mirada en recibir favores, entonces será mixto. Si se desea dañar al prójimo, será malo.

Esta 5ta práctica denominada **Ishwara pranidhaanam** trata sobre rendirse a Dios o al **Ishtadevata**, pues tiene todo sentido entregarse hacia Aquel que da bienestar permanente y además salva de la ley universal del **karma** (causa y efecto) que por ser dual y temporal entrega dolor, miseria y sufrimiento (la triple aflicción). En los próximos párrafos se profundizará en este método (**karma-yoga**).

¿Cómo escapar de los efectos de las acciones (karma)?

El arte de estar por sobre la influencia de esta ley del **karma** y de todas las fuerzas de la naturaleza (manifestación cósmica embebida de ilusión o **maya**) es lo que se denomina liberación. El ser humano vive sometido a estas fuerzas esclavizantes producto de la trampa de la ilusión*, de creerse parte de la naturaleza (entiéndase cuerpo físico, mental y espiritual) cuando realmente es la esencia de la cual se manifestó la naturaleza. Para liberarse de la fuerza de la ilusión, de creer que "yo soy este cuerpo y este nombre. Esta es mi familia, mis hijos, mi riqueza, etc.", para romper esta falsa creencia que ata, este círculo vicioso de la acción-reacción, hay que extinguir la idea del yo y lo mío, del sujeto-objeto, por ende, del ego.

Para lograr romper dichas leyes universales (superiores) que atan y encadenan, como son el **karma** y el **samsara**†, es necesario rendirse a la misma fuente universal (superior) desde donde se originaron aquellas: *El Principio Cósmico o Dios*. Esto implica una entrega completa, con todas las capacidades con las que el ser humano fue dotado, entiéndase los cuerpos físico, mental y espiritual. Él es una combinación de estas tres envolturas y puede fácilmente despertar a la conciencia de que su verdadero propósito de vida no está en el comer, dormir, reproducirse, envejecer y morir, pues se ubicaría al mismo nivel de los seres inferiores en evolución. Conforme y consecuentemente al privilegio de poseer una consciencia e inteligencia superior, tiene también que haber una finalidad superior. La rendición atrae la Gracia… ¡es ganancia!

---

* Favor revisar el Cap. V sobre el "Pratyahara", sección "Maya-Shakti: el poder de la ilusión", pág. 118.

† La rueda de nacimientos y muertes. Se refiere al ciclo aparentemente interminable de la reencarnación. De hecho, la finalidad de encarnar es precisamente romper con este ciclo por medio de la sabiduría que no es otra cosa que reconocer "quién soy Yo".

> *"[...] porque a todo aquel a quien se haya dado mucho, mucho se le demandará; y al que mucho se le haya confiado, más se le pedirá"*
>
> Lucas 12:48

La conquista, o dicho de otra manera, el completo dominio sobre estos tres cuerpos, a su plena capacidad, hace que el ser humano pase a ser super-humano, pues logra acceder a nuevos dones que han estado siempre latentes en su interior.

> *"De cierto, de cierto os digo: El que en mi cree, las obras que yo hago, el las hará también, y aún mayores hará, porque yo voy al Padre"*
>
> Juan 14:12

Pero lo más importante no está en alcanzar las majestades ascéticas[‡] sino en lograr liberarse de la esclavitud y de la triple aflicción que abate a la humanidad, tal como se dijo en párrafos anteriores. Para lograr esto existen las siguientes tres técnicas científicas, mismas que son la base del ***Raya-Yoga***[*]:

- ***Karma-Yoga:*** Rendición del cuerpo físico o de actividad.
- ***Bhakti-Yoga:*** Rendición del cuerpo mental o de Luz.
- ***Jñana-Yoga:*** Rendición del cuerpo espiritual o de fuente de sabiduría.

Karma-yoga: Rendición del cuerpo físico o de actividad

Karma-yoga significa dar al Dador. Es renunciar a los frutos de las acciones (actividad desinteresada). Por lo general su motivación inicial[†] radica en la necesidad de ser rescatado de la

---

[‡] El gran *Jñani-Yogui* Maha-Rishi Sri Yukteswar enseña que las majestades ascéticas (*aiswaryas*) son ocho [16]: 1) *Anima*: el reducir el tamaño del propio cuerpo o de cualquier otra cosa; 2) *Mahima*: el aumentar el tamaño del propio cuerpo o de cualquier otra cosa; 3) *Laghima*: el alivianar el peso del propio cuerpo o de cualquier otra cosa; 4) *Garima*: el aumentar el peso del propio cuerpo o de cualquier otra cosa; 5) *Prapti*: el obtener cualquier cosa; 6) *Vasitwa*: el controlar cualquier cosa; 7) *Prakamya*: el satisfacer todos los deseos; 8) *Isitwa*: el convertirse en el Señor de cuanto existe (Isa). El hijo de Dios no será distraido por estos, sino que seguirá su sendero de manera perfecta hasta alcanzar la Morada Suprema.

[*] Léase Cap. I "Yama", sección "El Sanathana Dharma y el Raya-Yoga", pág. 51.

[†] No es la única motivación. Léase Cap. I "Yama", sección "Despertar al Sanathana Dharma", pág. 50.

triple aflicción que azota a este mundo‡, lo que obliga al sujeto, luego de haber fracasado en todos sus intentos previos, a rendirse a una fuerza superior que lo salve. Para esto, renuncia completamente a su rasgo fundamental que es la individualidad, su ego, como muestra de fidelidad, amor y salvación. Es una relación amo-sirviente. Los frutos de sus acciones y reacciones son ofrendados al Ser Supremo.

Bhakti-yoga: Rendición del cuerpo mental o de Luz

Bhakti-yoga es amar al *Amor*. Significa vivir consciente de que todo es un acto de *Amor* al Ser Supremo. El sujeto asciende en conciencia, pasa de la etapa de sirviente (***karma-yoga***, en donde se está completamente entregado y agradecido por los favores recibidos) a la etapa de amante; o sea, de la auto-imposición de la renuncia (una vez que se encuentra su ego refinado y purificado) se pasa a activarse en el *Amor*. Nuevamente, ya no es sólo entrega y gratitud hacia aquella Fuerza Superior Salvadora (***karma-yoga***), ahora es mucho más expansivo y cercano: "Amar al *Amor*" (***bhakti-yoga***). Es una relación amado-amante. Su acción es *Amor*, su actividad es amar al Ser Supremo.

Jñana-yoga: Rendición del cuerpo espiritual o de sabiduría

Jñana-Yoga es alcanzar la Conciencia de Unidad. Significa ser consciente de la propia realidad. Se trasciende toda dualidad del yo y lo mío, amado y amante. Gracias a la experiencia directa del *Amor* se alcanza el sagrado Auto-Conocimiento de la Unidad. La ilusión de separación (***maya***) está claramente distinguida y no hay más sometimiento a ella. Hay auto-dominio y equilibrio perfectos. No hay ninguna otra relación ni cercanía, solo Unidad. No hay ni acción ni reacción, solo *Amor* y espiritualidad, solo suprema dicha y paz (***prakhanti***).

Así como el ser humano es producto de los cinco elementos†, mismos que paulatinamente van concretizándose a medida que se desciende por los planos de conciencia y cuya fuente es la Conciencia Suprema, así también, siguiendo dicha misma ruta y poniendo en práctica las tres técnicas anteriores,

---

‡ La triple aflicción: dolor, miseria y sufrimiento.
† Los cinco elementos (*pancha-bhutas*): tierra (*prithvi*), agua (*yala*), fuego (*agni*), aire (*vayu*), espacio/éter (*akasa*).

se va ascendiendo progresivamente, perdiendo características y volviéndose cada vez más sutil‡. Dicho esto, el ascenso del aspirante espiritual comienza desde el mismo momento en que acepta estar en ignorancia, de creerse algo distinto a lo que realmente es, o sea, el Divino **Atma** (Alma) y que, para romper dicha ilusión, su primera técnica es el **karma-yoga**, mismo que luego florece al **bhakti-yoga** y que finalmente entrega el fruto del **jñana-yoga**.

Profundizando en el karma-yoga

"Después de mucho tiempo vino el señor de aquellos siervos, y arregló cuentas con ellos. Y llegando el que había recibido cinco talentos, trajo otros cinco talentos, diciendo: señor, cinco talentos me entregaste; aquí tienes, he ganado otros cinco talentos sobre ellos. Y su señor le dijo: bien, buen siervo y fiel; sobre poco has sido fiel, sobre mucho te pondré; entra en el gozo de tu señor"

Mateo 25:19-21

Tal como se menciona en la parábola de los talentos, aquel que realiza su trabajo conforme lo confiado y entrega los frutos del mismo, será muy bien considerado por su señor. Pero, si el Señor, siendo el Ser Supremo, es fuente de todo y por ende todo lo que existe proviene de Él, ¿qué podemos ofrecerle? Precisamente todos los frutos de las actividades. Así como al siervo se le confió cinco talentos y produjo cinco más, así también, a partir de la capacidad que nos fue confiada, al ponerla en acción, producirán resultados (frutos) y estos deben ser ofrendados en su totalidad, con honradez y lealtad al propietario. A esto se le denomina en el lenguaje védico *"**karma-yoga**"*.

El **karma-yoga** o el sendero de la acción, como se ha mencionado previamente, tiene como finalidad renunciar a los frutos de la acción. Pero, ¿qué debemos ofrendar exactamente? No se trata de entregar frutas, panes, etc. (aunque bien se lo puede hacer de manera representativa) sino todo lo que desde nuestras capacidades podamos generar†. Toda persona emprende

---

‡ Léase Cap. VI "Dharana", sección "Relación entre los cuerpos, planos y estados de conciencia", pág. 147.

† En el Génesis de la Biblia, cuando Adán y Eva fueron expulsados, Jehová le dijo al primero que deberá trabajar con el sudor de su frente para obtener el alimentos diario (Génesis 3:19). Así, los frutos del trabajo corresponden a quien

actividades y estas se expresan en forma de frutos tales como pensamientos, palabras, obras, emociones y hasta sentimientos. Dependiendo de cada individuo, estos pueden darse en contextos positivos (alegría, disfrute, satisfacción, etc.) o negativos (preocupaciones, ansiedad, sufrimiento, etc.).

La disciplina del **karma-yoga** es ofrendar todos los frutos, no sólo los que consideramos buenos sino también aquellos que valoramos como malos‡. Pero, ¿cómo ofrendar? En la ofrenda está implícita la renuncia, ¿a qué se renuncia? al sentido de propiedad, al yo y lo mío, al ego; por lo tanto, en el **karma-yoga** hay que tener verdadero espíritu de renuncia, se vive con conciencia de anacoreta (**vanaprashta**), con sencillez y humildad, dando y amando plenamente y nunca esperando nada a cambio. Sean estos "buenos" o "malos" frutos, si hay real renuncia a ellos, si se realiza con total pureza, o sea, con sinceridad de propósito, automáticamente se volverán muy apreciables, elevados y por ende dignos para el Señor.

"Si todo se dedica al Señor, no habrá lugar para la preocupación, tristeza o incluso para la alegría. Si ustedes se deshacen del apego, la paz nunca será perturbada. Yo, mí, lo mío, tu, lo tuyo, cuando estas ideas se apoderan de la mente, la paz sufre un revés[5]*. [...] El verdadero renunciante (***sanyasin***) es aquel que no desea una cosa u odia otra. La palabra renunciación puede ser aplicada al trabajo realizado sin importar el triunfo o el fracaso, la ganancia o la pérdida, el honor o el deshonor, hacia cualquier actividad, como una ofrenda a Dios"* [2]

Bhagawan Sri Sahya Sai Baba

Las tres clases de frutos que entrega la actividad (karma)

Vale la pena reflexionar sobre lo siguiente: el hecho de que se ofrenden los frutos del **karma** no quiere decir que no se generen. El que siembra, cuida y riega un cultivo, inevitablemente observará sus productos, por lo que hay que distinguir tres clases de frutos:

---

los trabajó, es el legítimo propietario, per se, ofrendar aquello que te pertenece ciertamente es un acto real y genuino.

‡ Lo bueno y lo malo es relativo a cada individuo y sociedad. Depende de las creencias y experiencias pasadas y presentes y de la forma como se proyectan las mismas hacia el futuro.

1. **El fruto de la actividad como tal:** Aquel que hace una actividad va a producir un fruto directamente relacionado a la misma. Ejemplo: aquel que siembra un arrozal va a cosechar arroz. El fruto está directamente relacionado a la calidad de su trabajo e indirectamente relacionado a fuerzas que no sabe y/o que no puede manejar en su totalidad.

2. **El fruto directo para la persona de la actividad:** Aquel que hace una actividad, va a ser retribuido de algún modo. Ejemplo: aquel que siembra un arrozal va a estar expuesto al escrutinio de su empleador según la calidad y sinceridad de su trabajo y, en consecuencia, a una devolución que puede ser varios tipos (económica, afectiva, etc.).

3. **El fruto indirecto para la persona de la actividad:** Aquel que hace una actividad va a generar un fruto espiritual. Ejemplo: aquel que siembra un arrozal va a verse afectado por una sensación similar a la satisfacción o insatisfacción, un muy sutil efecto que brotará de sí mismo. Esta sensación será, similar al punto anterior, según la motivación interna que lo llevó a ejecutar dicha actividad.

Profundizando sobre este último punto del *fruto indirecto para la persona de la actividad*, si su motivación es mala, la sensación será ***tamásica*** (baja, oscura); si su motivación es mixta, el resultado será ***rayásica*** (enérgica, reactiva); si su motivación es buena, el fruto será ***sátvico*** (pura, elevada). Será arrobado según la motivación interna que la generó; es decir, por más que no se desee el *fruto indirecto*, el practicante no puede escapar de su efecto pues es un reflejo de sí mismo.

Por lo tanto, es fácil colegir lo peligroso que significa estar involucrados en actividades erradas o peor aún malvadas o criminales: sabiendo que no se puede renunciar a los frutos indirectos, sus resultados sobre el practicante serían catastróficos. Por otro lado, si estamos sumergidos en actividades ***sátvicas*** o espirituales, los frutos indirectos serán siempre de beneficio para el aspirante.

Si el siervo tiene sus ojos en la remuneración, genera y se ata al ***karma***; pero, si el siervo hace su trabajo, no por desear la remuneración sino porque es íntegro, ama lo que hace y le es leal a su empleador, siendo esta su motivación primaria y no así la búsqueda del beneficio directo de la actividad o **karma**, entonces no se ata a sus consecuencias pues estas son concedidas a su empleador. A esto se le llama **karma-yoga**.

Vale destacar que, en caso de que no se renuncien a los frutos de las acciones* y se decida disfrutarlos, el experimentador queda condicionado a repetir dicha experiencia, permanece sujeto al ciclo acción-reacción, a la dualidad, a la ilusión y, por ende, expuesto a la triple aflicción que azota al género humano.

¿Cuáles son los beneficios de la práctica del karma-yoga?

- Como se mencionó anteriormente, aunque el ser humano tiene pleno derecho al resultado de sus acciones, el practicante del **karma-yoga** renuncia voluntariamente a los beneficios de los mismos para ofrecérselas al Señor Supremo. Esto genera pureza y humildad de corazón.

- Esta práctica entrega **yoga-kshema** que es la Gracia del Supremo de ver siempre por el bienestar del practicante del **karma-yoga**. En la gran epopeya del Mahabharata, en medio de la guerra del **Kurukshetra**†, Arjuna, el gran príncipe guerrero, estaba sumido por la desesperanza. La encarnación de la virtud misma, el Señor Krishna le dijo: *"Aquellos devotos que Me adoran sólo a Mí; que meditan en Mí sin ningún otro pensamiento; quienes son siempre firmes y estables, Yo llevo la carga de su bienestar"* (Bhagavad-Guita 9:22). Esto nos da libertad, paz, nos recuerda que debemos vivir el presente, que claramente significa un regalo a cada instante.

- Inevitablemente ascenderá en los planos de conciencia, del físico al de luz (**taiyesa**) o astral, y de este al espiritual o de la fuente de sabiduría (**prajña**) para finalmente pasar a la Fuente Suprema (**Paramjyotir**) o Super-Conciencia. Llegar a este último plano significa alcanzar la meta más sublime de la vida: la realización del Ser.

---

* Como sucede con la mayoría de la Humanidad, pues no son conscientes de este conocimiento o peor aún, inclusive conociéndolo, no les interesa practicarlo.
† Literalmente significa "El campo de los Kurus". Es donde se libró la legendaria batalla entre los Pandavas y los Kauravas narrada en el Mahabharata, específicamente en el Guita.

Purusharthas: Los cuatro medios legítimos para el éxito

A lo largo de la vida, el ser humano se traza metas y aspiraciones, mismas que, como se ha venido señalando en este y en el anterior capítulo, son producto de los deseos, y cuando estos se realizan dicen y sienten haber logrado el éxito. Pero, ¿se puede llamar éxito a aquello que al cabo de un tiempo ya no se posee? Todo lo que tenga como base o semilla a la ignorancia fundamental (*avidya*) está sentenciado a desaparecer, por lo que nunca satisfacerá plenamente. Entonces cabe la pregunta, ¿existe alguna forma de librarse de esta ignorancia y al mismo tiempo tener metas legítimas? Por supuesto que existen medios seguros y legítimos para satisfacer las metas trazadas y es lo que vamos a tratar a continuación.

Primero hay que señalar el significado del término *purushartha*, el cual está compuesto por dos vocablos sánscritos: *Purusha* (el Ser todo-penetrante) y *artha* (los medios para). Por ende, *purushartha* se refiere a los recursos para alcanzar aquello que perdura, que siempre satisface.

Para lograr lo anterior se deben cumplir las siguientes cuatro premisas: los medios o recursos (*artha*), la virtud (*dharma*), el deseo (*kama*) y la liberación (*moksha*). Los medios (*artha*) están encaminados a la consecución del deseo (*kama*), mismos que deben estar basados en la virtud (*dharma*) y en la realización de la satisfacción permanente (*moksha*).

Ahora, ¿cómo aplicar dichas metas legítimas en nuestro diario vivir? Pues sencillamente procurando que todo recurso (*artha*), ya sea tangible (fuerza mecánica y/o humana, financiamiento, planificación, etc.) o intangible (intelectuales, de comunicación, motivación, etc.), esté basado siempre en la fuerza de la virtud (*dharma*), y, que todo deseo (*kama*), esté exclusivamente dirigido a alcanzar aquello que perdure por siempre, siendo la sagrada Conciencia Suprema (Dios), la única cualificada para entregar dicha perpetuidad. Esto es lo que se conoce con el término liberación (*moksha*), pues es necesario "liberarnos de la ignorancia" para poder distinguir la verdad.

Entonces, para que un proceso pueda ser denominado exitoso, *la meta (**kama**) debe ser perdurable (**moksha**) y los medios para lograrla (**artha**) deben ser virtuosos (**dharma**).*

Dar siempre lo mejor en toda actividad... ¡y un poco más!

El descubrir el verdadero potencial con que cada uno ha nacido es una tarea que todos debemos plantearnos, pues mucho se nos ha dado y mucho se nos pedirá, pero no para el bien de otro, sino para el de uno mismo. El Señor Supremo es un "Jefe" tan bondadoso que nos exige mucho en la siembra para luego entregarnos una cosecha completa... ¡y aún más! Todo acontece siempre para nuestro propio bienestar. Nunca hay que renegar, y, si así sucede, se debe recapacitar y entregarnos completamente al Ser Supremo, tal como lo hizo el profeta Job, que a pesar de aceptar la voluntad de Dios, por momentos vaciló, pero perduró en su postura, se estableció en ella y alcanzó muchas bendiciones, más allá de las que cualquiera podía imaginar, inclusive el mismo Job.

El entregarnos y rendirnos, el confiar y cumplir plenamente Sus enseñanzas, nos asegurará éxito en cualquier emprendimiento que llevemos a cabo, pero si es de índole espiritual mucho mejor, pues el resto vendrá por añadidura.

"Pero buscad primero su reino y su justicia,
y todas estas cosas os serán dadas por añadidura"
Mateo 6:33

Como se puede apreciar, en **niyama** hay un requisito que se repite en todos sus valores anteriormente expuestos (pureza, penitencia, contento, estudio de sabias enseñanzas y rendición al Ser Supremo) y sin eso no se puede tener éxito en ninguna de sus prácticas: la pureza, por lo que el segundo paso del **Ashtanga-Yoga** se puede resumir en la práctica constante de la pureza de pensamiento, palabra y obra (**trikaarana suddhi**), misma que Bhagawan Sri Sathya Sai Baba recomienda permanentemente.

Para que exista pureza se necesita también de un pre-requisito: la sinceridad. Sinceridad de propósito, ser honestos con nosotros mismos. Esto en sí mismo es la piedra angular para la pureza, pues sin honestidad ni sinceridad no puede existir la idea de pureza. Si llevamos lo anterior a la acción, al ejecutar **niyama**, por añadidura también se está realizando **yama**, pues ambas son prácticas que entregan paz mental para el diario vivir, la cual es fundamental para los siguientes pasos del **Ashtanga-Yoga**, sobre todo, para el **dharana** (concentración), pues sin paz mental, no es posible la concentración.

Con la absorción y la práctica correcta de **yama** y **niyama**, el aspirante espiritual elimina todos los obstáculos en el camino hacia la perfección. Estos obstáculos son ocho: el odio, la vergüenza, el miedo, la aflicción, la crítica, el prejuicio racial, el orgullo de familia y la arrogancia. El **Maha-Jñana-Yogui**[*] **Maha-Rishi**[†] Sri Yukteswar enseña que al destruir estas ocho mezquindades, el corazón se encuentra purificado por completo y el **sadhaka** se encuentra apto para la práctica del **asana**, **pranayama** y **pratyahara**.

En cualquier actividad que se realice, si se da menos de lo que uno puede, entonces se engaña (a los demás, pero sobre todo a uno mismo); si se da enteramente, entonces se obra con bien; pero, _si se da incluso más allá de las capacidades, entonces se le revelarán nuevos dones, mismos que hasta ese momento le eran completamente desconocidos_.

"Aquel día salió Jesús de la casa y se sentó junto al mar. Y se le juntó mucha gente; y entrando él en la barca, se sentó, y toda la gente estaba en la playa. Y les habló muchas cosas por medio de parábolas, diciendo: He aquí, el sembrador salió a sembrar. Y mientras sembraba, parte de la semilla cayó junto al camino; y vinieron las aves y la comieron. Parte cayó en pedregales, donde no había mucha tierra; y brotó pronto, porque no tenía profundidad de tierra; pero salido el sol, se quemó; y porque no tenía raíz, se secó. Y parte cayó entre espinos; y los espinos crecieron, y la ahogaron. Pero parte cayó en buena tierra, y dio fruto, cuál a ciento, cuál a sesenta, y cuál a treinta por uno. El que tiene oídos para oír, oiga".

Mateo 13:1-9

---

[*] El gran maestro de la sabiduría.
[†] Gran sabio o santo.

CAPÍTULO III: ASANA

*De la postura para el cuerpo
y para la vida*

Aforismo de Maharishi Patányali, 2:46-48

स्थिरसुखम् आसनम् ॥ ४६ ॥
प्रयत्नशैथिल्यानन्तसमापत्तिभ्याम् ॥ ४७ ॥
ततो द्वन्द्वानभिघातः ॥ ४८ ॥

**[46]Sthirasukham-asanam
[47]Prayatnashaithilyanantasamapattibhyam
[48]Tato dvandvanabhighatah**

[46]*La postura es aquello que es firme y agradable.* [47]*Con un mínimo esfuerzo y meditando en lo ilimitado (la postura se vuelve firme y agradable).* [48]*Conquistada la postura, las dualidades no son obstáculo* [1].

Comentario de Swami Vivekananda

[46]*Ahora viene* **asana** *(postura). Hasta que no consigas una postura firme, no podrás practicar la respiración y otros ejercicios. El sentarse firme significa que no se sienta el cuerpo en absoluto; solo entonces será firme. Pero, como de costumbre encontrarás que, tan pronto como te sientes durante unos minutos, todo tipo de perturbaciones vendrán al cuerpo. Ahora, cuando hayas superado la idea de un cuerpo concreto, perderás toda sensación del mismo. No sentirás ni placer ni dolor. Y cuando levantes nuevamente tu cuerpo, este estará muy descansado, pues es el único descanso perfecto que le puedes dar. Cuando hayas logrado conquistar al cuerpo y lo mantengas firme, tu práctica permanecerá firme, pero mientras el cuerpo te perturbe, tus nervios se alterarán y no podrás concentrar la mente. Podemos tener una postura firme pensando en el infinito. No podemos pensar en el Infinito Absoluto, pero podemos pensar en el infinito cielo.* [47]*La luz y la oscuridad, el placer y el dolor, no te molestarán.* [48]*Las dualidades son lo bueno y lo malo, calor y frío, y todos los pares de opuestos* [1].

Palabras de Bhagawan Sri Sathya Sai Baba

Los **Yoga-shastras** *(compendio de reglas del yoga) dicen que hay que utilizar ciertas posturas (**asanas**) para eliminar las ondas cada vez más extendidas de las agitaciones mentales y purificar la mente; también, para afirmar la fe, establecer el Conocimiento Supremo y despertar el poder **Kundalini*** que está latente en el hombre [...]. Las principales [posturas] son el **sidhasana** o postura del adepto, el **baddhapadmasana** o el loto cerrado, el **sarvangasana** o pararse sobre los hombros. Además hay **asanas** como el **mayura** o postura del pavo real, y el **pachimotasana** o la de estirarse y tocar la rodilla con la cabeza. Otorgan dureza al cuerpo y permiten a la mente concentrarse por largo tiempo* [8].

*Uno debe sentarse en una posición fija; es decir, debe evitar moverse o ladearse. Pero esto solo no constituye un verdadero **asana**, aunque uno se siente como una roca con todas las articulaciones dobladas. **Asana** significa tanto firmeza física como júbilo interior que florecen en el corazón. Así pues, cualquiera sea la pose que adopte el aspirante del yoga, debe ser firme y cómoda, tal como lo aconsejó Patányali: "**sthirasukham-asanam**". Yo les digo lo mismo, pero de otra manera: un **asana** mejor y más satisfactorio es aquel en el cual uno no es afectado por el mundo externo; es la que se adquiere con la práctica de una vida moral acreditada en el mundo de acuerdo con el sendero védico. Es, en otras palabras, la ausencia total de interés por las cosas que no se relacionen con el Absoluto Universal o Dios. Cuando alguien desagradable se acerca a ustedes, no hay necesidad de buscar pleito, mofarse de él o exhibir su descontento; basta que continúen haciendo su propio trabajo sin afectarse por su presencia. Dejen seguir su camino a aquellos cuyo comportamiento ustedes desaprueban; déjenlos solos. Esto es **udaseenabhava**, la actitud de no afectación.*

*Después del nacimiento del Amor hacia el Absoluto, el aspirante adquiere este sentimiento hacia todas las cosas del mundo. Para ser más exactos, uno tiene que tratar de pensar siempre en la realidad de **Brahman** y en lo vano del Universo. Se debe evitar la camaradería con los malos y la excesiva amistad con los buenos. Los apegos de esta naturaleza alejarán al individuo del **nivritti-marga** (sendero interno) por el **pravritti-marga** (sendero*

---

*Es la energía fundacional latente en el ser humano.

externo). Renuncien al apego de lo momentáneo, a las cosas revestidas con el adorno del nombre y de la forma. Una vez obtenida esta actitud de desinterés adquirirán paz inquebrantable, autocontrol y pureza mental, y junto con ellos, firmeza y estabilidad en **asana** *(postura)* [5].

Testimonio del autor

La práctica espiritual (sadhana)

La disciplina espiritual no se confina únicamente a una iglesia, templo, sinagoga, mezquita o cuarto de oración. La verdadera práctica espiritual es veinticuatro horas al día, siete días a la semana (24/7). En otras palabras, es vivir cada segundo en el presente, de manera consciente, coherente y consecuente a la sabiduría espiritual recibida. Para encauzar esto, es necesario adoptar una postura estable y agradable, primero hacia uno mismo y luego hacia todo lo que nos rodea.

Esto es en principio lo que se quiere decir con **asana** (postura): asumir una actitud adecuada y conveniente para la práctica trascendental (**sadhana**) tanto a nivel físico, mental y espiritual.

Dicho lo anterior, fácilmente se puede inferir que, la práctica espiritual es de una sola clase: permanente y constante, en todo momento, lugar o circunstancia; sin embargo, y con la finalidad de facilitar el conocimiento, vamos a dividir el **sadhana** en dos partes: externo e interno.

Sadhana externo

Se refiere a todas las actividades que se ejecutan en la vida diaria; en otras palabras, la práctica espiritual hacia lo externo. Es aterrizar toda sabiduría espiritual hacia el momento presente del quehacer cotidiano, ya sea que usted sea un prominente profesional o una sencilla persona del hogar, la calidad de su **sadhana** externo se verá directamente afectado por su postura hacia cómo esté empleando cada segundo de su día. En este punto hay una pregunta que me han formulado en múltiples ocasiones:

¿Es posible estar concentrados en el trabajo y al mismo tiempo practicar las enseñanzas espirituales?

La respuesta es clara y sencilla: ¡SÍ SE PUEDE! El error consiste en separar la espiritualidad del quehacer diario. La espiritualidad lo es todo, es uno mismo, es la familia, el trabajo, la profesión, las amistades, la sociedad, etc. La espiritualidad es causa, sustento y efecto de todo, pues es la Conciencia Única y Divina manifestada en la multiplicidad del Universo. Es así que, para realizar un **sadhana** externo perfecto, hay que estar despiertos... sí, ¡despiertos!

¡Despiertos!

I

Despiertos, no es sólo salir del sueño;
despiertos, no es sólo alimentar al cuerpo;
despiertos, no es sólo asearse por las mañanas;
despiertos, no es sólo preguntarse ¿qué habrá hoy de nuevo?

II

Despiertos, es amando todo lo que hacemos;
despiertos, atendiendo con pasión a quien podemos;
despiertos, con compasión hacia el prójimo urgido;
despiertos, conduciendo nuestras vidas como ejemplos.

III

Despiertos, entregando todo lo que sabemos;
despiertos, siendo honestos con nuestro empleo;
despiertos, empleando con los dones recibidos;
despiertos, con absoluta entereza y compromiso.

IV

Despiertos, por la vida dando una sonrisa;
despiertos, dispuestos a dar una caricia;
despiertos, a continuar aunque la tarde parezca triste;
despiertos, a vivir todo lo que se exige.

V

Despiertos, es saber que el ahora es una vida nueva;
despiertos, es conocer hacia donde te encaminas;
despiertos, es luchar aguerrido y corajudo;
despiertos, es caminar con alegría y muy seguro.

Sadhana interno

Se refiere a todas aquellas prácticas espirituales que se llevan a cabo en el campo interno de la conciencia. Es similar a la actividad del agricultor que a diario tiene que cuidar de la siembra, sacando la maleza, agregando nutrientes al terreno, regando el cultivo, etc.

¿Qué sucedería si por un sólo día no llevara a cabo esta tarea? Sin duda se vería seriamente afectada tanto la calidad como la cantidad de su cosecha. El *sadhana* interno, dependiendo de la religión o del camino espiritual que se siga, comprende diversas prácticas como el culto, la oración, la lectura de textos sagrados, la meditación, los cantos, etc.

Para todas aquellas prácticas es necesario una posición adecuada para que el cuerpo esté cómodo y en lo posterior no se distraiga. Por esto se dice que *asana* es, en principio, adoptar una postura estable y agradable para realizar la práctica espiritual (*sadhana*). Cabe recalcar que *asana* está considerado como parte de los *yoga-mudras*[*] y están encaminados a facilitar la práctica científica-espiritual (tal como el mecanismo de un vehículo perfectamente calibrado rinde a su máximo potencial) así como también a ser un canal de expresión sincera y pura del sentir del *sadhaka* (aspirante espiritual).

En total los *yoga-mudras* se clasifican en tres clases: cabeza, manos y postura física. Esta última es denominada *asana*. A continuación una breve descripción y beneficios de cada uno de ellas.

Mudras de la cabeza

En la cabeza se concentran todas las capacidades de las funciones del organismo; es decir, gracias a la programación y coordinación (conocimiento) que la Conciencia Única habilita en la masa encefálica es que funcionan los sistemas circulatorios, nerviosos, endócrinos, musculares, etc.. Todos estos sistemas, en armonía, brindan un servicio invaluable al ser humano, entre ellos, la función de los sentidos de la percepción, también llamados sentidos externos u órganos del conocimiento (*jñanendriyas*).

---

[*] Antiguas técnicas yóguicas que emplea variados gestos y formas.

Es así que, el **mudra** de la cabeza obliga a una adecuada disposición fisiológica (cabeza con el resto del cuerpo, alineado y derecho)* así como también de los sentidos externos, debiendo estar prestos e inteligentes para dar todo el contingente adecuado en forma de humildad, esperanza, anhelo, actitud, optimismo y al mismo tiempo estar abiertos a recibir sólo aquello que le sea conveniente para el **sadhana**; es decir, gracias a la disciplina del auto-control y la purificación (**yama** y **niyama**), se está apto para que los cinco sentidos del conocimiento eviten todo estímulo de distracción y al mismo tiempo encontrarse receptivos a todo aquel "alimento"† que eleve la práctica espiritual, así, la concentración, la estabilidad y el contento mejorarán continuamente, en una suerte de círculo o retro-alimentación virtuosa.

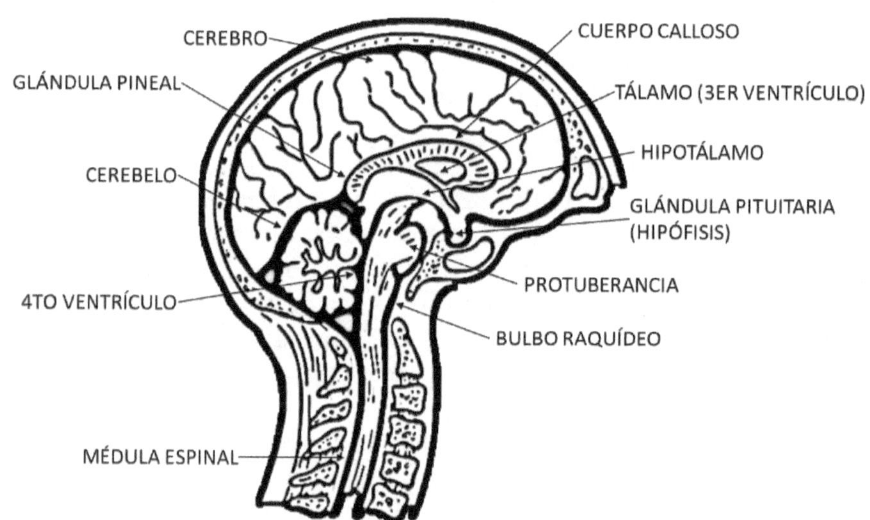

Ilustración 2: Representación sagital del encéfalo humano

En este punto, de los cinco órganos de la percepción, vamos a centrarnos en el de la visión, específicamente en el ojo y párpado. Existen muchas teorías y prácticas que recomiendan varios puntos de la cabeza donde los ojos deben dirigir su mirada y concentrarse, como por ejemplo: en el medio del labio superior (surco del filtrum), en la punta de la nariz (**nasikagra**), en el entrecejo (**ajña chakra**), en la coronilla (**sahasrara chakra**), etc.

---

* Se profundizará más adelante en el mudra del cuerpo (*asana*).

† Todo lo que perciban los órganos de los sentidos es un alimento. Así como el comer nutre, también lo que se ve, oye, huele y palpa alimenta, pues todo es energía que ingresa al organismo. ¡He ahí la importancia de cuidar como nos alimentamos!

La recomendación aquí es que siga las disposiciones del sendero científico-espiritual en el que usted se encuentre, pero tenga muy presente que no se trata de forzar el globo ocular (lo que muy probablemente podría causarle un daño físico), sino de disponer la atención a un punto específico, lo que es un preludio de las próximas etapas dentro del método científico-espiritual denominado **Ashtanga-Yoga**.

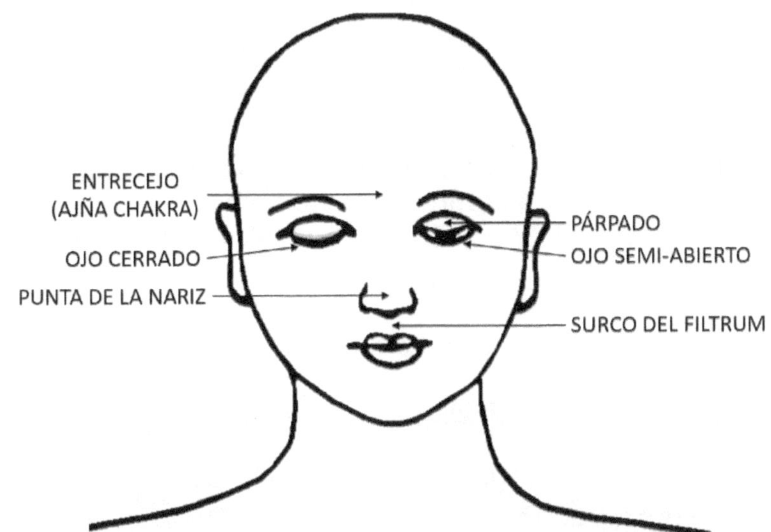

Ilustración 3: La postura de los ojos en el rostro humano y ciertos puntos de concentración recomendados

Suele existir la inquietud sobre si los párpados deben estar cerrados o semi-abiertos. Como se lo mencionó en el párrafo anterior, esto depende del sendero científico-espiritual en el que usted se encuentre, pero también de lo siguiente:

- **Ojos cerrados:**
  - Facilita la concentración e interiorización
  - Recomendado para todo momento de la práctica científico-espiritual (**sadhana**), pero sobre todo, en etapas iniciales e intermedias.

- **Ojos semi-abiertos:**
  - Ayuda a evitar estados de somnolencia o "quedarse dormidos".
  - En etapas avanzadas de la práctica científico-espiritual es de vital importancia para el dominio de los tres

estados de conciencia: vigilia (consciente), sueño (subconsciente) y sueño profundo (inconsciente). El estar expuesto al mundo fenoménico (con los ojos entre-abiertos) y al mismo tiempo ascender en los planos de conciencia, es la confirmación del dominio sobre los mismos. Recuerde que no hay dominio sobre la naturaleza si no existe un dominio propio completo sobre sí mismo. De esta manera se confirma la importancia de realizar a cabalidad cada uno de los pasos detallados previamente del método científico del **Asthanga Yoga.**

Para concluir, existen también ciertas prácticas que se realizan con los ojos totalmente abiertos. Nuevamente, todo esto depende del sendero científico-espiritual en el que usted se encuentre transitando.

Mudras de las manos

Similar a lo mencionado en el **mudra** de la cabeza, la posición de las manos también puede facilitar el **sadhana** interno, siempre y cuando se adopte una postura cómoda que contribuya en sí misma a la estabilidad (permanecer quieto sin moverse o ladearse), promueva la concentración, evite la distracción y favorezca el fluir de la práctica científica en todos sus planos: físico, mental y espiritual.

También cabe destacar que a cada dedo de la mano se le ha dado una representación, a saber:

#	Dedo	Representación	
1	Pulgar	Dios	Parama-Atma
2	Índice	El ser individual	Yiva-Atma
3	Mayor	El espíritu	Satwa-guna
4	Anular	La mente	Rayo-guna
5	Meñique	El cuerpo	Tamo-guna

Tabla 2: Representación de los dedos de la mano versus lo manifestado y lo no-manifestado (Dios / Parama-Atma)

Existen innumerables posiciones para las manos y cada una tiene su propia finalidad. A continuación destacamos y recomendamos las siguientes:

Mudras Jñana y Chin

Cuando los dedos pulgar (Dios) e índice (el individuo) se juntan, representa la unión entre el objeto de adoración y el sujeto que adora. Se acompañan de los tres dedos restantes, mismos que se encuentran contiguos uno del otro, lo que representa la armonía de los tres cuerpos (físico, mental y espiritual) y de los tres **gunas** *(Tamo, Rayo y Satwa)*.

Las manos deben descansar en las rodillas, y si se está sentado con las piernas cruzadas, se forma un triángulo equilátero junto a la cabeza y los brazos.

Como se mencionó en el párrafo anterior, este **mudra** simboliza la armonía entre los tres cuerpos y los tres **gunas**, promoviendo y facilitando la comunión entre Dios y el practicante, representados respectivamente por los dedos pulgar e índice.

Ilustración 4: Esta posición simula un triángulo equilátero, donde las rodillas (las manos descansan aquí) y cabeza forman sus vértices

---

* Léase el Cap. VI "Dharana", específicamente "Los Gunas: las tres características primarias universales", pág. 141.

Ahora, según la posición de la palma de las manos, se las denomina así:

- **Jñana-Mudra**[†]: Cuando la palma de la mano se encuentra hacia arriba. Facilita la inspiración al conocimiento.

Ilustración 5: Jñana-mudra o el "gesto para el conocimiento"

- **Chin-Mudra**[*]: Cuando la palma de la mano se encuentra hacia abajo. Facilita la expansión y unidad en la Conciencia Divina.

Ilustración 6: Chin-mudra o el "gesto para la conciencia"

Mudra Dhyana

La palma de la mano izquierda descansa sobre la derecha y los dedos pulgares se juntan en sus puntas. **Dhyana-mudra**[**] significa que todas las modificaciones (que tienen como origen a la Conciencia Única) como son el cuerpo, la mente, el espíritu y el ser experimentador (los cuatro dedos largos) regresan a su Fuente Primordial (representado por los dedos pulgares). Esta posición facilita la absorción de la conciencia en sí misma (auto-conciencia), que es lo que se conoce como **dhyana** (meditación) y que es el pre-ambulo del estado de **samadhi**[††].

[†] Término proveniente del antiguo idioma sánscrito que significa literalmente "gesto para el conocimiento".

[*] *Chin* deriva de la raíz sánscrita *Chit*, que significa conciencia; o sea, *Chin-Mudra* es el "gesto para la conciencia".

[**] Término sánscrito que literalmente significa "gesto para la meditación".

[††] Se refiere a la comunión interna con la Conciencia Única y Suprema. Es el estado en el cual el intelecto ha alcanzado ecuanimidad perfecta por medio del cual la conciencia se absorve en sí misma, o sea, se establece en la Auto-Conciencia. El capítulo VIII profundiza sobre este tema.

Ilustración 7: Dhyana-mudra o el "gesto para la meditación"

Mudras de la postura física (asana)

En lo concerniente al **Ashtanga-Yoga** y la práctica del sadhana interno, se recomienda primero determinar qué postura física (**asana**) es la ideal para cada uno. Existen múltiples posturas, mismas que dependiendo del sendero espiritual y de su facilidad corporal pueden variar. A continuación se recomienda un grupo de **asanas** ampliamente conocidas y que ciertamente facilitan la práctica interna:

Postura sentado en una silla

Está aconsejado para aquellas personas con ciertas limitaciones o dificultades en sus articulaciones. Se recomienda usar un cojinete para los glúteos y otro bajo los pies con la finalidad de mantener el cuerpo aislado del contacto con el piso. Adicionalmente y en la medida de lo posible, evitar recostarse al respaldar de la silla y sentarse en el centro de la misma.

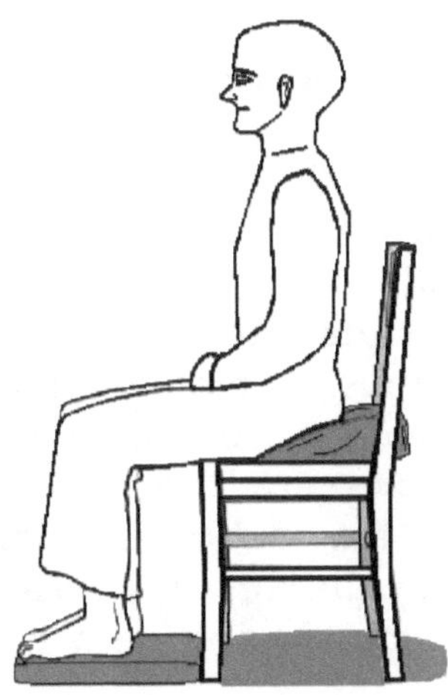

Ilustración 8: Asana sentado en una silla

Postura cuarto de loto: Sukha-Asana

Sentados con las piernas cruzadas y los pies hacia abajo. Conocida como "posición placentera o cómoda" (traducción literal del sánscrito) o también como "cuarto de loto", es la posición básica para meditar a nivel de piso o tabla rasa. Se aconseja para personas que recién se inician en el **sadhana** interno y/o que tienen ciertas limitaciones o dificultades en sus articulaciones. Se recomienda utilizar un cojinete a manera de levanta-glúteos con la finalidad de facilitar que la columna vertebral permanezca en posición vertical.

Ilustración 9: Sukha-asana complementado por el chin-mudra

Postura medio loto: Ardha-Padma-Asana

Sentados con una pierna cruzada hacia arriba y la otra hacia abajo. Conocida también como "posición medio loto" (traducción literal del sánscrito), es una de las posiciones más usadas para meditar a nivel de piso o tabla rasa por su comodidad y fácil adaptación corporal. Se aconseja para personas que ya estén familiarizadas con esta práctica, siempre y cuando no genere molestias en las articulaciones o miembros. Se recomienda utilizar un cojinete a manera de levanta-glúteos con la finalidad de facilitar que la columna vertebral permanezca en posición vertical.

Ilustración 10: Ardha-padmasana y dhyana-mudra

Postura loto: Padma-Asana

Sentados con piernas cruzadas hacia arriba. Conocida también como "posición de loto" (traducción literal del sánscrito), es ideal para meditar a nivel de piso o tabla rasa. Se aconseja para personas que cuentan con un tiempo prolongado de práctica y sobre todo que no genere molestias en las articulaciones o miembros. Esta postura facilita la posición vertical de la columna sin necesidad de ayudas externas, por lo que el cojinete no se hace necesario. Es la posición más preferida por los científicos/yoguis de antaño, pues para este *asana* no se hace necesario emplear ningún artefacto "extra" (como el cojinete); por ende, en cualquier momento y lugar se puede ejecutar aunque siempre es importante usar una estera sobre el piso para mantener al cuerpo totalmente aislado.

Ilustración 11: Padma-asana complementado por el jñana-mudra

Horario recomendado para el Sadhana Interno (Brahma-Muhurta)

*"Lo que es la noche para todos los seres,
es el período en que el autocontrolado se despierta;
y el período en que todos los seres se despiertan,
es la noche para el sabio introspectivo"*
Sri Krishna Avataram
(Bhagavad-Guita 2:69)

Como se explicó en párrafos anteriores de este capítulo, el **sadhana** es de un solo tipo; es decir, veinticuatro horas al día, siete días a la semana (24/7); pero, para facilidad de comprensión de lo que se está estudiando, o sea, el proceso científico del **Ashtanga-Yoga**, se lo dividió en **sadhana** externo y **sadhana** interno, en donde **dharana, dhyana** y **samadhi** (los pasos VI, VII y VIII respectivamente) son prácticas estrictamente internas, pues se realizan desde, a partir y en uno mismo.

Así como existen recomendaciones para la práctica del **sadhana** como la auto-regulación, la postura, la respiración, etc. también se sugieren ciertos períodos del día para llevar a cabo el sadhana interno. En el capítulo VII sobre *"**Dhyana**"* o la meditación, Bhagawan Sri Sathya Sai Baba habla sobre el **Brahma-muhurta**[*] como el horario más adecuado y auspicioso para la práctica interna que por lo general se establece entre las tres y cinco de la madrugada.

Sathya Sai Baba también suele hacer un símil entre el **Brahma-muhurta** y los bancos. Las instituciones financieras en general manejan dos tipos de cuentas: la primera es la de "cheques o ahorros" y la segunda es la de "plazo fijo". En la primera se puede retirar o depositar fondos en cualquier momento que uno lo desee, mientras que en la segunda sólo se lo puede hacer cuando se ha cumplido cierto lapso de tiempo. Las oraciones durante el día (el **sadhana** externo) son como las cuentas de "cheques o ahorros" mientras que las oraciones durante las horas del **Brahma-muhurta** (**sadhana** interno) son como las cuentas a "plazo fijo". Bhagawan Sri Sathya Sai Baba menciona que las oraciones realizadas durante el día (**sadhana**

---

[*] Término sánscrito cuyo significado es "el horario de *Brahma* (Dios)".

externo) serán "efectivizadas" ante cualquier necesidad de auxilio que se presente, la misma que se obtiene de la cuenta "cheques o ahorros" mientras que las oraciones que se realizan durante el **Brahma-muhurta** (**sadhana** interno) son algo especial y no se permitirá retirarlas bajo ningún otro propósito que no sea para el progreso espiritual. Es decir, la práctica en el horario del **Brahma-muhurta** desarrolla un progreso interno silencioso que alimenta la cuenta "plazo fijo" misma que será "efectivizada" en el momento más auspicioso y necesario para el practicante.

El sadhana es remar contra-corriente

Para complementar y reforzar la importancia, constancia y disciplina de la práctica espiritual, a continuación la analogía que Bhagawan Sri Sathya Sai Baba hace con respecto a que el **sadhana** es como remar contra-corriente:

*"El ir contra la corriente es el medio de alcanzar la fuente; dejarse llevar por la corriente significa alejarse más y más de ella y perder de vista la meta. Desde luego, nadar río arriba es un poco difícil, pero cada brazada les lleva más cerca de la meta, y no más lejos de ella. Para sobreponerse al agotamiento, uno deberá navegar en la balsa llamada meditación. Gracias a ella, la debilidad del cuerpo físico puede superarse, el divagar acelerado de la mente puede ser controlado, y facilitado el progreso hacia el asiento de la gracia; uno podrá lograr la Divina Fuerza Primordial (**Adi-murthi**). Si por el contrario a uno le importa más la comodidad del viaje y se deja llevar por la corriente, se encontrará alejándose de la gracia, dándole la espalda. La Fuerza Divina Primordial gradualmente se distanciará y desaparecerá. Personas así se perderán en una miseria cada vez mayor ¿Y con qué beneficio?"* [2]

Bhagawan Sri Sahya Sai Baba

De estas enseñanzas claramente se puede concluir la importancia de la práctica diaria, pues un día que no se "reme contra-corriente", será un retroceso, un tiempo valiosísimo perdido del sendero espiritual y, por ende, de la vida.

Recomendaciones adicionales para la práctica del sadhana interno

Luego de definir el horario y la postura más conveniente para desarrollar el **sadhana** interno, hay que establecer también un lugar permanente, limpio y silencioso para el mismo.

Otra recomendación a tomar en cuenta es que antes de iniciar la práctica interna se estire suave y ligeramente las articulaciones y miembros del cuerpo. La idea es preparar al cuerpo para que esté cómodo y, una vez iniciada la práctica interna, no necesite moverse.

Es fundamental sentirse agradable para permanecer quieto. Sentarse con la espalda, nuca y cabeza alineadas, y la dirección del cuerpo viendo hacia el norte o hacia el este, lo que a su vez será de gran beneficio e importancia para las siguientes etapas dentro de la disciplina del **Ashtanga-Yoga**.

Como complemento del **asana**, es importante estar aislados del piso con la finalidad de: por un lado mantener al cuerpo en buen estado (evitando así el frío y la humedad, etc.) y, por otro, evitar tener contacto con cierta "energía libre" no conveniente y que circula abiertamente por todos lados y en todas direcciones[*].

La importancia del asana sobre los estímulos

Lo que se busca conseguir con un **asana** adecuado es ir perdiendo la noción sobre el cuerpo físico, o dicho de mejor manera, tener control completo sobre el mismo. El método **Ashtanga-Yoga** es una disciplina que se basa en la concentración perfecta y continua y para ello hay que evitar cualquier distracción o estímulo no deseado.

El ser humano está expuesto constantemente a estímulos de toda índole, ya sea que vengan desde aquellos muy evidentes, desde el medio que lo rodea, desde los extremadamente sutiles o desde su interior.

---

[*] Al respecto, léase las palabras de Bhagawan Sri Sathya Sai Baba del Cap. VII "Dhyana", pág. 155.

Dichos estímulos, dependiendo de su relevancia, impacto e intensidad, podrían alojarse en la memoria de corto, mediano o largo plazo, a saber, en el consciente (plano de la vigilia), subconsciente (plano mental o astral) e inconsciente (plano causal o espiritual) respectivamente.

En líneas generales, estos estímulos son de dos tipos:

1) **Estímulos externos (de afuera hacia adentro):** Es de común conocimiento que los órganos de los sentidos (***jñanendriyas***) son los oídos (***srotra***), piel (***tvak***), ojos (***cakshus***), lengua (***rasanaa***) y nariz (***ghraana***). Dichos órganos, por sus características innatas, están diseñados para interactuar con la naturaleza material, siempre volcados hacia lo externo, listos y dispuestos a receptar los estímulos de los elementos sutiles (***tanmatras***), a saber sonido (***shabda***), tacto (***sparsa***), forma (***rupa***), gusto (***rasa***) y olfato (***gandha***). Por ello, a los órganos de los sentidos también se los conoce como órganos de la percepción. Una vez percibido el estímulo, este viaja por el sistema nervioso hasta llegar al cerebro, en espera de la respuesta de los sentidos internos (***anthakaarana***). Un ejemplo de esto son los estímulos publicitarios con que el ser humano es impactado hoy en día. Según expertos en marketing digital, el ciudadano promedio de EEUU está expuesto a un promedio de anuncios publicitarios que van desde 4.000 hasta los 10.000 diarios[*] y cuya finalidad es, dependiendo de los intereses de sus promotores, la de influir de alguna manera específica sobre un segmento determinado de la población. En otras palabras, los sentidos reciben el estímulo externo y este se transmite hacia el interior del individuo, excitando a la mente. Entiéndase, este proceso es de afuera hacia adentro.

2) **Estímulos Internos (de adentro hacia afuera)[**]:** Se refiere a todo aquello que se genere desde el individuo, ya sea en forma de pensamiento, sentimiento, deseo, etc.

---

[*] Forbes, 2017/ago/25.
[**] El Cap. VII "Dhyana", sección "Relación sujeto-objeto" (pág.162), aclara que realmente no existe lo externo ni lo interno, sino que ambos se consideran externos, pues son susceptibles de ser observados; o sea, son objetos.

Ya sean que sean estímulos externos o internos, su interpretación y su posterior interacción podrían generar nuevas respuestas (nuevos objetos o estímulos), mismas que podrían ser inspirativas, creativas, o, repetitivas (patrones de respuesta y/o conducta), este último como consecuencia de tres factores condicionantes: recuerdo o impulso interno (**vritti**), tendencia (**vasana**) o impresión (**samskara**). Esto se irá profundizando en los próximos capítulos.

Una vez recibido el estímulo, este queda a la espera de la respuesta de los sentidos internos (**anthakaarana**) en donde la mente (**manas**) es la sala donde se hospeda el estímulo, la inteligencia (**buddhi**) valora si es conveniente continuar con el proceso, el ego (**ahamkara**) adopta las características del estímulo (objeto) para que finalmente la conciencia individual (**chitta**) proceda a su identificación y reconocimiento. Es decir, este proceso es de adentro hacia afuera.

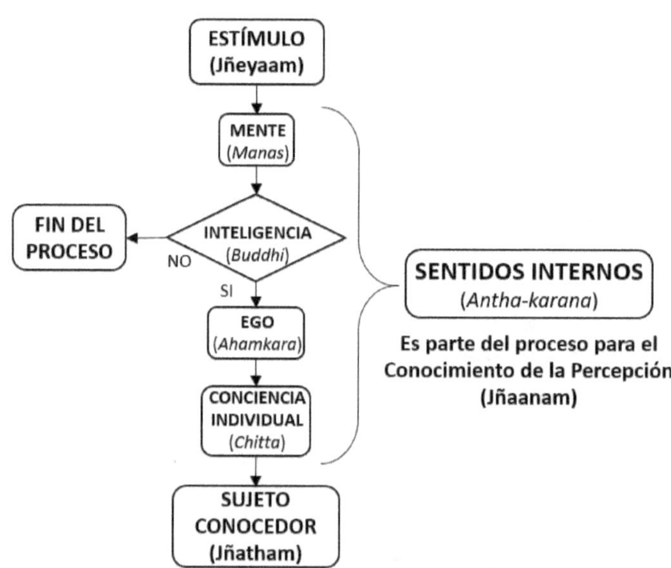

Ilustración 12: Dinámica de los sentidos internos (anthakaarana)

Asana tiene como objetivo preparar el terreno para evitar presentes y futuras distracciones establecidas en el punto 1 (estímulos externos). Si no se tiene una adecuada postura (**asana**) y autocontrol (**kshama**) ante cualquier estímulo externo, el individuo reaccionará y por ende perderá el foco de atención, pasando de un objeto a otro. Si una persona no tiene dominio sobre los órganos de los sentidos, será fácilmente distraído. En otras palabras, no podrá alcanzar una correcta concentración.

Retirar la capacidad de percepción, ya sean de estímulos externos o internos, para así evitar su respectiva distracción (reacción), es lo que se busca en primera instancia en *asana*. Así se allana el camino para realmente concentrarse en el Ideal Divino o *Ishtadevata*.

Aquel individuo que carezca de autocontrol será fácilmente susceptible a esta estimulación, distracción o separación de aquello en lo que busca enfocarse, teniendo como causa ya sea lo externo (punto 1) o lo interno (punto 2).

Tal como se mencionó al inicio de esta sección del libro, el tercer paso del *Ashtanga-Yoga* será de gran beneficio e importancia para las siguientes etapas de esta disciplina. Es así que, un *asana* correcto facilitará el fluir adecuado de la energía por medio de los canales sutiles *(nadis)* que en el próximo capítulo se detallarán.

Por último, *asana* también indica que hay que adoptar una postura estable para cualquier situación que se presente en la vida. La ecuanimidad imperturbable es el verdadero *asana*.

Foto 5: El autor y su madre Ghada Juez previo a la ceremonia de la Primera Comunión Católica (circa 1987)

CAPÍTULO IV: PRANAYAMA

Control sobre la energía vital

Aforismo de Maharishi Patányali, 2:49-53

तस्मिन् सति श्वासप्रश्वासयोर्गतिविच्छेदः प्राणायामः ॥ ४९ ॥

बाह्याभ्यन्तरस्तम्भवृत्तिः देशकालसंख्याभिः परिदृष्टो दीर्घसूक्ष्मः ॥ ५० ॥

बाह्याभ्यन्तरविषयाक्षेपी चतुर्थः ॥ ५१ ॥

ततः क्षीयते प्रकाशावरणम् ॥ ५२ ॥

धारणासु च योग्यता मनसः ॥ ५३ ॥

[49]Tasmin sati shvasaprashvasayorgativichchhedah pranayamah [50]Bahyabhyantarastambhavrittih deshakalasankhyabhih paridrishto dirghasookshmah [51]Bahyabhyantaravishayakshepi chaturthah [52]Tatah ksiiyate prakaashaavaranam [53]Dharanasu cha yojnata manasah

[49]*Después de esto, se controla el movimiento de la exhalación y la inhalación.* [50]*Sus modificaciones son externas, internas o inmóviles, reguladas por el lugar, tiempo y número, ya sea largo o corto.* [51]*La cuarta [modificación] es restringir el* **prana** *dirigiéndolo hacia los objetos externos o internos.* [52]*A partir de esto, se atenúa la envoltura sobre la luz del* **chitta**. [53]*La mente se vuelve apta para el* **dharana** [1].

Comentario de Swami Vivekananda

[49]*Luego que la postura ha sido conquistada, entonces esta función [de la inhalación y exhalación] está [hecha] para interrumpirse y controlarse, y así llegamos al* **pranayama**: *el control de las fuerzas vitales del cuerpo.* **Prana** *no es aliento, aunque por lo general se traduce así. Es la suma total de la energía cósmica. Es la energía que está en cada cuerpo, y su manifestación más aparente es el movimiento de los pulmones. Este movimiento es causado por la inhalación de* **prana** *en la respiración, y es lo*

*que buscamos controlar en el **pranayama**. Comenzamos controlando la respiración, como la forma más fácil de controlar el **prana**.*

*[50]Los tres tipos de movimiento de este **pranayama** son: uno mediante el cual el aliento es aspirado (**puraka**), otro mediante el cual lo espiramos (**rechaka**), y la tercera acción es cuando la respiración se retiene en los pulmones o se detiene para que no entre a los pulmones (**kumbhaka**). Estos nuevamente varían según el lugar y tiempo. Por lugar se entiende que el **prana** se mantiene en alguna parte particular del cuerpo. Por tiempo se entiende la duración que debe estar confinado el **prana** en un lugar determinado, por lo que se nos dice cuántos segundos mantener el movimiento y por cuántos segundos mantener otro [movimiento]. El resultado de este **pranayama** es **udghata**, el despertar del **kundalini**.*

*[51]Esta es la cuarta variante del **pranayama**: el **prana** se puede dirigir hacia adentro o hacia afuera. [52]Debido a su propia naturaleza, **chitta** posee todo el conocimiento. Está hecho de partículas **satwa**, pero está cubierta por partículas **rayas** y **tamas**, y por medio del **pranayama** se quita esta cubierta. [53]Una vez que esta cubierta haya sido removida, estamos listos para concentrar la mente[1].*

Palabras de Bhagawan Sri Sathya Sai Baba

*Los Upanishads prescriben ciertas prácticas espirituales (**sadhanas**) como remedio para librarse del diálogo interno constante (**manasika-sambhashana**), el cual es un obstáculo para la paz interior. La primera, es la regulación de la respiración (**pranayama**). El **pranayama** no es una gimnasia ni un ejercicio formidable. La mente debe concentrarse en el período de retención del aire (**kumbhaka**), en el proceso de inhalación (**puraka**) y en el de exhalación (**rechaka**). Cuando la atención es fijada de esta manera, se le dará fin a la conversación interna sobre temas irrelevantes y se adquirirá fuerza mental[11].*

*Generalmente se denomina **Pranayama** como el control y regulación de la inhalación y exhalación de la respiración. En los **Yoga-shastras** (textos sagrados de la antigüedad) esto se explica como **rechaka, puraka, kumbhaka,** etc., mismos que comprenden las diversas etapas del **pranayama**. Pero Lo explico de esta manera: el control de los **pranas** o **pranasamyama** es* posible sólo para aquellos que consideran todo este universo como 'irreal'. Estamos viendo adornos de oro de varios tipos y estilos, todos son del mismo metal oro, pero, aún así, a uno le gusta más un adorno, otro menos, no todo por igual. Nosotros mismos hemos dado varios nombres y formas a estos artículos según las necesidades y modas, gustos y deseos; pero, aún así, estamos atados por un engaño sin sentido que nos ciega ante la realidad. Cuando se pensaron los adornos, cuando se fabricaron, cuando se utilizan y cuando finalmente se funden en una masa, son y siguen siendo "oro", ¿no es así?

Asimismo, muchos nombres y formas aparecen y reaparecen en este mundo, nacen, crecen, se destruyen. Pero aquello que es el sustrato esencial persiste en y a través de estos cambios, permaneciendo eterno. Así como las formas múltiples crean la ilusión y despiertan sentimientos de odio y amor, así también estos nombres y formas engañan creando ataduras. Nos hacen creer que son ellas las fuentes del placer. Pero, ¿no nos dicen los Vedas (sagradas escrituras) que el Universo no es sino **Brahman**, sin comienzo, infinito, inmaculado, siempre puro? Declaran que los ornamentos son fases transitorias, pero que sólo el oro es eterno, real y verdadero. Por lo tanto, deben considerar todo como **Brahman** o Dios, sólo **Brahman**. Adviertan que toda esta apariencia es producto de la **maya** (ilusión), practiquen incesantemente este tipo de discernimiento, evidenciando un gran interés en conocer la realidad, y manténganse siempre alertas para reconocer la verdad de que todo es Dios.

En la etapa ilusoria, el mundo parece real y **Brahman** aparece como una maquinación sin sentido. En el estado de inteligencia benevolente, el Universo se visualiza en su forma correcta, es decir, como algo irreal. El hada de la ilusión los vence con sus encantos y sus flechas de mentira y oropel y únicamente los que poseen la visión del **Brahman** Universal pueden eludir hábilmente los engaños. Tales personas saben que la diversidad de nombres y de formas surgieron hace poco tiempo y que pronto desaparecerán. También en el Gita se dice: "Estos, oh Bharata, aparecen sólo en el medio" (Bhagavad-Gita, Cap. II:28).

El mundo está sujeto a evolución e involución. Para entender esto no se necesita esperar hasta el fin del mundo; es suficiente con que corrijamos el punto de vista. Esta es la puerta hacia el conocimiento real. Este es el verdadero control de los **pranas**, la conciencia de la irrealidad del mundo o **mithya**. El genuino *maestro de* **pranayama** *mirará al mundo como frases escritas con lápiz hace muchos años; es decir, como algo indescifrable, confuso, ininteligible. Sabiendo que* **Brahman** *lo es todo, el maestro genuino de* **pranayama** *nunca se sentirá atraído por los objetos que lo rodean, ni le importarán cuán atractivos sean ahorros, riquezas o propiedades. Para él todos serán irreales, sin ningún valor provechoso. Esta convicción es considerada como la mejor característica del verdadero* **pranayama** [5].

Hay muchas clases [de **pranayama**], *pero en virtud de que en el mundo actual la mayoría de ellos son imposibles de practicar, sólo han de ser practicados aquéllos que ayudan a la meditación y son sistemas simplificados para el control del aliento. [...] Así como los metales son purificados por el fuego en el crisol, la escoria del* **karma** *es removida por el* **pranayama**, *y la mente queda libre de contaminación. Entonces, esto y el* **kaya-suddhi** *(consecución de la pureza) se obtienen. La mente y el cuerpo, ambos, quedan purificados. Hay dos clases de* **pranayama**: *uno con* **mantras**, *y otro sin ellos. Sin* **mantras**, *cuando mucho podrás transformar al cuerpo; pero con* **mantras** *transformarás también la mente* [8].

Testimonio del autor

Con el **pranayama** se incia el estudio de la sección intermedia del **Ashtanga-Yoga**, mismo que además de este capítulo incluye al próximo (**pratyahara**), los cuales están encaminados al dominio o auto-control del estado intermedio (sueño o **swapna**). Aun nos encontramos en el **bahiranga sadhana** (ayudas externas al **sadhana**). Comúnmente al término **pranayama** se lo asocia con ejercicios de respiración, el cual dista mucho de su verdadera concepción y finalidad. Iniciemos analizando su contenido etimológico. El vocablo **pranayama** es una combinación de dos términos sánscritos: **prana** y **ayama**.

Prana también se compone de dos términos sánscritos: **pra** que significa fuente y **ana** cuya traducción más cercana sería acción. Por lo tanto, **prana** significa fuente de la energía, fuente vital o energía vital. A su vez **ayama** se compone de dos términos: **a** que corresponde al acto de hacer y **yama** que significa control, por lo que **ayama** literalmente significa controlar.

Por ende **pranayama** significa control sobre la energía vital. Pero, ¿qué es lo que se quiere decir con esto?

¿Qué es el Pranayama?

Pranayama se refiere a todos aquellos ejercicios para el control de la energía vital, la cual todo lo satura y permea. En el caso específico de los ejercicios de respiración, estos funcionan como un puente por donde el aire circula y a su vez este último hace las veces de vehículo por el cual se moviliza el **prana**. El control, captura y uso de esta energía se lo llama **pranayama**.

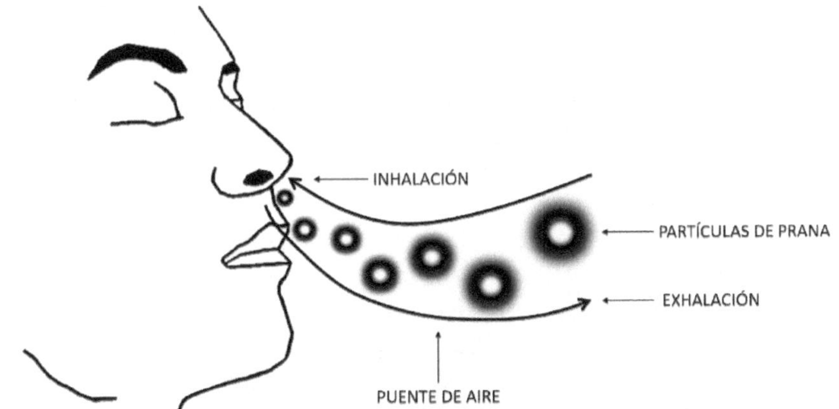

Ilustración 13: Los ejercicios de respiración actúan como un puente donde transita y se captura el prana

Con la finalidad de controlar el **prana**, los ejercicios de respiración son muy apropiados y valiosos (pero no exclusivos). Sus movimientos básicos son tres: **puraka** (inhalación), **rechaka** (exhalación), **kumbhaka** (retención). También hay un cuarto movimiento llamado **suryaka**: la retención del vacío luego de **rechaka** (exhalación).

¿Qué beneficios se alcanzan con el Pranayama?

Ya se ha mencionado que para realizar el más alto Cielo o la Super-Conciencia es necesario que el sujeto practicante (**sadhaka**) se encuentre en plenitud de sus condiciones físicas, mentales y espirituales. En este sentido, varios son los beneficios que entrega una práctica bien ejecutada del **pranayama**. Dichos beneficios dependerán en gran medida de la firmeza en que el **sadhaka** esté establecido en su sendero espiritual. A continuación destacamos los siguientes:

- **Mejoramiento de la concentración:** El observar la respiración en sus tres etapas (inhalación, exhalación y retención) elimina paulatinamente las distracciones y centra en un solo objetivo la atención del practicante.

- **Promueve la relajación:** El concentrarse en un sólo objetivo o práctica implica olvidarse de aquellas ideas o estímulos que generan inquietud o ansiedad; por ende, paulatinamente se alcanzará un estado de paz y tranquilidad.

- **Mejora la salud:** Por medio de la eliminación de toxinas (ej.: el dióxido de carbono), fortalecimiento de órganos y regeneración celular.

- **Control de la mente:** Un *pranayama* aplicado al ***Ashtanga-Yoga*** debe estar encaminado a calmar los pensamientos por medio del control de las inhalaciones y exhalaciones, sin prisa ni pausa, hasta energizarnos y apaciguar aún más dichos pensamientos, evitando las divagaciones (***vasanas***) y las charlas mentales (***vrittis***). La mente, la respiración y la energía están entrelazadas, mientras más lento respiremos, más ralentizados los pensamientos. Por ejemplo: una persona ansiosa tendrá su respiración y actividad general acelerados; a la inversa, una persona relajada tendrá su respiración y actividad general suave y gentil. Con la mente y pensamientos calmados, podremos realizar un firme y próspero ***sadhana***.

- **Saturación de energía:** Un *pranayama* bien ejecutado colmará al practicante tanto de energía sustancial (la que alimenta los sistemas de vida del ser humano) como también de energía radiante espiritual (***satwa-guna***), ambas fundamentales para el éxito del ***sadhana***.

- **Purificación metafísica:** Gracias a esta disciplina se limpian los canales por donde circula el ***prana*** (***nadis***), se desecha las impurezas de los ***gunas tamas*** y ***rayas***, se queman los *factores condicionantes** y por ende también se

---

* Se denominan "factores condicionantes" a las conversaciones internas (*vrittis*), tendencias (*vasanas*) e impresiones (*samskaras*). Léase el Cap. VII "Dhyana", específicamente "El conocimiento de la percepción", pág. 167.

consumen las consecuencias de las actividades (**karmas**). Este último beneficio no sólo ahorrará mucho tiempo al **sadhaka** sino que también lo protegerá de las reacciones o consecuencias del pasado y/o presente.

El Pranayama es de dos tipos

De acuerdo a las enseñanzas de Bhagawan Sri Sathya Sai Baba y de Swami Shivananda, la práctica del **pranayama** es de dos tipos: uno con mantras (**samanu**)† y otro sin aquel (**nirmanu**). El segundo transforma sólo al cuerpo, mientras que el primero, adicional al mejoramiento corporal, transforma también la mente y predispone adecuadamente el sendero hacia el espíritu.

Pranayamas básicos recomendados

Teniendo en cuenta que la práctica del **pranayama** obliga a tener la tutela de un maestro verdadero (**sad-gurú**) y que en la actualidad es muy difícil acceder a uno, recomendamos los siguientes dos **pranayamas** tanto por su seguridad (libres de riesgo siempre y cuando se los ejecute de manera adecuada) como por sus beneficios: el **nadi-shodhana** y el **laghu-pranayama**, mismos que se deben desarrollar junto al **asana** (postura) más adecuado para cada uno*.

Purificación de canales: Nadi-Shodhana

Es un sistema que remueve (**shodhana**) toda impureza de los canales (**nadis**) por donde circula la energía fundamental (**prana**). Dicha energía fundamental puede ser capturada del medio ambiente o de aquella fuente inagotable que subyace en el ser encarnado conocida con el nombre de **Kundalini**. Este **Nadi-Shodana** también es recomendado previo a otros **pranayamas**.

El ritmo de respiración debe ser 2:4:8; o sea, inhalar por dos segundos, exhalar por cuatro segundos y retener durante ocho segundos. Este ritmo asegura, entre otras cosas, el expulsar del organismo la mayor cantidad de impurezas en forma de

---

† También pueden emplearse nombres sagrados (Dios, Jesús, Jehová, Aláh, Buda, Krishna, etc.) a manera de *mantras*, así también la interiorización de aquel Ser Anhelado (*Ishtadevata*).
* Lo explicado en el capítulo anterior.

dióxido de carbono. A continuación el paso a paso de la práctica del **nadi-shodhana** sugerido en Swami Shivananda:

- Inhale por la fosa nasal izquierda (**puraka**); luego, retenga la respiración (**kumbhaka**); luego, exhale por la fosa nasal derecha (**rechaka**); luego...
- Inhale por la fosa nasal derecha (**puraka**); luego, retenga la respiración (**kumbhaka**); luego, exhale por la fosa nasal izquierda (**rechaka**).

Ilustración 14: Ejecución del nadi-shodhana y su alternabilidad nasal

Este es un ciclo completo de **nadi-shodana**. Se recomienda cinco ciclos completos varias veces durante el día: temprano por la mañana, al medio día, por la noche* y también durante la práctica del **sadhana** interno.

Pranayama simplificado: Laghu-Pranayama

Dentro del arte y la disciplina del control de la energía vital, el **pranayama** simplificado (**laghu-pranayama**) es uno de los ejercicios más sencillos e importantes de realizar. Su finalidad es para el control de la mente y los sentidos pero también para energizar los cuerpos del ser humano, lo cual allanará el sendero para los siguientes estadios espirituales, especialmente el despertar de la sagrada **Kundalini**** y por ende alcanzar el estado de dichoso éxtasis espiritual. Similar al **nadi-shodhana**, el ritmo de respiración en su fase inicial debe ser 2:4:8. A continuación

---

* Si sufre insomnio o situaciones similares, evite este ejercicio por la noche.
** El siguiente sub-capítulo tratará sobre el particular.

las recomendaciones de Bhagawan Sri Sathya Sai Baba al respecto:

*"[Para la práctica del **pranayama**] **purakam** (inhalar) por dos segundo, **rechakam** (exhalar) por cuatro segundos, **kumbhakam** (retener la respiración) por ocho segundos. El **pranayama** debe practicarse cuidadosamente durante tres meses; después la duración del **purakam, rechakam** y **kumbhakam** podrá duplicarse. Cuando se hayan dedicado seis meses a esta práctica constante, la actividad de los sentidos habrá disminuido. Si se practica con fe y sentimiento, el **pranayama** dominará las agitaciones de la mente; de otra manera, se convertirá en un mero ejercicio físico, mejorando solamente la salud. Un alimento puro, la abstinencia, vivir en soledad y el lenguaje moderado son condiciones que estrictamente tienen que observarse"* [8].

Basados en los preceptos de Bhagawan Baba, se sugiere el siguiente ciclo del **laghu-pranayama**, al que se le ha incorporado el uso del **Om** y su circulación a través de los **chakras** (zonas pránicas):

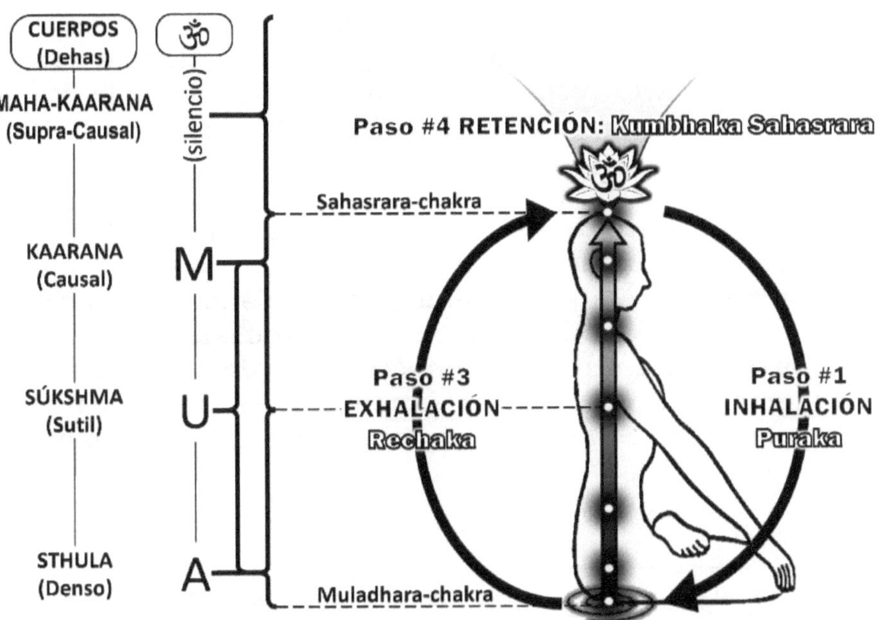

Ilustración 15: Ciclo del laghu-pranayama para el despertar del Kundalini

Es necesario el uso de un objeto o ideal espiritual (***Ishtadevata***†), el cual hará las veces de auriga o guía durante la práctica del ***laghu-pranayama***.

- **Paso #1, *puraka*:** En silencio inhalar por dos segundos, experimentando el descenso del ***Isthadevata*** hacia el ***muladhara-chakra***.
- **Paso #2, *kumbhaka*:** En silencio retener por ocho segundos, experimentando la presencia del ***Isthadevata*** en el ***muladhara-chakra***.
- **Paso #3, *rechaka*:** Cantar el ***Aum*** durante cuatro segundos, asignando una porción igual de dicho tiempo a cada ***matra (A, U* y *M)*** y a la par experimentar el ascenso del ***Isthadevata*** hacia el ***sahasrara-chakra***.
- **Paso #4, *kumbhaka*:** Retener por ocho segundos el último ***matra*** del ***Aum***, mismo que es "silencio", experimentando la presencia del ***Isthadevata*** en el ***sahasrara-chakra***.

Tal como lo recomienda Bhagawan Baba, a los tres meses de práctica se podrá duplicar cada duración, hasta lograr que, un ciclo completo sea aproximadamente de un minuto. Inicialmente se recomienda realizar un máximo de veintiún (21) repeticiones por día. Al momento de ejecutarla es muy importante evitar los sobresaltos, jadeos o dificultades respiratorias. Si esto sucede, se recomienda hacer respiraciones más cortas, de acuerdo a la capacidad de cada uno y, si aun así persisten, es mejor suspender esta práctica.

El ***laghu-pranayama*** resume en sí mismo todas las recomendaciones expuestas en este capítulo, desde el control sobre el ***prana***, hasta el transitar por los planos de conciencia por medio del vehículo ***Om****, recibiendo el aroma de cada ***chakra*** (flor) y los sagrados nutrientes del ***Isthadevata***. El beneficio de esta disciplina es el del preparar, fomentar y despertar, de manera segura, el sagrado *Principio Energético Fundacional* denominado ***Kundalini*****.

---

† Léase el Cap. VI "Dharana", sección "Dios con atributos y Dios sin atributos", pág. 151.

* El vehículo *Om* puede ser reemplazado por el *Amén* para los cristianos o por el *Amín* para los musulmanes.

** Favor leer al final de este capítulo una nota de "Aviso importante" relacionado con la práctica del *pranayama*, pág. 114.

Kundalini: El Principio Energético Fundacional

*"Y dijo Dios: Hagamos al hombre a nuestra imagen,
conforme a nuestra semejanza"*
Génesis 1:26

Aquel Principio Divino que es fuente de todo, que es omnímodo (omnisciente, omnipotente y omnisapiente), también es fuente del ser humano y, por ende, posee las características primigenias y originales de su Creador: "está hecho a imagen y semejanza de Dios", o sea, también es omnímodo. El ser humano no es sólo depositario del Principio Consciente Divino sino también del tesoro de la energía fundacional.

Los científicos/yoguis de la antigüedad descubrieron que dicha energía sagrada y fundacional también reside en el ser humano y se encuentra ubicada en la zona energética (***chakra***) conocida como ***muladhara***.

Aquella energía fundacional es denominada ***Kundalini*** que literalmente significa "serpiente enroscada". Para la mayoría de la humanidad, dicha energía fundacional, conocida también como ***Shakti****, se encuentra en estado latente, prácticamente inmanifestada, apenas requerida para satisfacer actividades primarias.

Pranayama y Kundalini

*"Entonces [Jesús] sopló sobre ellos y les dijo:
Reciban al Espíritu Santo"*
Juan 20:22

Así como el organismo físico humano posee varios sistemas vitales, de los que podemos nombrar al circulatorio, respiratorio, digestivo, endócrino, reproductor, excretor, nervioso, locomotor, entre otros, así también existe un sistema energético que sostiene los sistemas anteriormente nombrados.

---

* *Shakti*: Nombre proveniente de la cultura hindú que representa el Principio Energético Femenino, o sea, la fuerza creadora de la Naturaleza.

En el capítulo anterior sobre el **asana** se mencionó que una correcta postura facilitará el funcionamiento adecuado de los canales por donde circulan corrientes energéticas fundamentales *(nadis)*. Estos canales se cuentan por miles, pero los principales son tres:

- **Ida:** es el **nadi** o la vertiente energética fría (Luna). Corresponde al canal izquierdo del cuerpo, relacionada con la glándula pituitaria.

- **Píngala:** es el **nadi** o la vertiente energética caliente (Sol). Corresponde al canal derecho del cuerpo, relacionada con la glándula pineal.

- **Sushumna:** es el **nadi** o la vertiente energética del equilibrio. Corresponde al canal central y principal del cuerpo, relacionado con el sistema nervioso central.

Estas tres **nadis** tienen su origen en el **chakra muladhara**, siendo esenciales para alcanzar la plenitud de las capacidades humanas. A través de un **pranayama** adecuado, el **kundalini** es estimulado y se eleva desde el **chakra muladhara**, a través de las principales **nadis** anteriormente nombradas: **ida, píngala** y **sushumna**, mismas que, si se encuentran equilibradas y robustas, y, junto a las cinco envolturas del ser humano adecuadamente desarrolladas a su máximo potencial, el **yivatma**[†] logra todas las condiciones adecuadas para que la puerta del **brahmarandhra**[‡] se abra, en la zona energética (**chakra**) conocida como **sahasrara** (ubicada en la corona de la cabeza) y así realice la experiencia de la comunión divina con el Espíritu Santo, con la vibración primordial, el **Om**.

En dicha corona reside la energía liberadora o **Shiva**[**]. La fuerza creadora (**Shakti**) y la fuerza liberadora (**Shiva**) se funden en una sola, dicho de otro modo, el objeto y el sujeto se convierten

---

[†] *Yivatma*: Término compuesto sánscrito: *yiva* significa vida y *atma* se equipara a alma. Significa "alma con vida". Se refiere a los seres encarnados.

[‡] *Brahmarandhra*: Literalmente significa el "espacio de *Brahma*". *Chakra* ubicado, por lo general, donde se forma un remolino de cabello. Es el mundo intermedio "*Mahar-loka*", el puente que conecta el mundo inferior (material, de la ignorancia) con el mundo superior (espiritual, de la sabiduría).

[**] *Shiva*: Tercera persona de la Trinidad Hindú. Es el Principio Masculino. Es el renovador, destructor y protector. Su nombre significa prosperidad.

en uno[††], así el buscador espiritual escala del mundo fenoménico al mundo espiritual; de los tres mundos inferiores (**Bhur, Bhuvar, Swahar**) a los tres mundos superiores (**Yana, Tapo, Sathya**), teniendo como puerta de conexión el mundo intermedio (**Mahar**)[*], que, como se ha mencionado previamente, dicha puerta en el ser humano se encuentra ubicada en el **brahmarandhra**.

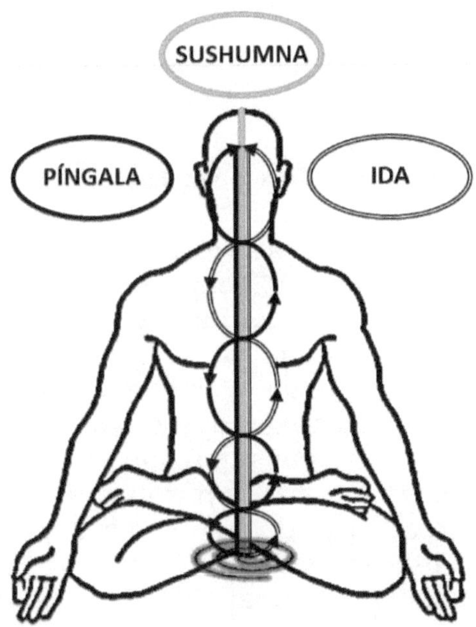

Ilustración 16: Las tres principales corrientes energéticas del ser humano: ida, píngala y sushumna. Esta última conecta el chakra mulhadhara con el sahasrara

El llegar a este punto es pasar de ser hijo del hombre (ego) a ser Hijo de Dios. Es el bautizo para un nuevo nacimiento: el espiritual. La experiencia alcanzada es real y trascendental. Esta es la finalidad misma del **Ashtanga-Yoga**, instruir adecuadamente al aspirante espiritual (**sadhaka**) para que alcance su pleno potencial como ser divino encarnado que es.

Quienes realicen esta sagrada verdad, experimentarán el divino éxtasis de la comunión con la sagrada energía fundacional o Espíritu Santo, puesto que son uno y lo mismo, ya que así como es en la tierra, es en el cielo; así como es en lo micro, también es

---

†† Léase Cap. VII "Dhyana", específicamente "Relación sujeto-objeto", pág. 162.
* Véase Ilustración 19.

en lo macro; así como es en lo individual, es en lo universal, pues "está hecho a imagen y semejanza de Dios".

Así las cosas, quien entiende la importancia del ***prana***, entiende también lo fundamental de realizar ejercicios para el control del ***prana*** (***pranayama***). En conclusión: dominar el ***prana*** (entiéndase vibración, energía primordial), exige tener completo dominio sobre uno mismo, y aquel que logra un autocontrol perfecto, domina también todos los planos y estados de conciencia. El que controla el ***prana***, controla la naturaleza y la vida.

Ritmo de la respiración para los pasos posteriores

Luego de haber practicado el ***pranayama*** aconsejado para cada uno, es fundamental adoptar un ritmo adecuado y beneficioso para el resto del ***sadhana***. Desde este punto de la práctica espiritual en adelante, la duración de la inhalación y la exhalación deben ser iguales y su repetición debe reducirse paulatinamente hasta alcanzar dos o una por minuto[*]. En el medio de ellos, no debe haber retención voluntaria del aire, sino más bien un respirar natural, sin sobresaltos ni esfuerzos. A medida que se vaya avanzando en el mismo, ya no será necesario cuidar de dicho ritmo puesto que este continuará de manera espontánea, natural y automática mientras dure la práctica espiritual.

Aviso importante: Sólo acepte recibir instrucción sobre el ***pranayama*** de quienes sean maestros verdaderos, o sea, que hayan alcanzado la profundidad y experiencia original de estas enseñanzas, caso contrario estará muy probablemente expuesto a dañar sus envolturas corporales.

---

[*] El tiempo que se requiere para llegar a este ritmo varía en cada persona. La medida estriba en que debe ser un proceso natural, sin sobresaltos ni esfuerzos de ninguna clase.

CAPÍTULO V: PRATYAHARA

Control sobre la mente y los sentidos.
Inicia la introspección

Aforismo de Maharishi Patányali, 2:54-55

स्वस्वविषयासंप्रयोगे चित्तस्य स्वरूपानुकार इवेन्द्रियाणां
प्रत्याहारः ॥ ५४ ॥
ततः परमा वश्यतेन्द्रियाणाम् ॥ ५५ ॥

[54]**Svasvavishayasanprayoge chittasy svarupanukar ivendriyanan pratyaharah** [55]**Tataḥ paramā vaśyatendriyāṇām**

[54]*El control de los órganos se produce al renunciar a sus propios objetos y tomar la forma de la sustancia mental.* [55]**Pratyahara** *resulta en el control absoluto de los órganos de los sentidos* [1].

Comentario de Swami Vivekananda

[54]*Estos órganos [de la percepción] están separados de la sustancia mental. Veo un libro: la forma no está en el libro, está en la mente. Hay algo afuera que llama a esa forma. La forma real está en* **chitta**. *Estos órganos se identifican así mismos con aquello y adoptan la forma de todo lo que les llega. Si puedes evitar que la sustancia mental adopte estas formas, la mente permanecerá en calma. Esto se llama* **pratyahara**. *De ahí surge el supremo control de los órganos.*

[55]*Cuando el* **yogui** *previene que los órganos adopten la forma de objetos externos y logra que permanezcan unificados con la sustancia mental, entonces llega el control perfecto de los órganos; y, cuando los órganos están perfectamente bajo control, todos los músculos y nervios estarán bajo control, porque los órganos son los centros de todas las sensaciones y de todas las acciones. Estos órganos se dividen en órganos de trabajo* (**karmendriyas**) *y órganos de sensación* (**jñanendriyas**). *Cuando*

los órganos están controlados, el yogui puede dominar todos los sentimientos y las acciones; todo el cuerpo estará bajo su control. Sólo entonces se comienza a sentir gozo por haber nacido y se puede decir con sinceridad: "Bendito soy por haber nacido". Cuando se obtiene este control sobre los órganos, sentimos realmente lo maravilloso que es este cuerpo [1]*.

Palabras de Bhagawan Sri Sathya Sai Baba

*Dependiendo del propósito para el cual los sentidos buscan ser controlados y la mente concentrada, tres [son los métodos]: el método con forma (**sakara**), el amorfo (**nirakara**) y el que realiza el propio ser (**Atma-bhava**). Si es para la práctica con atributos (**saguna upasana**), es con características (**sakara**); si es para la práctica sin atributos (**nirguna upasana**), es sin características (**nirakara**); y, si es para realizar al Supremo Verdad-Conocimiento -Bienaventuranza, entonces, es el propio Ser (**Atma-bhava**)* [8].

*La lengua gusta, el ojo mira, el oído oye, la piel siente y la nariz huele. Cada sentido actúa de esta manera durante toda la vida ¿no es así? Los sentidos tienen que alejarse del mundo objetivo y volcarse hacia la conciencia mental interna o la inteligencia conocida como **Chit**. Este proceso es denominado por Patányali en sus Yoga-Sutras como **prathyahara** (retirarse hacia la propia conciencia interna). Sin embargo, también lo definiré de otra forma: el verdadero significado de **prathyahara** es la actividad interior de la conciencia mental (**chitta**); es decir, la internalización perpetua de la mente, de la fuerza directriz fundamental de todos los sentidos, este es el significado real del control de la mente.*

*Sólo cuando la conciencia se da cuenta de que todo esto es fruto de la ilusión (**maya**) y que la ilusión se mantiene, retirará sus percepciones del mundo sensorial y renunciará a su actitud egoísta mundana. La naturaleza general de la mente es dudar, agitándose en la búsqueda de paz y felicidad. Cuando se percata de que las cosas que persigue son transitorias y sin sentido, se avergüenza y se desilusiona. Entonces comienza a iluminar y clarificar la conciencia.*

---

* Nota del Autor: Swami Vivekananda no ha comentado sobre este *sutra*, por lo que hemos tomado el 2do párrafo del aforismo anterior y lo hemos trasladado al actual, pues coincide con lo tratado en el mismo.

*Los aspirantes que hayan alcanzado esta etapa verán al mundo exterior como una enorme pantomima. Su percepción interna les dará tal gozo y satisfacción que se arrepentirán por todo el tiempo perdido en actividades externas y en la búsqueda de goce sensorial. Entonces, la visión directa, aguda y de concentración en un solo punto de la mente hacia el **Atma** (Ser) es el verdadero control sobre la mente (**prathyahara**)*[5].

*Aquél que es esclavo de los impulsos y las tendencias (**vasanas**) carece de conocimiento (**jñana**), ¡es en verdad un alfeñique! Pero déjenme asegurarles que no han de alarmarse. Tan pronto como los **vasanas** son arrancados de raíz, podrán recuperar la naturaleza divina que han perdido por negligencia. Los **vasanas** invaden el reino del corazón; causan problemas sin fin, le hacen recordar a uno los placeres, reavivando la memoria de pasadas experiencias, y uno empieza a desear tenerlas de nuevo. Los deseos hacen que los sentidos y su líder, la mente, se entreguen a agitadas actividades; no tienen manera de librarse de esto. Así, el hombre intenta reunir y gozar las cosas que ansía. Todo esto toma lugar en un abrir y cerrar de ojos, por así decirlo.*

*Los **vasanas** o tendencias adheridas a la mente operan así de sutil y poderosamente. De la misma manera que la semilla contiene en sí misma el tronco, las ramas, las hojas, las flores y el fruto, así también en el **vasana** todo eso yace latente. Los **vasanas** son la causa de toda la felicidad meramente material del hombre. Si se encuentran ausentes, en la mente hay lucidez y pureza. Si se encuentran presentes, toda pureza se corrompe; son los obstáculos en la senda de la verdad, del **Atma** (Alma) y de la inmortalidad. Una mente liberada del **vasana** se transmuta y deja de ser mente. La Naturaleza (**Prakrithi**) es el mundo de los **vasanas**. La mente es atraída por la naturaleza y los objetos externos del mundo a causa de esa tendencia al apego y empieza a contemplar los objetos y a ocuparse de sus cualidades, todo por culpa de esos **vasanas** o impulsos. Si uno está libre de **vasanas**, su mente no será afectada en absoluto por el mundo materialista. La mente es como una tela, toma cualquier color con que se le tiñe. Los **vasanas** **sátvicos** (puros) la harán blanca. Los **vasanas rayásicos** (pasionales) la volverán roja, mientras que los **vasanas tamásicos** (bajas tendencias) la harán negra. La mente es configurada por el tipo de **vasanas** que la habitan. El hombre ha de emprender **dhyana** (meditación) y **dharana** para poder destruir esos **vasanas**. La mente no es más que un hato de **vasanas**[2].*

Testimonio del autor

La vorágine de sufrimiento y ansiedad en la que vive actualmente la humanidad se debe a la muy arraigada creencia en la cultura del tener, o sea, mientras más pienso únicamente en mí (egoísmo), mientras más busco satisfacer mis apetencias más allá de mis reales necesidades (gusto) rechazando aquello que no me gusta (aversiones), mientras más quiero escucharme sólo a mí y olvidarme por completo de quienes me rodean (tenacidad ciega), más crece la insatisfacción y la falsa noción de que este camino, en algún momento, nos llenará por completo.

Por ende, esta búsqueda incesante de "aquello" que se intenta satisfacer es sólo una quimera, un engaño o ilusión (***maya***), también llamada ignorancia fundamental (***avidya***), pues nunca es suficiente, nunca es plena ni complaciente, ni tampoco concede paz permanente.

Como se dijo en líneas precedentes, este ***avidya*** que es la ignorancia fundamental, se expresa de cuatro maneras: egoísmo, gusto, aversión y tenacidad ciega y que se pueden resumir con el término "deseos", pues en última instancia, toda decisión es un deseo expresado en voluntad y estas cuatro ignorancias reflejan en cada una de ellas una decisión[*]. Claro está, la naturaleza de dicho deseo es la ignorancia, la falsedad (***avidya***), por ende, jamás podrá entregar otro fruto distinto a su génesis. De aquí que la cultura del tener nunca satisface a plenitud, siempre es incompleta, insuficiente y efímera, tal como se mencionó en el párrafo anterior.

Maya-Shakti: el poder de la ilusión

"Pero del árbol de la ciencia del bien y del mal no comas, porque el día que de él comieres, ciertamente morirás"
Génesis 2, 16-17

---

[*] Por supuesto, como todo en la Naturaleza, la existencia del deseo presupone un propósito. Favor revisar el Cap. II sobre "Niyama", específicamente "Purusharthas: Los cuatro medios legítimos para alcanzar el éxito", pág. 78.

"Vio, pues, la mujer que el árbol era bueno para comerse, hermoso a la vista y deseable para alcanzar por él sabiduría, y tomó de su fruto y comió, y dio también de él a su marido, que también con ella comió"

Génesis 3, 6

La Naturaleza aparenta no tener causa, ser eterna y atemporal, pero es todo lo contrario: tiene una causa u origen, es efímera y momentánea. A este poder (**shakti**) de velar la realidad se la denomina ilusión (**maya**) y nace desde el mismo momento que se manifiesta la naturaleza: primero con el pensamiento, luego con la palabra, luego el yo y lo mío, luego esto y aquello y así se establece la relación sujeto-objeto, nace la aparente división y separación, la mente individual o el ego. Así, desde lo único y universal, por el poder de **maya**, se llega a la pluralidad y singularidad. Este poder de velar la realidad y generar ilusión (**maya-shakti**) puede ser de dos clases:

- **Avarana-Shakti:** Como consecuencia de esta ilusión de separación, el sujeto busca recuperar el objeto perdido, sin darse cuenta que él mismo es dicho objeto, es la misma sustancia o conciencia. A esta "paradoja trascendental" se la denomina poder de **maya** en la modalidad de **avarana-shakti**; esto es, el poder (**shakti**) de velar (**avarana**) la Divina presencia en todo y en uno mismo.

- **Vikshepa-Shakti:** El poder (**shakti**) de proyectar (**vikshepa**) la ilusión anteriormente señalada (**avarana-shakti**) hacia toda la Naturaleza*, el poder para confundir lo eterno con lo temporal y lo temporal con lo eterno se lo denomina poder de **maya** en la modalidad de **vikshepa-shakti**, esto es, el poder de disgregar lo permanente en lo efímero.

Como se mencionó anteriormente, el **avarana-shakti** o el poder de velar la Divina presencia en todo, es la causa de la ilusión de separación o relación sujeto-objeto. El sujeto va en pos del objeto y así nace el deseo. Como este deseo tiene como fuente al engaño o ilusión (**maya-shakti**) se lo conoce también como ignorancia básica (**avidya**) y se expresa (como se mencionó en los párrafos previos) de cuatro formas: egoísmo, gusto, aversión y

---

* La Naturaleza es la Divina Conciencia Primigenia manifestada. Es una modificación del Sagrado Principio Cósmico conocido por muchos como Dios.

tenacidad ciega (vanidad). La conciencia individual* es el receptáculo de estas experiencias, mismas que se depositan en forma de memoria y que afectan al individuo de manera consciente (estado de vigilia o plano físico), subconsciente (estado de sueño o plano mental) e inconsciente (estado de sueño profundo o plano causal).

Los Tres Factores Condicionantes

Estas cuatro ignorancias (deseo) también se ven influenciadas por ciertos condicionamientos presentes en todo individuo (las excepciones se explicarán más adelante) a las que llamaremos "Factores Condicionantes" y que son de tres clases: impresiones (**samskaras**), tendencias (**vasanas**) y conversaciones o impulsos internos (**vrittis**). Se dice que son *factores condicionantes* porque tienen un registro, aprendizaje o experiencia previa, por ende, forma un arquetipo, un patrón de respuesta que afectan los pensamientos, palabras, acciones, sentimientos, etc.

Si bien es cierto, es posible librarse de estos *factores condicionantes*, dicha tarea no es tan simple, debido a la presencia de **maya** (ilusión), los efectos del **karma** y el tipo de **yuga** (era) que actualmente está transcurriendo (más adelante se ampliará). Así, la inmensa mayoría de la humanidad no puede escapar a los factores anteriormente señalados.

Se dice que cuando una persona está libre de estos factores, todo lo que piense, diga o haga será verdadero, inspirado, intuitivo y puro, pues tendrá una visión correcta (**sama-drishti**) de lo que sucede en su entorno y su interpretación de la misma también será precisa y adecuada.

También se dice que existen personas que están en un punto medio entre las dos situaciones mencionadas previamente, a la que denominaremos *"Factor Semi-Condicionante"* y se caracteriza por la creatividad y el emprendimiento, pudiendo en ocasiones estar más afectado por el *factor condicionante* así como en otros momentos estar libre del mismo (este tema será materia de mayor desarrollo en el Cap. VII "Dhyana").

---

* La conciencia individual es conocida en sánscrito como *chitta*. Es la Sagrada Conciencia Primordial (*Chit*) revestida de ilusión (*maya*); por lo tanto, no es la realidad última.

Los *factores condicionantes* y *semi-condicionantes* afectan el proceso que se da en los sentidos internos (**anthakaarana**), por lo que el individuo no tendrá una visión o entendimiento plenamente claro de lo que el estímulo recibido significa. De aquí se puede colegir el por qué unas personas comprenden mejor que otras. Claro está, hay más variables en juego, pero sin duda, esta dinámica que se está explicando comprende una gran parte del porqué de los procesos psíquicos.

A continuación se describirá cada uno de estos tres *factores condicionantes*:

Impresiones (samskaras)

Producto de la actividad (**karma**) se generan experiencias que quedan grabadas (impresas) en el inconsciente (estado de sueño profundo o plano causal), o sea, permanecen en estado latente y que afectan al subconsciente (estado de sueño o plano mental en forma de tendencias o **vasanas**) y al consciente (estado de vigilia o plano denso en forma de impulsos internos o **vrittis**). A esto se lo conoce con el nombre de impresiones.

Cuando un agricultor cosecha trigo, necesita también recoger semillas para la futura siembra; así también, cuando el ser humano está en actividad (**karma**) genera impresiones (semillas, **samskaras**) que son la causa de experiencias presentes y futuras, llegando incluso a modelar nuevos nacimientos o reencarnaciones. Las impresiones (**samskaras**) que permanecen latentes en el inconsciente pueden volver a manifestarse y generar tendencias, luego pensamientos, luego nacimientos (si aún no dispone de un vehículo), luego actividad, repitiéndose así el ciclo del **karma**, de la vida o del **samsara** (rueda de nacimientos y muertes). Así, la actividad (**karma**) llama a la necesidad de poseer un medio (vehículo o cuerpo) para poder ejecutarla. De esta manera se comprueba que la teoría del *Lamarckismo** "la necesidad hace al órgano" es totalmente cierta.

Estos **samskaras** quedan registrados (impresos) en la conciencia (plano causal) ya sea por medio de las tendencias (**vasanas**) y/o por impulsos (que generan **vrittis**). Ambas se ampliarán más adelante.

---

* Lamarckismo: Término usado para referirse a la teoría evolucionista formulada por el naturalista francés Jean-Baptiste Lamarck a principios del siglo XIX.

Ejemplo de esto es una persona que por más que se esfuerza para lograr éxito en su emprendimiento, nunca puede; mientras que su vecino, con poco esfuerzo y entendimiento sobre el mismo, alcanza el éxito al primer intento. Del ejemplo dado, la lógica debería ser a la inversa; sin embargo, el desconocimiento de estas leyes fundamentales confunde al ser humano que por lo general se lamenta por su infortunio. Entonces, el fracaso es la semilla (**samskara**) que quedó registrada en algún momento de esta o previa encarnación y que afecta a la actividad en el presente.

Tendencias (vasanas)

Es toda sustancia o actividad mental recurrente que puede afectar el pensamiento, sentimiento, palabra o acción. Es así que, las tendencias se desarrollan en el plano mental o astral, por lo tanto, buscan satisfacer o gratificar a los estímulos procedentes los elementos sutiles (**tanmatras**) a saber: sonido (**shabda**), tacto (**sparsa**), forma (**rupa**), gusto (**rasa**) y olfato (**gandha**). A esto se lo conoce con el nombre de tendencias.

Las tendencias (**vasanas**) pueden también ser despertadas a partir de los otros dos *factores condicionantes*: impresiones (**samskaras**) e/o impulsos (**vrittis**).

Ejemplo de esto es aquel mismo sujeto que, emprendiendo un negocio con mucho esfuerzo, no logra el éxito, encontrándose agobiado por constantes y variadas reacciones, lo que genera sufrimiento. Nuevamente, el fracaso es la semilla (**samskara**) y las reacciones repetitivas (sean estas pensamientos, palabras, obras o sensaciones) son la tendencia (**vasana**).

Recuerdos o impulsos internos (vrittis)

Vritti es mucho más que una conversación mental o impulso interno, pero para efecto de la materia de estudio, nos centraremos en ambos. Conversación interna se refiere al individuo que, sometido a alguna idea repetitiva (pudiendo incluso derivar en una fantasía narrativa), busca anticipar, recordar o adaptar sucesos para alcanzar cierta satisfacción y aparente paz. Los **vrittis** pueden ser positivos (agradables de imaginar o recordar), negativos (punitivos) o mixtos. A esto se lo conoce con el nombre de conversaciones o impulsos internos.

Esta actividad se desarrolla en el plano físico, pues tiene a los órganos de los sentidos como medio para activarse; es decir, los impulsos se generan a partir de la activación órganos de los sentidos (***jñanendriyas***), a saber: oído (***srotra***), piel (***tvak***), ojo (***cakshus***), lengua (***rasanaa***) y nariz (***ghraana***).

Como sucede con los dos *factores condicionantes* anteriores, los ***vrittis*** también pueden ser despertados a partir de los ***vasanas*** y los ***samskaras***.

Ejemplo de esto es nuevamente aquel mismo sujeto que, emprendiendo un negocio con mucho esfuerzo, no logra el éxito, hallándose sumergido en una situación de miseria pues, posterior a la experiencia del fracaso, lamenta dicho suceso, recuerda sus causas, busca justificaciones, para luego repetir este proceso vicioso, ahondando así, aún más, su sufrimiento. Nuevamente, el fracaso es la semilla (***samskara***), las reacciones repetitivas (ya sea en forma de pensamientos, palabras, obras o sensaciones) es la tendencia (***vasana***) y el recuerdo o revisión constante del mismo es el impulso interno (***vritti***).

Otras consideraciones sobre los Factores Condicionantes

Cabe recalcar que un ***vritti***, si se vuelve muy repetitivo, se puede convertir en un ***vasana***. De la misma manera, un ***vasana*** si se arraiga con más profundidad, se puede convertir en un ***samskara***.

Así también a la inversa, un ***samskara*** puede manifestarse como ***vasana*** y este último finalmente expresarse como ***vritti***, a causa de alguna experiencia que active el recuerdo, o más bien, la semilla, como se ha explicado en los párrafos anteriores.

Favor notar que los ejemplos dados en cada uno de los tres *factores condicionantes* han sido dados en negativo, para situaciones que generan malestar. Pero esta dinámica aplica para positivos, negativos o mixtos, según como sean considerados por quien los experimente.

La Manifestación Cósmica y sus cuatro períodos (yugas)

Como se ha mencionado en su momento, toda la manifestación cósmica es producto de la Conciencia Única y Eterna. Esta manifestación es conocida como Naturaleza, misma que posee ciertas características que se encuentran sometidas a ciclos o períodos de existencia (nacer, crecer, madurar, multiplicarse, decaer y morir). Por lo anteriormente citado, dicha manifestación cósmica está sujeta a cuatro períodos (*yugas*): la Era de Oro (*Sathya-Yuga*) donde reina la verdad y la pureza; luego le sigue la Era de Plata (*Treta-Yuga*) donde predomina la verdad y sin embargo ya hay rasgos de impurezas; continua con la Era de Cobre (*Dwapara-Yuga*) donde predomina la falsedad pero quedan rasgos de verdad y pureza y finalmente la última Era es la de Hierro (*Kali-Yuga*) donde predomina la falsedad y las impurezas. Luego de esto se repite el ciclo. Actualmente nos encontramos en la Era de Hierro y estamos entrando en la era de oro; es decir, el *Kali-Yuga* está en su zenit.

Por lo anterior se comprende la razón del por qué en todas las sociedades prevalece la mentira sobre la verdad, la injusticia sobre la justicia, la ignorancia sobre el conocimiento verdadero, la guerra sobre la paz, la enfermedad sobre la salud, los conflictos entre padre e hijos, el irrespeto hacia los adultos, la violencia sobre la Madre Naturaleza, etc.

Pero cuidado, sería un grave error tomar lo anterior como un mensaje desesperanzador, como un aparente vacío sobre el devenir de nuestras vidas, como una irremediable suerte echada. Parecería imposible escapar de una época de oscuridad y que, por ende, estaríamos inevitablemente expuestos a las correspondientes consecuencias.

Pero esto no es así, nada más alejado de la realidad. De hecho, y como se ha explicado previamente, así como es en lo micro también es en lo macro y viceversa; es decir, cada ser humano debe procurar que su vida sea una Era de Oro (*Sathya-Yuga*), sin importar en cuál era nos encontremos. En el momento que cada ser humano (lo micro) alcance plena conciencia de su verdadero potencial, ese mismo hecho tendrá su impacto en toda la manifestación cósmica (lo macro). Esto sucede en el campo de lo espiritual (causal, inconsciente).

De manera similar, la suma de las individualidades conforma a la sociedad; por ende, mientras más seres humanos vivan en virtud (**Sathya-Yuga**) más serán las sociedades que se expresen sanas, respetuosas, prósperas, generosas, pacíficas, sabias, brillantes, atractivas, etc. Esto sucede en el campo de lo sutil (mental, subconsciente) y lo material (físico, consciente).

El mejor servicio y legado que se puede realizar y dejar para la posteridad, es procurar perfeccionar la vida de cada uno por medio del *Sendero de la Eterna Virtud* (**Sanathana Dharma**)[*] y de esta manera, concomitantemente, transformar por añadidura a la sociedad y al mundo.

Dinámica mente–sentidos

Esta búsqueda de satisfacción incesante de deseos, esta cultura del tener se da, entre otras cosas, porque el ser humano está expuesto a un bombardeo constante de estímulos[**] y respuestas que alimentan y excitan su psiquis, su sustancia mental y su imaginario, provocando en él una reacción de acuerdo a lo percibido, a su sistema de creencias y a sus experiencias previas.

Este proceso de acción-reacción, estímulo-respuesta, basado en la necesidad o apetencia de satisfacción del deseo en el individuo (las cuatro ignorancias fundamentales), se da por dos vías:

- De lo externo a lo interno; y,
- De lo interno hacia lo externo.

En la primera, son los órganos de los sentidos que a través de la percepción de los estímulos que lo rodean excitan a la mente. En la segunda, es la mente que a través de la percepción de los estímulos internos en forma de ideas (pudiendo ser fruto de la inspiración, creatividad o también de los *factores condicionantes* anteriormente señalados) excita a los órganos de los sentidos.

---

[*] Revisar el Cap. I "Yama", específicamente "Sanathana Dharma: El Sendero Eterno hacia la Morada Suprema", pág. 49.
[**] Léase el Cap. III "Asana", sección "La importancia del asana sobre los estímulos", pág. 96.

Aunque este tema fue abordado previamente en el Cap. III sobre el "Asana", lo que se busca en esta ocasión es provocar la siguiente reflexión: en ambos casos, lo que produce este proceso de estimulación es la focalización de la atención y la necesidad[*] de satisfacción del deseo, mismo que es generado a partir de aquello que se ha percibido (estímulo)[†].

Así las cosas, se provoca una suerte de dinámica interminable, de círculo vicioso entre la mente y los sentidos, de estimulación y respuesta constante, en donde, si el ser humano no tiene el conocimiento adecuado, ni las herramientas, ni la energía necesaria para retomar el control sobre sí mismo, se verá ciertamente abocado al sufrimiento, insatisfacción permanente y vacío existencial. De hecho, el ser humano puede transformar esta debilidad y amenaza en una gran fortaleza y oportunidad[‡]. Un círculo vicioso se puede transformar en un círculo virtuoso, solo hay que cambiar la calidad de la sustancia que lo compone.

¿Estímulos o libre albedrío?

Un estímulo produce una reacción, una aparente voluntad, una ilusión de arresto individual. No puede existir libre voluntad o albedrío cuando es fruto o respuesta a un impulso, mismo que sólo producirá nuevas semillas o **karmas** en una especie de círculo vicioso que cada vez se hace más grande y que de no mediar una manera de parar esta repetición continua, inevitablemente dicho círculo seguirá creciendo y será cada vez más difícil romper este ciclo para la persona afectada.

Mientras los deseos, impulsos, tendencias, recuerdos, sentidos de la percepción, o sea, mientras la mente esté incitando con estímulos constantemente, no se puede hablar de libre albedrío. Si alguien recibe una orden exterior, no es su voluntad la que prima sino la de aquel; de manera similar, los deseos

---

[*] Algunas personas podrían igualar al deseo y la necesidad, pero esto es un error. Tal como se menciona en los párrafos anteriores, la necesidad es la búsqueda de satisfacción del deseo. Dicha necesidad puede derivar en posterior ansiedad, estrés y/o depresión.

[†] Al respecto, más adelante se lo profundizará.

[‡] FODA (en inglés SWOT) es una matriz de análisis de situación cuyas siglas significan Fortalezas, Oportunidades, Debilidades y Amenazas. El "FODA ESPIRITUAL" está dirigido a transformar todo círculo vicioso en uno virtuoso. Nuevamente invitamos al lector a revisar el tema "Purusharthas: Los cuatro medios legítimos para alcanzar el éxito", pág. 78.

actúan como agentes externos que impulsan al individuo a activarse ya sea en pensamientos, palabras, acciones, sentimientos, emociones, etc., es decir, existe un agente externo que predomina sobre el sujeto.

Por lo tanto, el verdadero libre albedrío sucede cuando, estando desafectados por cualquier tipo de injerencia externa (entiéndase *factores condicionantes*) y al mismo tiempo establecidos en una ecuanimidad pura y perfecta, se asume una decisión o postura.

Para lograr lo anterior, se hace necesario un instrumento de limpieza, purificación y fortalecimiento de la voluntad y es precisamente esto lo que ***pratyahara*** entrega.

¿Qué significa Pratyahara?

Este quinto paso del ***Ashtanga-Yoga*** se denomina ***Pratyahara***, lo que literalmente significa "retirar". Pero, ¿retirar qué? Así como cuando termina la jornada laboral nos retiramos a descansar a nuestro hogar, de la misma manera, cuando termina nuestra relación con el mundo objetivo, nos retiramos a descansar a nuestro hogar interior.

Pratyahara es retirar la dinámica mente-sentidos (los receptores de los estímulos) y alojarlos en donde encuentren satisfacción y descanso. Así, el practicante no solo evitará distracciones o agitaciones durante el ***sadhana*** interno* sino también expandirá su nivel de conciencia, saturándose de pureza y santidad (***satwa-guna***) y por ende se relajará, irá soltando preocupaciones, apegos, deseos insatisfechos, rencores, temores, etc. que lo atan y que no lo dejan progresar en el sendero espiritual. Tal como se ha dicho previamente, ***pratyahara*** es cambiar a voluntad la dirección de los órganos de los sentidos (***jñanendriyas***), desde afuera hacia adentro, haciendo primero que la mente, que es su director y destino por excelencia, los absorba y luego, ya siendo uno sólo, confinarlos a un lugar adecuado. Este lugar necesariamente debe satisfacerlos a plenitud y sosiego ¡Vaya reto!

---

* Recordar lo explicado en capítulos anteriores: el *sadhana* es de un solo tipo, pero para facilidad de comprensión de lo que se está estudiando se lo divide en *sadhana* externo y *sadhana* interno.

La fuente que entrega completa satisfacción

*"[...] el amor de Dios ha sido derramado en nuestros corazones
por medio del Espíritu Santo que nos fue dado"*
Romanos 5:5

La única fuente inagotable de dicha, que todo lo acepta sin reparos ni sanciones, que todo lo llena sin egoísmos ni rencores, que protege y sana y que lo habita todo es la Conciencia Única y Perpetua, más conocida como Dios o Jehová. Pero, ¿También habita dentro de nosotros mismos? ¿Habrá un lugar específico para ello? ¿Dónde entregar la mente-sentidos y así poder descansar? La respuesta es ¡SÍ! Existe un lugar en el cuerpo en donde reside dicho principio perpetuo de conciencia y de vida y ese es el corazón, pero no el músculo cardiaco, sino el centro energético conocido como **chakra anahata**.

*"Porque donde esté vuestro tesoro,
allí estará también vuestro corazón"*
Mateo 6:21

Somos templo de Dios y dentro de este sagrado templo hay un *"sancto sanctórum"* donde se encuentra guardado el tesoro más preciado, donde reside el principio Divino. Dicho *sancto sanctórum* es el corazón. Allí yace el altar donde podemos y debemos ofrendar en sacrificio los órganos de los sentidos y la mente (recordar el ejercicio previo de absorción de los sentidos en la mente), la individualidad o el falso yo (ego)*, pero también todos los estímulos, ya sean externos o internos, ya sean considerados buenos o malos, ya sean objetos (pensamientos, sensaciones, etc.) elevados o impíos, para que luego puedan ser consumidos por el fuego del principio Divino que habita en el corazón, y así, de esta manera, alcanzar satisfacción y descanso: satisfacción, porque el apetito del deseo ha sido plenamente saciado en el fuego sacrificial; y, descanso, porque estamos en paz, ya que no hay necesidad de seguir luchando por y para satisfacer ningún deseo, no habrán "pre-ocupaciones" (futuro) ni "post-ocupaciones" (pasado), sólo se vivirá el presente, el maravilloso regalo eterno y constante que nos entrega la Divina Providencia.

---

* Se denomina falsa a la individualidad, al ego o al "yo" porque no es permanente. Lo único verdadero es aquello que siempre está, que es eterno. Por ello, al sacrificar el velo de dicha falsedad o engaño (*maya*) en el fuego del corazón, se revela enteramente la Divina y única realidad.

"Sobre toda cosa guardada, guarda tu corazón;
Porque de él mana la vida"

Proverbios 4:23

Cuando se obtiene satisfacción y descanso, no seremos más distraídos ni agitados por dichos estímulos y así podremos seguir progresando hacia los siguientes niveles del **Ashtanga-Yoga** en donde serán esenciales el relajamiento, el enfoque, la concentración y la estabilidad.

Pratyahara actúa como un catalizador, pues por un lado ingresa todo el aparataje mente-sentidos, los estímulos y las experiencias que de estos se generan, siendo consumidos por el crisol del corazón para finalmente emerger la pureza, la satisfacción y la paz.

Ilustración 17: Representación de la técnica del Pratyahara y uno de sus beneficios, donde el anahata chakra (corazón espiritual) hace las veces de catalizador que satisface y purifica todo.

"¿No sabéis que sois templo de Dios y
que el Espíritu de Dios habita en vosotros?"

I Corintios 3:16

Nuevamente se enfatiza sobre la importancia de **yama** y **niyama** (pasos I y II del **Ashtanga-Yoga** respectivamente) ya que, la pureza interna y externa del pensamiento, palabra y acción (**trikaarana suddhi**), en todo momento y lugar, significa respetar el templo donde habita el Principio de Vida, el Príncipe Divino, el Cristo interno, el Supremo **Atma** (Alma).

Destacar también **asana** y **pranayama** (pasos III y IV del **Ashtanga-Yoga** respectivamente) puesto que, una postura correcta (física, mental y espiritual) y el control sobre la energía vital coadyuvarán a que la práctica del **pratyahara** sea fructífera. Comenzamos a centrarnos en nuestro Ser. Esto allana el camino para el siguiente paso.

"Vivan una vida completamente santa,
porque santo es Aquel que los ha llamado.
Escrito está: sean santos, porque Yo soy santo"

I Pedro 1:15-16

Seamos plenamente conscientes de esta verdad, y, a partir de esto, obtengamos la fuerza y motivación necesarias para adoptar un estilo de vida elevado y santo, acorde a nuestra realidad. Literal y verdaderamente somos encarnaciones del **Atma** (**Atma-Swarupa**).

"Bienaventurados los de limpio corazón,
porque ellos verán a Dios"

Mateo 5:8

CAPÍTULO VI: DHARANA

Sobre la perfecta concentración

"Yo estoy en la Luz"

Aforismo de Maharishi Patányali, 3:1

देशबन्धश्चित्तस्य धारणा ॥ १ ॥

Deshabandhashchittasya

Dharana *es mantener la mente fija en algún objeto en particular* [1].

Comentario de Swami Vivekananda

Dharana *(concentración) es cuando la mente se concentra en algún objeto, ya sea en el cuerpo o fuera del mismo, y se mantiene en dicho estado* [1].

Palabras de Bhagawan Sri Sathya Sai Baba

Dharana *es de una sola clase. El hombre sabio se establece firmemente en la conciencia de su **Ishtadevatha** (ideal Divino) o la Conciencia de **Brahma** (Dios), como la tierra que sostiene a la montaña... eso es concentración* [8].

*La mente caprichosa y volátil viaja de aquí para allá, pero es posible sujetarla en un punto fijo por medio de la disciplina constante y el entrenamiento incesante de la práctica espiritual. Tal es el estado llamado de fijación en un solo punto (**ekagrata**). También se le llama pensamiento único (**dharana**). El fluir ininterrumpido del aceite vertido de una vasija a otra es un símbolo excelente de este proceso mental llamado pensamiento único (**dharana**). [...] El **dharana** otorga al hombre el goce divino, la sabiduría inconmensurable, visión interior, percepción de las verdades más hondas, entendimiento más claro y unión con el* *principio fundamental. La ciencia de la práctica espiritual es más maravillosa que los tres mundos.*

*[...] Hay algunos que practican el **dharana** sin antes haber cultivado los buenos hábitos y la conducta correcta. Esto es una señal de conocimiento incompleto. El **dharana** debe tener como fundamento la cualidad de la pureza (**satwa-guna**). La mente debe ser purificada mediante el adecuado tratamiento del carácter a través de los buenos hábitos. El **dharana** tiene que seguir a este proceso anterior de purificación y no precederlo. Todo esfuerzo por **dharana** sin haber limpiado antes la mente es una pura pérdida de tiempo. Muchos grandes hombres han arruinado su vida por aspirar demasiado pronto al **dharana**, sin poseer la disciplina de los buenos hábitos.*

*El **dharana** [...] es la concentración mental sobre un objeto, sin admitir la más mínima desviación. Sólo el **dharana** puede hacer que **dhyana** (meditación) se realice con éxito. Su naturaleza misma consiste en poder fijarse en un solo punto; su poder negará cualquier vacilación. La perfecta concentración es causada por la bienaventuranza espiritual.*

*El nombre es esencial para la meditación, pues tan sólo el puede asegurar un éxito rápido. Aunque la fe total no venga con rapidez, uno no debe darse por vencido ni cambiarla pues seguramente la práctica nos dará la victoria. La meditación es fuerza espiritual, la fuerza que alejará la enfermedad del ciclo de nacimientos y muertes (**samsara**)* [5].

*Patányali ha explicado que cuando **chitta** (la mente) se fija en un punto es denominada **dharana**; pero Yo diría que es más bien la actitud sin desviaciones de la mente, su carácter invariable. Si la mente renuncia al apego de los objetos externos, si se satura con el arrepentimiento por su pasado equivocado y se llena de remordimiento, renunciación y comprensión, si promueve directamente el desarrollo de cualidades progresivas de la mente y el corazón, estará apta para unirse con el ideal. Sólo contemplará el ideal. Tal tipo de atención es lo que debe entenderse por **dharana**. Dondequiera que la mente busque divagar, instrúyanla para que sólo encuentre allí a **Brahman**. Cualesquiera que sean las ideas e imágenes que la mente pueda formar, edúquenla para encontrar en dichas creaciones de la sustancia mental solo a **Brahman**.*

Traten a su mente como a un niño pequeño. Edúquenla, prepárenla para ser más sabia. Condúzcanla por buenos caminos, conscientes de que los objetos que se perciben son sólo productos de la propia ilusión. Erradiquen todos sus miedos y centren su atención en la meta. Nunca forcejeen con ella, cederá fácilmente al tierno y paciente entrenamiento. Corrijan su indocilidad mediante el desapego.

*Destruyan su ignorancia con la instrucción en el Conocimiento del **Atma** (el Ser Real). Fortalezcan su interés hacia la realización de **Brahman** (Dios). Háganla renunciar a la atracción de lo efímero, los espejismos creados por la imaginación y la fantasía, y vuélvanla hacia adentro, lejos del mundo externo. Por estos tres métodos el **dharana** se afianza firmemente.*

*La mente tiene que ser observada y educada durante el estado de vigilia, del sueño, así como todos los demás procesos del hilado y tejido mental de escenas coloridas, producto de la imaginación. Es preciso hacerla fluir uniformemente en un solo punto y de manera constante, como el agua de una represa, hacia **Brahman** y sólo a **Brahman**. Esto es verdadero **dharana** [5].*

*¿Cómo debe realizarse **dhyana**? El primer paso es **dharana**. Doce **dharanas** equivalen a un **dhyana**. Doce **dhyanas** equivalen a un **samadhi**. **Dharana** es observación constante y concentrada hacia cualquier objeto durante doce segundos. Hay que mirar algún objeto, una llama, una imagen o un ídolo durante doce segundos con total concentración, sin parpadear. Esto es **dharana**. La práctica del **dharana** es preparativa para el **dhyana**.*

*La duración de un **dhyana** es de doce **dharanas**. Esto significa que **dhyana** debería durar doce por doce igual a ciento cuarentaicuatro segundos, es decir, dos minutos y veinticuatro segundos. **Dhyana** no exige sentarse en "meditación" durante horas. El **dhyana** adecuado no necesita durar más de dos minutos y veinteicuatro segundos. Sólo después de haber practicado de manera correcta **dharana** es que se puede hacer un buen **dhyana** (meditación). Doce **dhyanas** equivalen a un **samadhi**. Esto significa ciento cuarentaicuatro por doce segundos, es decir, veinteiocho minutos y cuarentaiocho segundos, mucho menos de una hora. Si el **samadhi** se prolonga (por más tiempo), puede resultar fatal. Estas son las disciplinas que practicaban los yoguis,* *mismas que no se explican en ninguno de los shastras (textos sagrados de la antigüedad).*

*Si quieren proceder correctamente en la práctica de estas disciplinas, tienen que empezar con **dharana**. Empiecen a practicar **dharana** durante doce segundos al día a partir de ahora. Esto es muy importante para los estudiantes. En el pasado, yoguis como Aurobindo y Ramana Maharishi practicaban estas disciplinas. Ramana Maharishi solía subir a la terraza y concentrarse en una estrella en particular durante doce segundos. En ese estado, la mente también permanecía quieta y estable* [12].

*Controlar el aliento y dirigirlo de forma apropiada es una disciplina muy efectiva que puede ser observada. La punta de la lengua debe tocar suavemente la parte posterior de los dientes. Cuando se mantiene en esta posición, los pensamientos disminuyen y uno puede concentrarse en el control de la respiración. Si controlan el **sankalpa** (voluntad) y **vikalpa** (dudas mentales) de la mente y se desprenden de los pensamientos del cuerpo y de todo lo que los rodea, pasan al nivel en que la mente queda sin pensamientos ni deseos, y entonces puede concentrarse en Dios* [19].

*De la misma manera, la meditación (**dhyana**) es un proceso extremadamente fácil. **Samadhi** es aún más fácil, pero, debido a una inapropiada comprensión de los métodos, los aspirantes se ven envueltos en dificultades. Muchos se imaginan que todo lo que la meditación exige es sentarse en la postura de loto (**padmasana**), pero mientras tanto el individuo no sabe por donde su mente está vagando. La concentración es perturbada por un mosquito que se le para en la nariz. Cuando el mosquito repite sus ataques, el hombre pierde la paciencia y el propósito entero de la meditación se ve frustrado.*

*Para mantener la calma y la concentración durante la meditación, permaneciendo inafectado por cualquier elemento perturbador, es necesario practicar la concentración (**dharana**). Mediante **dharana** también se alcanza el control de los sentidos. También se asegura la pureza de la mente. Por medio de la pureza mental, se experimenta la Divinidad.*

*¡Estudiantes! Practiquen **dharana** y **dhyana** y experimenten los resultados. Su gozo, pureza y brillantez serán incrementados más allá de toda medida. Ahora lucen endebles y*

enfermizos debido a toda clase de impurezas en que ustedes yacen. No hay brillo en sus caras. Es la pureza la que imparte refulgencia al rostro. Cuando hay pureza en ustedes, su cara brilla radiantemente. Tengo ahora sesentaicuatro años (el reloj del **mandir** *repicó dando la hora y Sri Sathya Sai Baba lo acentuó mencionando: "está diciendo sí, sí, sí"). Mírenme a Mí y mírense ustedes, que están en su adolescencia; lucen cansados, han perdido su brillo debido a pensamientos impuros. Cuanto más desarrollen su pureza, más jóvenes serán. Ninguna enfermedad los afectará. Esto es a lo que deben apuntar. Y esto se puede obtener a través del amor.*

[...] Los estudiantes deben practicar primero **dharana**. *Pueden escoger cualquier objeto para el propósito de la concentración: un cuadro o un objeto físico. También hay un método interno para practicar* **dharana**: *cuando cierren sus ojos, aparece un pequeño punto oscuro delante del ojo interno. Pueden concentrarse en este punto por doce segundos sin dejar que se mueva. Mediante esta práctica, se puede desarrollar el poder de* **dhyana** *(meditación).*

El primer estadío en este proceso es **saalokyam** *(la continua contemplación de lo Divino). Piensen en el Señor en cualquier acción que hagan; entonces alcanzarán* **saamipyam** *(la cercanía al Señor). Al cercarse más, desarrollan relaciones más estrechas con lo Divino. Con el debido paso del tiempo se alcanza el estado de* **saarupyam**, *la realización de que "tú y yo somos uno" va alboreando. Entonces se experimenta* **saayujyam** *(la completa unidad con lo Divino).*

Este método de cuatro pasos de acercamiento a la Divinidad se puede encontrar en cualquier filosofía o religión. Los credos pueden variar, pero el proceso espiritual es uno [12].

Testimonio del autor

Llegamos al sexto paso del **Asthanga-Yoga**. Luego de la técnica del **pratyahara**, en donde se alcanza satisfacción y paz, en donde se purifican los órganos de los sentidos (**jñanendriyas**) y los órganos internos (**anthakaarana**), en donde se cambia y trasciende el deseo de lo irreal (externo) por el anhelo de lo real (eterno), le sigue el 6to paso en el sendero del **Asthanga Yoga** conocido como **dharana**, que literalmente significa concentración.

Así como una lupa que, al recoger los rayos del astro rey y concentrándolos en un solo punto, genera energía radiante solar; de manera similar, la mente actúa como una lupa que, al recoger los rayos de un puro e intenso anhelo y concentrándolos en un solo punto (**ekagrata**), sin ningún tipo de distracción, genera *energía radiante espiritual* o **satwa-guna**.

En la analogía empleada en el párrafo anterior se indica que es condición *sine qua non* que la mente se concentre en un solo punto para generar **satwa-guna**, pero, ¿por qué concentrarse?, ¿a qué se refiere con "concentración en un solo punto" ?, ¿por qué es tan importante el **satwa-guna**?

La importancia de la concentración (*dharana*)

El ejemplo previo de la lupa conlleva, inequívocamente, a indagar quién es aquel que toma la lupa. Ese alguien es el responsable de señalar la distancia y el ángulo adecuado entre la lupa y el único punto a concentrar el haz de luz, pues si dista o se acerca mucho o si el ángulo no es el correcto, el haz se difuminará. Ese alguien es el yo individual (**chitta** o ego) que se activa por medio del poder de la voluntad (**icha-shakti**).

Nadie puede emprender ninguna tarea sin voluntad así como tampoco ninguna concentración puede llevarse a cabo sin ella. Por lo tanto, en este contexto, el uso del poder de la voluntad se refiere la decisión de tomar la lupa, mientras que, el uso de la concentración se refiere a la adecuada distancia y ángulo. El resultado de todo este proceso será un haz de luz único, concentrado y perfecto.

El que practica la disciplina espiritual **Ashtanga-Yoga**, y, por medio de esta, avanza paso a paso hasta llegar al **dharana**, por su propio poder de la voluntad podrá elevarse sobre toda distracción, pues su decisión es la de concentrar toda su capacidad (o sea, un único anhelo sin ningún otro pensamiento, deseo, etc.), junto al método adecuado, en un solo punto (entiéndase, el objeto o anhelo de adoración, lo que se busca alcanzar), lo cual es el preludio de la *energía radiante espiritual* (**satwa-guna**). Así las cosas, sin lupa ni el uso correcto de la misma, no hay haz de luz; así mismo, <u>sin voluntad ni concentración, no hay **satwa-guna**</u>.

Siguiendo lo anterior, hay otro aspecto fundamental de la concentración, donde podemos emplear nuevamente un símil, esta vez el de conducir un automóvil, pues aquel que lo ejecuta debe usar toda su capacidad en la labor que está desempeñando, caso contrario, graves desdichas podrían sobrevenirle.

De la misma manera, la concentración sirve para guiar la senda a seguir, lo cual será fundamental para los próximos pasos, en donde se progresará desde este **dharana** (concentración), siguiendo por la "prolongación" de la misma también llamada **dhyana** (meditación), promoviendo el "escalar" de los estados de conciencia hasta elevarnos sobre el mundo fenoménico por medio del **samadhi** (unidad perfecta), despertando así a la Sagrada Fuente Suprema o la Super-Conciencia.

Los tres cuerpos y las cinco envolturas

Profundizar en el **dharana** obliga también comprender la naturaleza de lo que se va a explorar. El ser humano no es sólo carne y huesos, también es etéreo y aún más sutil que esto último.

Retomando el ejemplo del vehículo que, como toda máquina, está compuesto por varias partes, a saber: carrocería, motor, ruedas, dirección y batería, entre otras. Un vehículo como tal no tiene autonomía; o sea, no puede activarse, operarse y mantenerse así mismo: necesita de un operario que es el conductor. Así como el vehículo necesita de un conductor para ser operado, de manera similar, el cuerpo humano necesita a alguien quien lo dirija.

El ser humano es básicamente la composición de dos partes: conciencia y cuerpo. La conciencia es la vida misma. El cuerpo es el vehículo. El primero tiene a disposición al segundo. Ahora, ¿Qué les parece si profundizamos un poco más en el mismo?

Así como un vehículo está compuesto por distintas partes, de manera similar el ser humano está integrado por tres cuerpos: denso (**sthula-deha**), sutil (**sukshma-deha**) y causal (**kaarana-deha**), en donde se debe puntualizar lo siguiente:

- Se las denomina cuerpos porque envuelven al Principio Consciente, manifestando así su característica individualidad.

- El orden de dichos cuerpos no son casualidad: Van desde lo más sutil de lo sutil (causal) hasta lo más denso (físico): el primero es causa de los posteriores.

- Estos tres cuerpos se pueden re-clasificar en cinco envolturas*: físico o del alimento (***ana-maya-kosha***), de los aires vitales (***prano-maya-kosha***), de la mente (***mano-maya-kosha***), de la inteligencia (***vijñana-maya-kosha***) y de la bienaventuranza (***ananda-maya-kosha***).

- Los cuerpos físico y causal corresponden a las envolturas del alimento y de la bienaventuranza respectivamente. Ahora, a su vez, el cuerpo sutil está compuesto por los aires vitales, mente e inteligencia. De aquí su denominación de cinco envolturas (***pancha-koshas***).

- Cada cuerpo es causa y contiene al posterior. Esto también sucede con las envolturas†.

- Notar que en todas las envolturas se usa el término sánscrito ***maya*** que significa ilusión, porque los cuerpos también son una modificación o super-imposición de la Divina Conciencia Cósmica o ***Brahman***.

- Destacar la diferencia y separación entre mente y discriminación (o inteligencia): esto es algo que, sobre todo en occidente, se lo considera como iguales o, en el mejor de los casos, que la anterior contiene a la posterior. La inteligencia es más que una cualidad cognitiva analítica y constructiva: es el instrumento que revela el conocimiento por excelencia.

---

* Revisar Tabla 3.

† De hecho, esto también sucede con los planos de conciencia, estados de conciencia e inclusive con los elementos de la Naturaleza, etc. La Conciencia Primigenia, que es causa y consecuencia de todo, a medida que se va manifestando como Naturaleza, también va sumando características; o sea, va concretizándose, haciendose más denso.

- Entonces ¿qué es la mente? Es el espacio sutil donde suceden todas las dinámicas del pensamiento junto a sus acompañantes (impulsos, tendencias, sensaciones, sentimientos, etc.). Aclarémoslo un poco más con el siguiente ejemplo: así como el pintor usa pinceladas para plasmar su imaginación sobre un lienzo, así también la inteligencia es el acto mismo de pintar y la mente es el propio lienzo.

- Profundizando sobre la envoltura de la inteligencia, nótese que en ningún momento se usa el término intelecto, pues este último es solo una parte pequeña dentro de la capacidad de la primera; o sea, no es lo mismo intelecto que inteligencia. El primero, está vinculado al análisis de lo externo (inclusive el propio pensamiento es externo); el segundo, o sea, la inteligencia, abarca al primero y a todo lo demás que sea susceptible de análisis, también lo más sutil e inclusive a aquello inimaginable o desconocido.

- Sí, aunque suene imposible, la inteligencia es capaz de revelar conocimiento desconocido, más allá de lo observable e inferenciable, más allá del constructivismo intelectual o también llamado proceso dialéctico, etc.

- Este proceso de revelación del conocimiento y, por ende, del entendimiento, ha sido tomado y explicado con relativo éxito por escuelas psicológicas como la Gestalt u otras escuelas más antiguas del pensamiento y conocimiento como el **Samkhya Darshana**[*] de India.

- Como ya se mencionó, las cinco envolturas están directamente relacionadas a los tres cuerpos. Hay un cuarto cuerpo conocido como super-conciencia o supra-causal, pero lo adecuado sería no llamarlo "cuerpo" sino más bien base o fuente, pues los anteriores son "segmentos" o "modificaciones" de este último.

---

[*]Antiguo sistema filosófico de India que se basa en tres formas de estudio: *pratyaksha* (percepción), *anumaana* (inferencia) y *shabda* (testimonio de fuentes confiables).

El siguiente cuadro no solo describe lo anterior sino que es una hoja de ruta para los siguientes pasos a seguir en el sendero del ***Ashtanga-Yoga***:

TRES CUERPOS (DEHA o SARIRA)	CINCO ENVOLTURAS (PANCHA KOSHAS)
Vehículo con el cual se transita en un determinado plano de Conciencia	Son las envolturas o capas que conforman al ser humano
CUERPO DENSO (STHULA DEHA)	FÍSICA O DEL ALIMENTO (ANA-MAYA-KOSHA)
CUERPO SUTIL (SÚKSHMA DEHA)	AIRES VITALES (PRANO-MAYA-KOSHA)
	MENTE (MANO-MAYA-KOSHA)
	INTELIGENCIA (VIJÑANA-MAYA-KOSHA)
CUERPO CAUSAL (KAARANA DEHA)	BIENAVENTURANZA (ANANDA-MAYA-KOSHA)

Tabla 3: Los cuerpos del ser humano y sus cinco envolturas

Se dijo en el párrafo anterior que conocer los tres cuerpos es conocer la hoja de ruta, o sea, el camino de regreso a la fuente. Así como los rayos solares que caen sobre la superficie terrestre viajan por el espacio en trayecto directo desde el Sol, de manera similar, los cuerpos físico, mental y causal son una proyección de la Divina Fuente Cósmica conocida como Conciencia Cósmica, Matriz Cósmica (***Hiranyagarbha***), Super-Conciencia o Dios Todopoderoso.

Así como al seguir la ruta de un mapa se alcanza el destino deseado, así también el aspirante espiritual, en uso pleno de sus facultades con las que ha encarnado, escala o asciende por cada envoltura hasta alcanzar su origen, la Divina Fuente, tal como es, sin modificaciones ni super-imposiciones. Esto último se refiere a que toda la naturaleza, entiéndase toda manifestación, lo denso, lo sutil y lo más allá de lo sutil, son la misma sustancia primordial pero con características únicas o ***gunas***, mismas que en el siguiente sub-capítulo se profundizarán.

La plenitud o realización es alcanzar la Fuente Primordial, la Conciencia Divina, la Super-Conciencia, sin modificaciones ni características, nuevamente, tal como es.

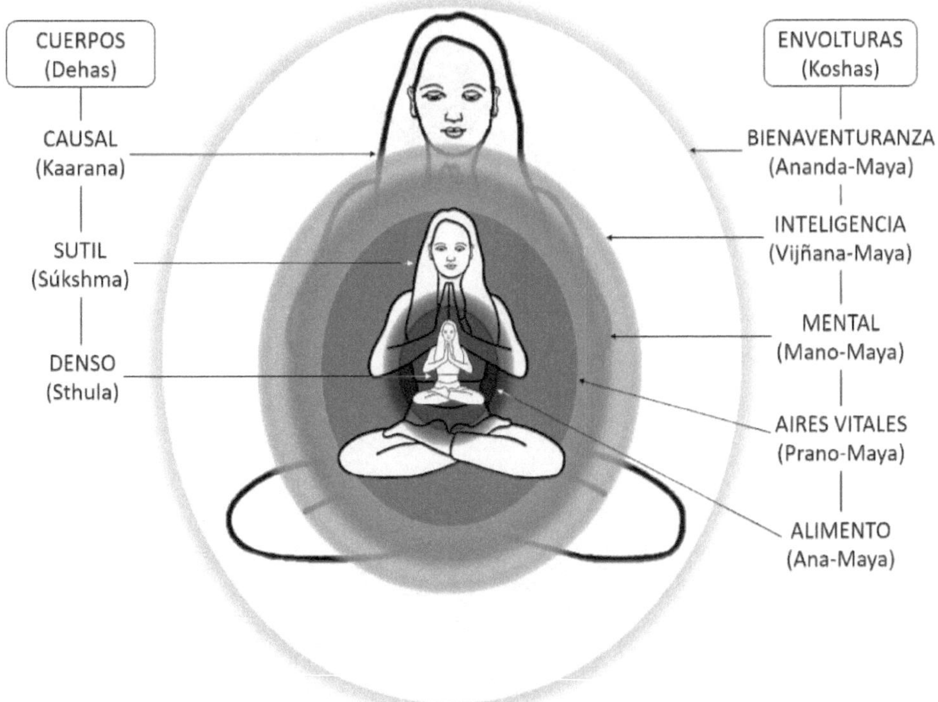

Ilustración 18: Descripción de los tres cuerpos (dehas) y las cinco envolturas (koshas) en el ser humano

Los Gunas: las tres características primarias universales

Cuando el Gran y Único Ser (***Virash-Purusha***)[‡] "decidió manifestarse" surgieron las tres características primarias universales (***adi-gunas***) y a partir de estas, de su perfecta combinación o "desequilibrio", surgieron los Universos (***Virat-Purusha***) y los individuos (***Yagat-Purusha***), en otras palabras, lo macro y lo micro, lo inmanifestado y manifestado, lo insentiente y lo sentiente, lo inmóvil y lo móvil, etc.[†] Estas tres características (***gunas***) son:

[‡] Véase la Ilustración 19.
[†] Brihandarayaka Upanishad: Madhu-Kanda, Cap. 2, Agni-Brahmana.

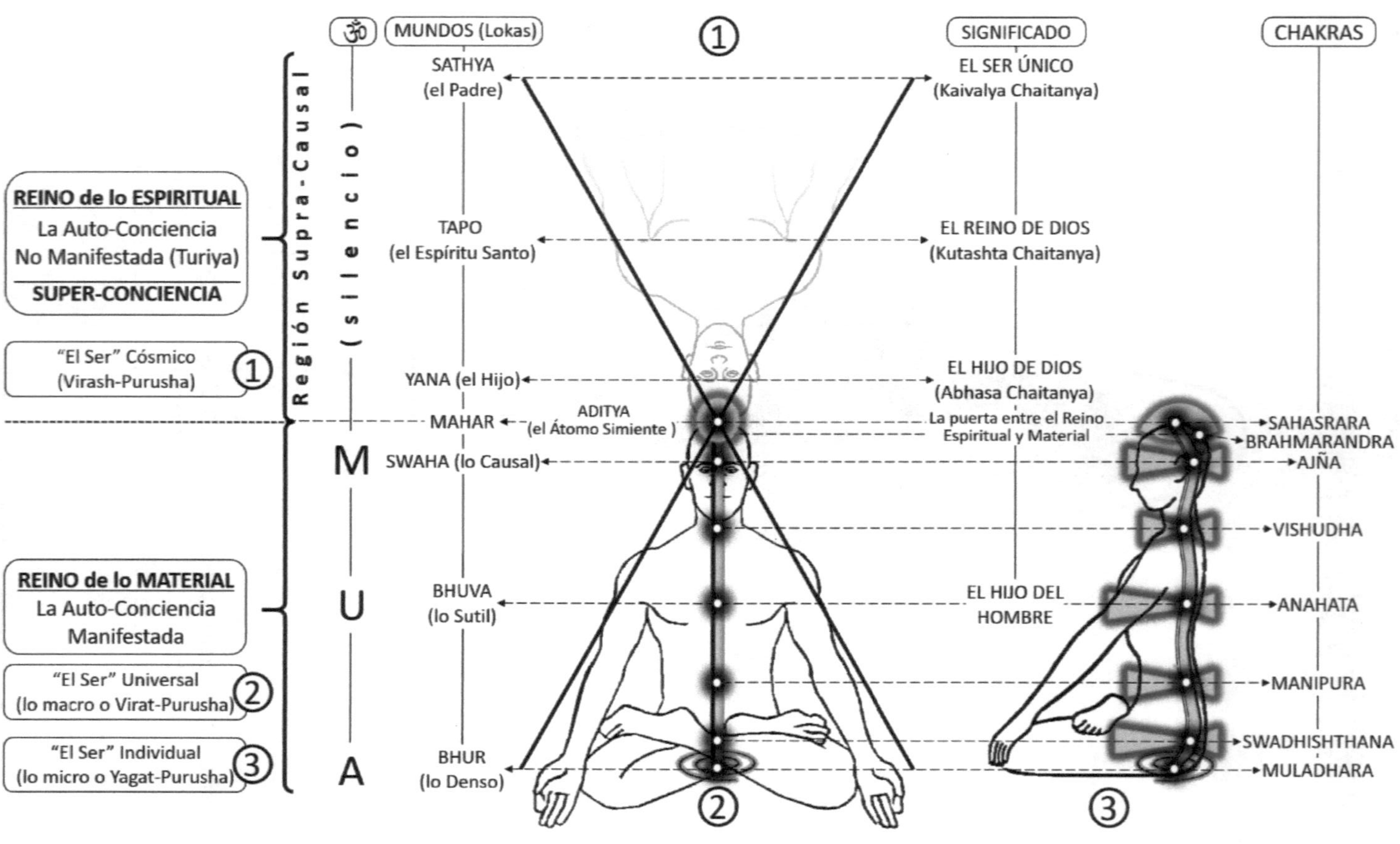

Ilustración 19: El "Ser" (Purusha), su relación con los Siete Mundos y su ascendencia sobre los Reinos Espiritual y Material

- ***Tamo-guna:*** Oscuridad, ignorancia, pereza, bajas pasiones. Su expresión se da mayormente en el plano físico. Su característica principal en el ser humano es la reactividad y la concreción de la creatividad.

- ***Rayo-guna:*** Actividad, impulsividad, afán por el control y ambición de triunfo. Su expresión se da mayormente en el plano mental. Su característica principal en el ser humano es la actividad y la creatividad.

- ***Satwa-guna:*** Pureza, transparencia. Es la expresión tal cual, sin variaciones ni modificaciones. Similar a una pantalla de cine donde se proyectan películas o a una ventana de cristal por intermedio de la cual se puede ver lo que hay del otro lado. Su expresión se da mayormente en el plano causal. Su característica principal en el ser humano es la ecuanimidad y la fuente del conocimiento (conciencia).

TRES CUERPOS (DEHA o SARIRA)	TRES CARACTERÍSTICAS UNIVERSALES (GUNAS)
CUERPO DENSO (STHULA DEHA)	**TAMO-GUNA** • MATERIA, CREACIÓN • REACCIÓN
CUERPO SUTIL (SÚKSHMA DEHA o LINGA* SARIRA)	**RAYO-GUNA** • ENERGÍA, CREATIVIDAD • ACCIÓN, REFLEJO
CUERPO CAUSAL (KAARANA DEHA)	**SATWA-GUNA** • FUENTE • ECUANIMIDAD, RESONANCIA

Tabla 4: Relación entre las envolturas del ser humano, los gunas y sus características

Nuevamente, la combinación de estas tres características (***gunas***) es lo que subyace y determina todas y cada una de las cosas manifestadas (entiéndase naturaleza), inclusive afectando el comportamiento, los pensamientos y el espíritu de las personas. Mientras que las dos primeras características (***tamo*** y ***rayo gunas***) aportan modificaciones y singularidades, ***satwa-guna*** actúa como una ventana de cristal.

---

* Divino reflejo.

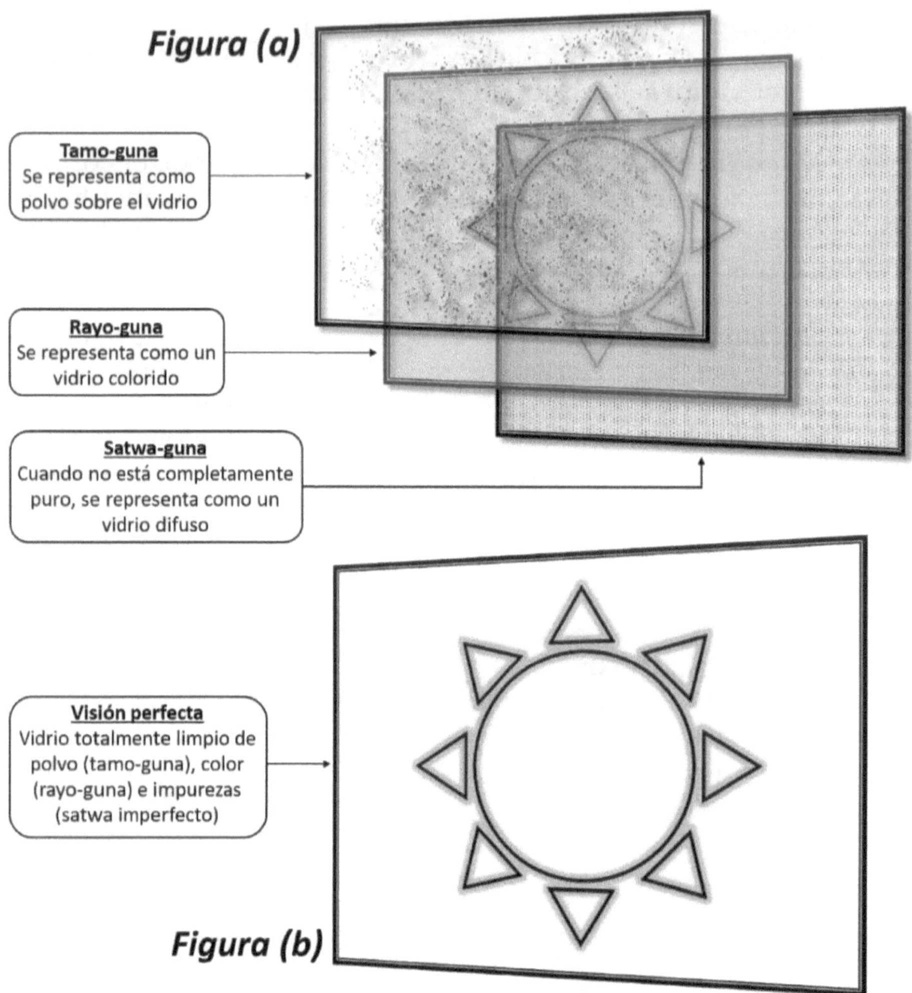

Ilustración 20: Figura (a): Cuando los gunas se encuentran impuros, dificultan la visión y no se puede apreciar con claridad lo que hay del otro lado del vidrio. Figura (b): Cuando se está libre del tamo y rayo gunas y cuando el satwa brilla con todo su esplendor, se puede apreciar con total claridad lo que hay del otro lado del vidrio

Nuevamente, los **gunas tamas** y **rayas** aportan rasgos distintivos y cubren a **satwa**, así como una ventana de cristal es cubierta por polvo y tonalidades de luz. Si la ventana de cristal está libre de suciedad y de colores, reflejará y dejará ver las cosas tal como son. Pero esto no es suficiente: la calidad del cristal también es fundamental. Un cristal que no sea diáfano y/o que posea pequeñas rajaduras, no dejará ver con plena claridad lo que refleja, tampoco lo que hay del "otro lado" del mismo.

El mensaje es claro: así como la ventana de cristal debe estar libre del polvo y la suciedad (**tamas**), del movimiento de la luz y de sus colores (**rayas**), también la calidad del mismo tiene que ser prístino y perfecto (entiéndase del cristal o **satwa**). No basta con estar libre de los dos primeros **gunas**: hay que estar también saturado de un **satwa** puro y excelso. Por esto Bhagawan Sri Sathya Sai Baba inculca permanentemente el **trikaarana-suddhi**[*]; o sea, la perfecta pureza del pensamiento, palabra y acción.

Por medio de esta triple pureza se domina a los **gunas tamas** y **rayas** y prepara el terreno para la saturación en **satwa**. Recordar lo expuesto en párrafos anteriores, concentrarse en un único punto cuyo ideal sea lo más puro y elevado, así se despertarán sus dones e incluso se lo realizará. <u>Sin **trikaarana-suddhi**, sin **satwa**, dicho anhelo morirá antes de haber nacido.</u>

Importancia de la saturación en el satwa-guna

La necesidad de alcanzar al objeto amado (**Ishtadevata**) provoca elevadas vertientes devocionales de saturación de **satwa-guna**. Luego le sigue la sinceridad e intensidad del anhelo por el **Ishtadevata** y posteriormente las primeras e incipientes experiencias de comunión interna tales como gozo, paz, unidad, etc. Pero sobre todo, el elevarse y saturarse de **satwa** y la equivalente transparencia, pureza y *energía radiante espiritual* que esto significa, facilita la concentración en un solo punto (**ekagrata**), o sea, en el objeto anhelado (**Ishtadevata**). Sin dicho anhelo, saturación, pureza y concentración, no se podrá apreciar el reflejo en el "espejo" ni tampoco lo que hay del "otro lado" de la ventana de cristal[†].

Este proceso de concentración que se desarrolla inicialmente en el estado de vigilia (material o físico, consciente), poco a poco y bajo el adiestramiento y expiación de los *factores condicionantes* (impulsos, tendencias e impresiones), dominará también al estado de sueño (sutil, mental astral o de luz, sueño con sueños, subconsciente) y al de sueño profundo (sueño sin sueños, inconsciente). Esto son los peldaños preliminares para lo que se conoce como el "escalar en los estados de conciencia" y

---

[*] Véase el Cap. VII sobre "Dhyana", específicamente el sub-capítulo "Trascender la triple causa que genera karma", pág. 178.
[†] En el Cap. VIII sobre el "Samadhi" se profundizará en esta analogía.

que será profundizado en los próximos capítulos. Saturarse en ***satwa-guna*** (comunión interna o santidad) capacita al practicante para transitar a voluntad por los estados de conciencia, sin necesidad de esperar que la Naturaleza lo faculte para ello.

Normalmente la persona que necesita descansar se recuesta y espera hasta conciliar el sueño; o sea, el cambio de estado de conciencia, de vigilia a sueño, no está bajo su voluntad sino que depende de la Naturaleza; sin embargo, cuando se está saturado de ***satwa-guna***, se puede acceder a distintos estados de conciencia a voluntad. Este acceso a los distintos estados o planos de conciencia a voluntad está directamente relacionado con la calidad e intensidad de la pureza de ***satwa-guna***; o sea, es una especie de *llave maestra* que abre las cerraduras de los planos de conciencia para así poder transitar por cada uno de ellos. A mayor pureza e intensidad de ***satwa-guna***, mayor capacidad para escalar a voluntad en los planos de conciencia.

NIVEL DE CONCIENCIA	ESTADO DE CONCIENCIA	ONDAS CEREBRALES	RANGO DE FRECUENCIA (Hz)	CARACTERÍSTICA
CONCIENCIA	VIGILIA ELEVADA	GAMMA	30 a 100	Muy alertas y concentrados. Alta actividad de grupos neuronales y de procesos cognitivos
	VIGILIA NORMAL	BETA	14 a 29	Sistemas cognitivos listos y prestos
	ENTRE VIGILIA Y SUEÑO	ALPHA	8 a 13	Relajación. La atención está entre lo externo y lo interno
SUBCONSCIENCIA	SUEÑO	THETA	4 a 7	Sueño REM*. Sueño con sueños. Creatividad e intuición
INCONSCIENCIA	SUEÑO PROFUNDO	DELTA	1 a 4	Sueño sin sueños. Reparación. Puerta de acceso a la plenitud de conocimiento
SUPER-CONCIENCIA	CUARTO ESTADO	-	menos de 1	Sin características

Tabla 5: Los estados de conciencia y sus ondas cerebrales

Así como se requiere suficiente voltaje para que un foco se encienda (ilumine), así también se requiere suficiente intensidad (saturación) de ***satwa-guna*** para encenderse (iluminarse) al conocimiento (conciencia).

---

* REM: Por sus siglas en inglés "Rapid Eye Movement". Se refiere al movimiento ocular acelerado que se dá durante el sueño con sueños.

Haciendo una analogía con las ondas cerebrales, mismas que se miden en hercios (Hz) (ver Tabla 5), la saturación de **satwa-guna** se podría medir en intensidad o decibeles (dB).

Relación entre los cuerpos, planos y estados de conciencia

La relación entre los tres cuerpos que componen al ser humano versus los planos y los estados de conciencia es la siguiente:

TRES CUERPOS (DEHA o SARIRA)	PLANOS DE CONCIENCIA	ESTADOS DE CONCIENCIA (AVASTHA)
Vehículo con el cual se transita en un determinado plano de Conciencia	Manifestación de la Conciencia en su segmento específico	Es el plano en el que se encuentra el transitador
CUERPO DENSO (STHULA DEHA)	FÍSICO, MATERIAL (VISWA: UNIVERSO)	DESPIERTO, VIGILIA (YAAGRATH)
CUERPO SUTIL (SÚKSHMA DEHA)	LUZ, CIELO, ASTRAL, SUTIL, MENTAL (TAIYESA)*	SUEÑO (SWAPNA)
CUERPO CAUSAL (KAARANA DEHA)	FUENTE DEL ETERNO CONOCIMIENTO (PRAJÑA)[†]	SUEÑO PROFUNDO (SUSHUPTI)
CUERPO SUPRA-CAUSAL** (MAHA KAARANA DEHA)	SUPRA-CAUSAL (HIRANYAGARBHA)[‡]	CUARTO ESTADO (TURIYA)

Tabla 6: *Relación entre los cuerpos, planos y estados de conciencia*

Similar a las envolturas del ser humano, cada plano tiene como su causa al anterior. De esta manera, el plano físico se encuentra contenido en lo sutil, lo sutil en lo causal, y lo causal en el supra-causal o super-conciencia que es la fuente matriz. Este último plano es la base fundamental de todo lo demás.

---

* *Taiyesa*: Del sánscrito *"teyas"* que significa luz. En contexto, se refiere a que dicho plano es Luz.

** El ser humano está compuesto por tres cuerpos: físico, sutil y causal. El cuerpo Supra-Causal o Super-Conciencia (no debería ser llamado cuerpo, pero se lo hace así para fines didácticos) es "cósmico", siendo origen de todo lo manifestado y estando más allá de esto (ver Ilustración 19).

[†] *Prajña*: Del sánscrito *pra*: anterior y *jña*: conocimiento. Se refiere a que es fuente del conocimiento.

[‡] *Hiranyagarbha*: Del sánscrito *hiranya* que significa oro y *garbha* matriz. Se refiere a que es la Dorada Matriz, la Manifestación Cósmica Primordial.

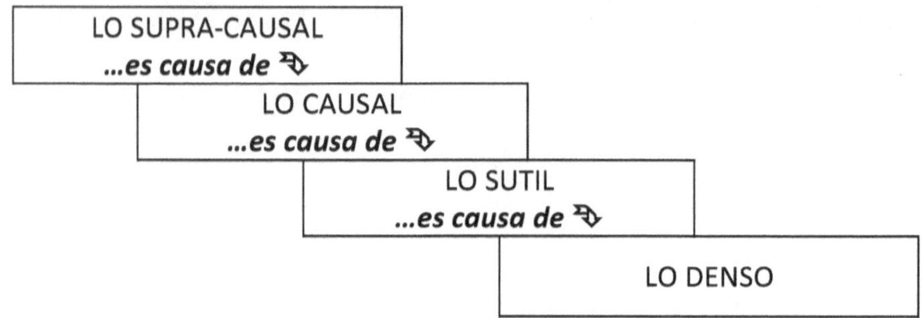

Ilustración 21: Los planos de conciencia, donde el anterior es causa del posterior

Notar que se ha incluido un cuarto plano denominado supra-causal[*]. La razón para hacerlo ahora y no antes es que realmente no es un estado sino que es la base o sustancia que subyace a todo lo demás. Sin esta no existe causa para lo demás, pero al mismo tiempo está más allá de cualquier característica, nombre o forma[**].

Aquí la relación causa-efecto adquiere una connotación universal puesto que así se explica y se entienden muchas circunstancias y sucesos que aparentemente, para el ojo no entrenado, no tiene lógica alguna y lo vincula más al azar del "destino". El siguiente aforismo revela más detalles:

La calidad de nuestros sentimientos,
determina la calidad de nuestros pensamientos;
la calidad de nuestros pensamientos,
determina la calidad de nuestra vida.

La importancia de conocer las envolturas, los planos y los estados de conciencia

Este capítulo está dedicado enteramente a la concentración (**dharana**) y para esto no sólo se hace fundamental brindar claridad sobre la organización y expresión de la conciencia sino también profundizar aún más en el método y

---

[*] Supra-causal es otro nombre para la Super-Conciencia.
[**] Véase la Ilustración 29.

funcionamiento del **Ashtanga-Yoga**, ya que el orden en que fueron concebidos sus ocho pasos precisamente guarda directa relación a lo explicado con anterioridad.

Como se mencionó en el capítulo introductorio, para una mejor comprensión de los ocho pasos del **Ashtanga-Yoga**, estos han sido segmentados en tres partes*: externa, intermedia e interna.

La parte interna del **Ashtanga-Yoga**, es decir, concentración (**dharana**), meditación (**dhyana**) y bienaventuranza (**samadhi**), mismos que son los pasos 6to, 7to y 8vo respectivamente, están directamente relacionados con los estados de conciencia (**avastha**). Es así que:

- La técnica del **dharana** da como resultado el dominio sobre **yaagrath** (estado de vigilia).
- La técnica del **dhyana** da como resultado el dominio sobre **swapna** (estado de sueño).
- La técnica del **samadhi** da como resultado el dominio sobre **sushupti** (estado de sueño profundo).

"Dominio sobre el estado" quiere decir no solo tener control sobre el mismo, sino también trascenderlo. Esto es muy importante. El término "trascender" viene del latín *transcendere* que significa "subir de un sitio otro". En otras palabras, trascender es escalar, es una llave que nos permite acceder al siguiente nivel. Por lo tanto:

- Cuando dominamos el estado de conciencia de la vigilia (plano físico), accedemos también al estado de conciencia del sueño.
- Cuando dominamos el estado del sueño (plano sutil), accedemos también al estado de conciencia del sueño profundo.
- Cuando dominamos el estado del sueño profundo (plano causal), accedemos también al estado de super-conciencia (plano supra-causal) o fuente eterna conciente (**Paramatma**, **Tatwa**, **Akshara Purusha**, **Brahman**, Dios, el Imperecedero).

---

* Parte externa: *yama* y *niyama*; parte intermedia: *asana*, *pranayama* y *pratyahara* y parte interna: *dharana*, *dhyana* y *samadhi*.

Por ende, no se trata de controlar algo fuera de nuestro alcance, sino más bien ejercer pleno dominio sobre nosotros mismos. Dejar de ser esclavos para pasar a ser reyes. A esto se le llama auto-control (***thithiksha***)*:

- ***Yama*** y ***Niyama*:** Están dirigidos hacia el autocontrol sobre lo efímero y terrenal (parte externa).
- ***Asana***, ***Pranayama*** y ***Prathyahara*:** Están dirigidos hacia el autocontrol que nos conduce desde lo efímero y nos prepara para lo permanente (parte intermedia).
- ***Dharana***, ***Dhyana*** y ***Samadhi*:** Están dirigidos hacia el autocontrol trascendental que nos revela lo eterno, permanente y verdadero (parte interna).

Aquel que se domina a sí mismo y trasciende la individualidad, no sólo que es apto para escalar al más alto cielo sino que este ascenso será exitoso, ligero y natural.

Concentración en un solo punto (ekagrata)

¿Qué se quiere decir con "concentrarse en un solo punto"? Se refiere a "concentrarse en un solo objeto o idea". Si dicho objeto es material, despertará codicia. Si dicho objeto es de carácter competitivo, despertará gran entusiasmo y actividad. Si dicho objeto es pasional, despertará lujuria. Así, la lupa de la concentración en un solo punto quema (despierta) aquello que está apuntando alcanzar.

Si el anhelo del practicante es trascendental, deberá definir primero, desde un corazón puro y sincero, a su ***Ishtadevatha***, su ideal sagrado y anhelado, que represente dicha naturaleza. De aquí en adelante, deberá establecerse y concentrarse exclusivamente en Él (en un solo punto). Por lo tanto, espiritualmente hablando, no basta con adoptar una adecuada postura y actitud, sino que se hace necesario tener una depurada discriminación para acertar y aceptar al ideal espiritual o ***Ishtadevatha***.

---

* En el Bhagavad-Guita, el Señor Krishna le explica a Arjuna que *thithiksha* (auto-control) no es lo mismo que *sahana* (paciencia). Esta última significa soportar algo porque no hay otra opción, mientras que el primero es tolerar con ecuanimidad y paz interna, sin necesidad de reaccionar, estando libre de ansiedad y lamento. Esto también lo explica el sabio Shankaracharya en el aforismo 24 del famoso texto "Viveka Chudamani"[15].

Dios con atributos y Dios sin atributos

Este ***Ishtadevatha*** (ideal espiritual, Divino anhelo) puede ser de dos clases: ***Saguna-Brahman*** (Dios con atributos) y ***Nirguna-Brahman*** (Dios sin atributos). A continuación se profundiza en cada uno de ellos:

- **Dios con atributos (*Saguna-Brahman*):** Con atributos se refiere a aquel objeto de anhelo o ***Ishtadevata*** provisto de una o más características: nombre, forma, esplendor espiritual*, etc. Por ejemplo, para un cristiano, el ideal de adoración por el cual se va a concentrar en un solo punto (entiéndase exclusivamente) será Cristo; para un budista será Buda, para un ***vaishnava***† será Sri Krishna, etc. Para un mahometano será Alá (aquí a Dios le atribuyen nombre, pero no forma). Por lo general, lo emplean quienes siguen el camino o sendero espiritual con actitud de servicio (***karma-yoga***) y de devoción (***bhakti-yoga***), pues su ferviente voluntad es rendirse y amar a aquel principio Divino que persiguen.

- **Dios sin atributos (*Nirguna-Brahman*):** Sin atributos se refiere a aquel objeto de anhelo o ***Ishtadevata*** desprovisto de características: sin nombre y sin forma, aunque siempre el esplendor espiritual permanece, pues esa es la naturaleza de lo anhelado, el cual se expresa en cada sujeto anhelante o adorador. Es como una flor fragante que puede no verse (sin forma) ni conocerse (sin nombre), pero su perfume (significado) es implícita a sí misma, se revela, expresa, satura e impregna todo. En este caso del ***nirguna***, la concentración en un solo punto puede realizarse en el cuerpo físico, a esto se le llama ***bhoutika-bhakti*** (ej.: en la punta de la nariz o ***nasikagra***; en la

---

* Lo que significa, lo que entrega y lo que atrae, más conocido como *sathyam* (verdad), s*hivam* (bondad o misericordia), s*undaram* (belleza) respectivamente. Aunque el esplendor espiritual aparenta ser algo distinto o separado del individuo, realmente es una expresión desde la divinidad inherente de cada uno, pues aquel ideal u objeto de adoración inspira y revela en el sujeto adorador aquello mismo que representa, per se, el esplendor espiritual es una expresión de la propia divinidad y no del ideal u objeto de adoración.

† Seguidor de *Vishnu*, quien representa a la segunda persona de la Trinidad Hindú, encargada de sostener a toda la manifestación cósmica o naturaleza.

llama de una vela*); en el cuerpo sutil o **ekaantha-bhakti** (ej.: el divino anhelo por Aquel a quien se adora, es trascender del "yo" individual hacia el "Yo" universal. También puede realizarse otros procesos como en los centros energéticos o **chakras**); en el cuerpo causal o **ananya-bhakti** (ej.: en el absoluto, que siendo la Divina Conciencia Universal fuente de todo, al mismo tiempo no tiene característica alguna). Por lo general lo emplean quienes siguen el sendero espiritual con actitud de conocimiento (**jñana-yoga**) pues su anhelo es alcanzar la fuente original, aquella de la que surgió todo.

Paso a paso

Todos los pasos anteriores del **Ashtanga-Yoga** actúan como bases cimientes para los posteriores. Desde **yama** (autocontrol), pasando por **niyama** (purificación interna y externa), **asana** (postura), **pranayama** (control sobre la energía vital) y **pratyahara** (desapego de los sentidos), todos deben ponerse en práctica con plena conciencia y motivación de lo que se anhela alcanzar. No debe descuidarse ningún paso. Si se lleva a cabo de esta manera, con humildad y disciplina, el éxito llegará antes de lo imaginado, aunque incluso este anhelo debe ser trascendido, pues sólo debe permanecer el anhelo equilibrado y perfecto de amar por el simple hecho de amar (**samadhi**).

Nuevamente, el **Ashtanga-Yoga** es una ciencia, porque quienquiera que de manera ordenada y sistemática ponga en práctica esta disciplina, con sincero entusiasmo e intensidad, seguramente alcanzará el éxito. Por ende, para poder continuar al siguiente paso dentro del método científico-espiritual del **Ashtanga-Yoga** que es el **dhyana** (meditación) se hace necesario un perfecto **dharana** (concentración). De aquí deriva y estriba la importancia de esta sexta técnica.

En este 6to paso denominado **dharana**, la experiencia sigue siendo física, o sea, vivimos en la conciencia del cuerpo, por ende, mortales. Como se menciona en la Biblia, aun somos hijos del hombre.

---

* Técnica ancestral de India denominada "Jyotir-Dhyana" (Meditación en la Luz) y que ha sido rescatada, revalorizada, reintroducida y repotenciada por Sri Purna-Avatar Bhagawan Sri Sathya Sai Baba.

"Que tu mano apoye al hombre que hace tus obras,
al hijo del hombre que has hecho fuerte para ti"

Salmos 80:17

El "Hijo del Hombre" en el Antiguo Testamento se refiere al género humano, mientras que en el Nuevo Testamento, Jesús se designa a sí mismo como tal pero también como el Mesías; por lo que, el Hijo del Hombre se refiere en primer término a toda la raza humana (lo terrenal) que, más temprano que tarde, se elevará en segundo término hacia el sagrado estado de "Hijo de Dios" y luego al del "Uno con el Padre" (lo espiritual), tal como el Señor Jesucristo lo demostró con su ejemplo de vida y sacrificio.

"Porque el Hijo del Hombre vino a buscar
y a salvar lo que se había perdido"

Lucas 19:10

"Y también le dio autoridad de hacer juicio,
por cuanto es el Hijo del Hombre"

Juan 5:27

Con **dharana** se inicia la sección de estudio del **Ashtanga-Yoga** denominado **antharanga sadhana**†, mismo que está dirigida al dominio o auto-control de la parte interna. Esta sección también incluye a los siguientes dos capítulos denominados **dhyana** y **samadhi**.

"Yo estoy en la Luz" significa estar rodeado de luz. La luz representa lo puro y sagrado, Dios. Es **Brahma** (aspecto de Dios como creador) pues para estar rodeado por algo primero tiene que existir. En este paso, propóngase como meta realizar este enunciado.

---

† Significa "ayudas internas en la práctica espiritual". Se refiere a los últimos tres pasos en el Ashtanga-Yoga: *dharana, dhyana* y *samadhi*.

Foto 6: El autor y sus hermanos. De izquierda a derecha: Wisam, Hanny y Bassam (circa 1983)

CAPÍTULO VII: DHYANA

Sobre la meditación

"La Luz está en mí"

<u>Aforismo de Maharishi Patányali, 3:2</u>

तत्र प्रत्ययैकतानता ध्यानम् ॥ २ ॥
Tatra pratyayaikatanata dhyanam

Un flujo ininterrumpido de conocimiento hacia ese objeto es **dhyana** [1].

<u>Comentario de Swami Vivekananda</u>

La mente trata de pensar en un objeto, de mantenerse en un lugar en particular, como en la parte superior de la cabeza, en el corazón, etc., y si la mente tiene éxito en recibir las sensaciones únicamente de esa parte del cuerpo, y por ninguna otra, eso sería **dharana** *(concentración), y cuando la mente logra mantenerse en dicho estado durante algún tiempo, eso es* **dhyana** *(meditación)* [1].

<u>Palabras de Bhagawan Sri Sathya Sai Baba</u>

*[**Dhyana**] es también de una sola clase. Ya sea con forma (**sakara**) o sin forma (**nirakara**), si es concentrada y sin ninguna desviación, merece ser llamado* **dhyana** *(meditación)* [8].

*El conocimiento (**jñana**) que fluye en una sola dirección es meditación (**dhyana**). Ya he descrito previamente sus características en artículos previos*.* **Dhyana**, *en pocas palabras, es el morar ininterrumpidamente de la conciencia en sabiduría; la conciencia como tal se transforma en la encarnación de la*

---

* Serie de mensajes escritos por Bhagawan Sri Sathya Sai Baba entre 1959 y 1960, publicados en la revista "Sanathana Sarathi", mismos que luego fueron compilados en un solo texto bajo el el mismo título "Dhyana Vahini".

*sabiduría. Todo esto es **Brahman**. El océano de néctar (**amritha**) es néctar en todas partes. El agua es agua ya sea en el pozo, en el tanque, en el río o en el océano. Análogamente, cuando todo es **Brahman**, todo es la misma esencia apareciendo bajo múltiples nombres y formas. El espacio (**akasha**) está presente tanto adentro como afuera de la vasija, a pesar de que parece haber dos tipos de espacio: el interior y el exterior.*

*Dios también, aunque aparezca como varios cuerpos con sus propias características individuales, es uno y sólo uno. Así, el espacio dentro y fuera de la vasija es uno y el mismo. Experimentar solo a aquel único **Brahman**, evitando todo tipo de sentimientos de diferencia y singularidad, es el signo de la meditación en la Divinidad, es la esencia de la meditación en la experiencia Divina, por mucho que los individuos puedan variar entre sí [5].*

*El espacio para la meditación deberá estar ligeramente elevado del piso, aproximadamente de una a dos pulgadas. Sobre él, ponga una estera o tapete de paja (tipo **dharbha** que crece en India) y encima de esta, una piel de venado, cubriéndola, finalmente, con una tela blanca y delgada. Ahí deberá uno sentarse en la postura de loto (**padmasana**). El pie derecho deberá descansar sobre el muslo izquierdo y el pie izquierdo sobre el muslo derecho. Las manos deberán estar al frente y los dedos juntos. Los ojos, entreabiertos o totalmente cerrados.*

*Luego, por medio de un masaje mental, se deberán relajar el cuello, los hombros, las manos, el pecho, los dientes, el estómago, los dedos, la espalda, los muslos, las rodillas, las pantorrillas y los pies. Después de esto, uno deberá meditar en el nombre y forma de su predilección, agregando el **Om**. Mientras hacemos esto, la mente no debe divagar, debe estar firme y quieta. No se deberá permitir que interfiera ningún pensamiento de eventos pasados, ni rastros de ira o de odio, ni ningún recuerdo doloroso. Aun cuando esto suceda, no se los deberá tomar en consideración y, para contrarrestarlos, deberemos ocuparnos en pensamientos que alimenten el entusiasmo por la práctica. Por supuesto, al principio parecerá difícil.*

*El mejor momento para la práctica de la meditación son las horas silenciosas del amanecer entre las tres y cinco am (**Brahma-muhurta**). Uno puede despertarse, digamos, a las cuatro. Antes que nada, y esto es muy importante, debemos dominar el sueño. Para mantener siempre el mismo horario, debemos poner el* *despertador a las cuatro de la mañana y levantarnos. Si el sueño continúa perturbándonos, sus efectos pueden ser superados por medio de un baño de agua fría. No es que el baño sea esencial para este propósito, solamente lo es cuando el sueño es muy difícil de controlar. Si seguimos el camino de la meditación (**dhyanam**) de esta forma rigurosa, podremos hacernos sin pérdida de tiempo merecedores de la gracia del Señor* [2].

*La meditación en estos días está a menudo confinada al cuarto de adoración. Tan pronto como salen del santuario, están llenos de agitaciones mentales. De aquí que se ha declarado: "**sathatham yoginah**" (establézcanse en el yoga todo el tiempo). Esto no significa el abandonar todos los asuntos mundanos. Sigan con sus estudios. Cumplan con sus deberes. Pero en todas estas actividades, usen su poder del **dharana**. En el proceso, desarrollarán sus poderes de **dhyana**.*

*__Dhyana__ significa la contemplación fija en un punto. Inclusive en el diario vivir, cuando uno está de un humor reflexivo, le preguntan: "¿Cuál es el **dhyana** que estás haciendo?". **Dhyana** significa absorción del pensamiento. Debe estar centrado en un solo objeto específico, lo cual en lenguaje vedántico se llama **saalokyam**, que significa concentrar su pensamiento en lo que ustedes deseen, cualquiera sea el objeto o el sujeto. Si es una persona, su pensamiento estará centrado en esa persona. "**Saa**" comprende cada aspecto de la Divinidad. **Saalokya** significa absorción en pensamientos de la Divinidad.*

*A través de **dhyana** ustedes deben alcanzar el sentido de unión con la Divinidad. Los varios tipos de meditación practicados hoy en día se concentran en lo trivial. No puede realizarse la Divinidad a través de estos métodos. El primer requisito es el control de los vagabundeos de la mente. Sólo entonces puede la meditación ser efectiva* [12].

*__Ekaantha-Bhakthi__ es un estado sutil que se adquiere con el control efectivo de la mente y experimentando nuestro propio ser interno (**Anthara-Atma**). No es correcto pensar que el control de la mente significa sostenerla firmemente sin vagabundeos. El correcto significado de **ekaantha** es la capacidad de limpiar la mente de pensamientos impuros.*

*Este es un **sadhana** (disciplina espiritual) que ha de ser practicado en una atmósfera aislada, en un lugar tranquilo, libre* *de ruido y disturbios de cualquier clase. El mejor momento para esta práctica es de tres a cinco de la mañana, la hora o período llamado **Brahma-muhurta**. Al haber seleccionado una hora particular durante este período, cerrando la puerta, sin estar con nadie más, sentarse, permanecer quietos y ajustar el ritmo de inhalación y exhalación. Es importante que el ritmo al inhalar y exhalar sea el mismo. Con la práctica gradual, el número de respiraciones por minuto debe reducirse de diez u ocho a una o dos.*

*Pueden tomarse su propio tiempo; avancen gradualmente en el proceso de reducción del número de inhalaciones y exhalaciones. Debido al flujo de pensamientos en la mente (**sankalpa** y **vikalpa**: resoluciones y dudas mentales), la respiración también se ve afectada y perturbada* [19].

*La vida del hombre adquiere un nuevo esplendor cuando él visualiza y realiza la bienaventuranza, cuando se hace consciente de la Suprema Realidad (**Sat-Chit-Ananda**) a través de su mente y su inteligencia, purificadas y transformadas por medio de la meditación.*

El sabor de la fruta no se hace evidente hasta que no la terminamos; así también, cuando el hombre descubre el sabor de la meditación, elimina toda duda y discusión al respecto, y se dedicará totalmente a ella. Por lo tanto, empiecen cada uno de ustedes a practicar desde hoy mismo; no, mejor ¡desde este mismo instante!

***Dhyana** se debe practicar con entusiasmo, con absoluta fe y cuidado, ajustándose estrictamente a las disciplinas establecidas. Si así se hace, no sólo nos dará toda la felicidad y la victoria, sino también la visión del Señor. Esto está interrelacionado con la ciencia del **vedanta** y también con la ciencia de la naturaleza, las que difieren sólo en un aspecto. Los estudiantes de la naturaleza están inmersos en los objetos de la vida; mientras que los de **vedanta** lo están en la verdad fundamental de la vida; el hombre está atado a ambas. La naturaleza se relaciona con los objetos sensoriales o deseos mundanos; y **vedanta** con la forma Divina.*

*Si el hombre desea transformar su vida tanto exterior como interiormen una vida de esplendor, **dhyana** es el mejor **sadhana** (disciplina espiritual) que puede adoptar* [2].

Testimonio del autor

Se conoce como meditación (***dhyana***) a establecerse en una perfecta y constante concentración (***dharana***) sobre aquello que se ama y anhela, sin desviación ninguna. El capítulo anterior se centró en el ***dharana***, y en el mismo se usó la analogía de una lupa en donde su haz de luz, fijado en un solo lugar, quema aquello que apunta (lo que se anhela) obteniendo así su esencia (lo que el objeto entrega, su significado, características). Si el objeto (la meta) es puro y espiritual, entonces el practicante será saturado de ***satwa-guna***. También se mencionó que las personas que se saturan con ***tamo-guna***, ***rayo-guna*** o con una combinación incluso con ***satwa-guna***, no podrán escalar en los estados de conciencia hasta el más alto cielo; o dicho de otro modo, revelar la Real[*] identidad latente en cada individuo. Para esto último que corresponde a la meta más elevada, es condición *sine qua non* saturarse de un inmaculado ***satwa-guna***.

El escalar de los estados de conciencia

Por medio del ***dharana*** se establece el peldaño inicial para *el escalar de los estados de conciencia*. Gracias a una disciplina sincera y constante se reconquistan los territorios (entiéndase estados de conciencia) que fueron perdidos bajo el control de la mente y los sentidos; es decir, ahora el "Yo" (con mayúscula) es el que gobierna, con sabiduría y bondad. El primer territorio recuperado es el estado de vigilia (***yaagrath***); luego, haciendo uso de este, se rescata el segundo territorio, el estado de sueño (***swapna***); después, basándose en el anterior, se redime el estado de sueño profundo (***sushupti***). Cada uno de los territorios nombrados son las terrazas a escalar en la conciencia para alcanzar la cima de la plenitud espiritual y se conquistan, respectivamente, con las técnicas de ***dharana***, ***dhyana*** y ***samadhi***[†]. Por ello el uso de la frase *el escalar de los estados de conciencia*.

---

[*] En este contexto, el término "Real" aplica tanto para la alta jerarquía (realeza) como para lo plenamente verdadero. La primera porque el *Atma* es Divino, es lo más alto, por lo tanto, es de la realeza. La segunda, se refiera al verdadero "Yo", el que siempre está presente, en cualquier estado de conciencia, en cualquier lugar, en cualquier momento, y también más allá de todos estos.

[†] Se refiere a la sección interna del Ashtanga-Yoga. Léase el Cap. "INTRODUCCIÓN", pág. 271.

COMPOSICIÓN DE LOS CUERPOS	TRES CUERPOS (DEHA o SARIRA)	ESTADOS DE CONCIENCIA (AVASTHA)	NIVELES DE CONCIENCIA
Atributos del vehículo	Vehículo con el cual se transita en un determinado plano de Conciencia	Es el plano en el que se encuentra el sujeto transitador	Acceso al conocimiento en su segmento específico
25 ATRIBUTOS[†] 5 órganos de la acción + 5 aires vitales + 5 elementos sutiles + 5 sentidos percepción + 5 sentidos internos	CUERPO DENSO (STHULA DEHA)	DESPIERTO, VIGILIA (YAAGRATH)	CONCIENCIA
17 ATRIBUTOS 5 aires vitales + 5 elementos sutiles + 5 sentidos percepción + 2 sentidos internos (mente e inteligencia)	CUERPO SUTIL (SÚKSHMA DEHA)	SUEÑO CON SUEÑOS (SWAPNA)	SUBCONCIENCIA
1 ATRIBUTO Fuente de la Conciencia manifestada	CUERPO CAUSAL (KAARANA DEHA)	SUEÑO SIN SUEÑOS (SUSHUPTI)	INCONCIENCIA
SIN ATRIBUTOS* SUPER-CONCIENCIA, PARAMATMA, AUTO-CONCIENCIA NO MANIFESTADA, BRAHMAN, DIOS	CUERPO SUPRA-CAUSAL (MAHA KAARANA DEHA)*	CUARTO ESTADO (TURIYA)*	SUPER-CONCIENCIA*

Tabla 7: Composición de los cuerpos y sus atributos en los distintos estados de conciencia

Esta obra hace referencia reiteradamente a la "hoja de ruta" para alcanzar la plenitud o los dones con los que el ser humano ha nacido. En este sentido, el viaje ascendente en los planos de conciencia obliga a aligerar la carga. La Tabla 7 detalla cuantos atributos posee el sujeto o experimentador en función de su estado de conciencia. El equipamiento con atributos o características (carga) con las que el ser humano encarna, van paulatinamente siendo descartados a medida que se va elevando en el sagrado proceso del escalar en la conciencia. Mientras menos atributos cargue consigo el "pasajero" (**sadhaka**), más sublime y sutil será su ascenso espiritual.

---

* Es base y sustento de los demás.

[†] 5 sentidos de la acción (*karmendriyas*): órganos vocales, extremidades superiores, extremidades inferiores, órganos reproductivos y órganos excretorios + 5 aires vitales (*pancha pranas*): *samana* (balance), *vyana* (circulatorio), *udana* (movimiento ascendente), *prana* (aliento vital) y *apana* (movimiento descendente) + 5 elementos sutiles (*tanmatras*): *shabda* (sonido), *sparsa* (tacto), *rupa* (forma), *rasa* (gusto) y gandha (olfato) + 5 sentidos de la percepción (*janendriyas*): *srotra* (oido), *tvak* (piel), *cakshus* (ojo), *rasanaa* (lengua) y *ghraana* (nariz) + 5 sentidos internos (*anthakaarana*): *jñatha* (conocedor), *manas* (mente), *buddhi* (intelecto), *ahamkara* (ego) y *chitta* (consciente, memoria).

La meditación y las vasijas de aceite

Los *Upanishads*‡ sugieren la siguiente analogía: así como una vasija de aceite vierte su líquido a otra inmediatamente inferior de manera constante y permanente, así debe ser el proceso meditativo.

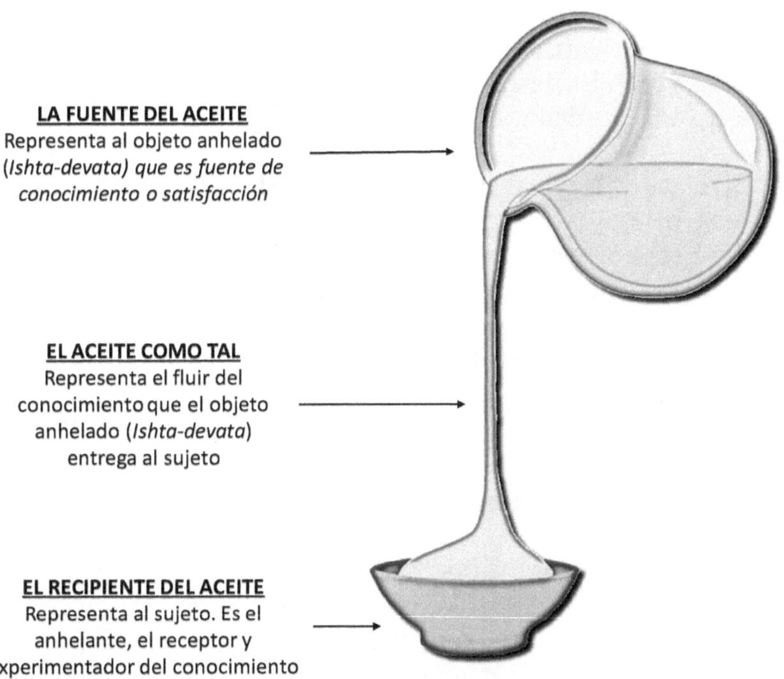

Ilustración 22: La meditación (dhyana) es el fluir constante y estable de la Gracia Divina (conocimiento) que entrega el Ishtadevata (objeto) al buscador trascendental (sujeto)

La vasija superior representa a Dios, el **Ishtadevata**, misma que es la meta y objeto Divino de adoración, lo anhelado y fuente inagotable que todo lo satisface. La vasija inferior representa al sujeto, quien anhela a Dios. El aceite es la Gracia Divina, el ser conscientes de su significado, es la sagrada sabiduría de Dios que fluye como entendimiento consciente para su devoto y que al ser comprendido se convierte en una dinámica sagrada permanente del amado-amante. Ahora, la meditación es la concentración imperturbable y constante sobre este flujo de Gracia Divina.

---

‡ Textos sagrados de India. La Naturaleza es como la leche, los Vedas son la crema que se obtiene de dicha leche y los Upanishads son la mantequilla que deriva de los Vedas. Por ello, a los Upanishads se lo considera la esencia de las enseñanzas védicas.

Relación sujeto-objeto

Aunque a los estímulos se los ha categorizado en externos e internos, realmente ambos son externos pues son susceptibles de ser observados; o sea, son objetos. Así como un libro puede ser *visto* (estímulo físico), así también un pensamiento puede ser *observado* (estímulo sutil) y una experiencia puede ser *contemplada* (estímulo más allá de lo sutil). Estas tres situaciones son *objetos* y es el mismo testigo quien los observa. Lo interno se refiere a quien observa, el sujeto o individuo.

Otra perspectiva que se puede dar a la relación sujeto-objeto es que la conciencia (el testigo) es incambiable e inmodificable mientras que el estímulo (el objeto, lo externo) está de modo permanente sujeto al cambio y modificación. En este contexto, o sea, el de la manifestación de la Sagrada Conciencia Única e Imperecedera, la relación sujeto-objeto explica con absoluta claridad lo que es interno (conciencia) y lo que es externo (estímulo).

La Conciencia es eternidad

¿Por qué se dice que la Conciencia es incambiable y por ende permanente? A través de una introspección y auto-indagación adecuada se realizan tres aspectos claves sobre la Conciencia que da despertar al individuo:

- **Sin causa:** es siempre pura e inalterable, no es afectada por situación o modificación alguna a la que se encuentra expuesto el ser humano o cualquier ser manifestado de la naturaleza; por lo tanto, es eterna, no tiene nacimiento ni muerte.
- **Siempre presente:** se encuentra en todo y en todos. Unifica y también expande sin límites, lo permea todo; por lo tanto, está más allá del espacio.
- **Más allá del tiempo:** es la base y sustento de los tres estados de conciencia, ya sea en el estado de vigilia (consciente), en el sueño (subconsciente) y en el sueño profundo (inconsciente). Los estados de conciencia se hacen presentes en la dimensión del tiempo. La Conciencia (Super-Conciencia) es fuente de lo anterior; por ende, sólo aquello que domina al tiempo puede ser atemporal.

Nuevamente, el sujeto (conciencia individual) es el observador, es lo interno y eterno mientras que el objeto (estímulo) es lo observado, es lo externo y efímero. La Conciencia está más allá de la dimensión manifiesta causa-espacio-tiempo por ello se la conoce también como **Sat-Chit-Ananda**, a saber, **Sat**: es el Ser (eterna, sin causa) – **Chit**: es la Conciencia (siempre presente) – **Ananda**: es la Bienaventuranza (más allá del tiempo).

Triputhi: la triada del objeto, significado y sujeto

"Vayan, pues, y hagan discípulos de todas las naciones, bautizándolos en el nombre del Padre y del Hijo y del Espíritu Santo"

Mateo 28, 19

Todo aquello susceptible de ser observado, sea material o inmaterial, involucra a los siguientes tres aspectos: sujeto, predicado y objeto, mismos que corresponden respectivamente al observador, el mensaje que esta dinámica acarrea y lo observado. En el idioma sánscrito a estos tres elementos se los denomina **triputhi**.

En toda situación y experiencia que vivamos, siempre participarán los mismos tres integrantes. A continuación se analizará cada uno de ellos. Dada la finalidad del presente tratado, el objeto principal de anhelo y estudio es Dios, por lo que la siguiente exposición se la realizará dentro de este sagrado contexto:

1. **El objeto (*jñeyam*):** Representa lo que se busca conocer. Es la meta, pensamiento, deseo o anhelo que se busca alcanzar. Todo pensamiento o idea (objeto) tiene su sustento en la Conciencia Universal. Este objeto es lo que se observa primero. Dicho objeto proviene del Gran Ser Universal (**Virat-Purusha**) y este último se sustenta (es un reflejo) en la Conciencia Suprema (El Padre). Luego, gracias al significado (*jñaanam*) que entrega y a la dinámica que genera con el sujeto (*jñaatha*) es que se trasciende la representación (Gran Ser Universal) y se alcanza la unidad con la Conciencia Suprema (Dios). Así las cosas, el padre se relaciona con la progenie

(***prayapati***), pues es en la descendencia (el sujeto) donde el progenitor (el objeto que representa al Ser Supremo), fruto del homenaje y del recuerdo (el significado), se eterniza (se alcanza la Unidad Suprema). Es el Padre.

2. **El significado (*jñaanam*):** Es el conocimiento reflejo revelado desde la Conciencia Suprema, pues es esta la Fuente de toda Luz de Vida, el Espíritu Santo. El Espíritu Santo también es palabra, pues la palabra es vida, Sabiduría Sagrada en movimiento, que lo satura y permea todo. Dice la sagrada escritura de la Biblia que "el Verbo se hizo carne"[*], lo que representa y se conoce como Naturaleza (***Prakriti***). Corresponde al puente intermedio que comunica al sujeto con el objeto y su dinámica, mismo que entrega conocimiento (significado). Es también celestial, pues esa es Su morada. También vinculada con los ancestros o antepasados (***manes***), pues en las vivencias previas (la herencia del saber) es que se construye la memoria histórica, el conocimiento del ahora, lo que somos. Es el Espíritu Santo.

3. **El sujeto (*jñaatha*):** Representa al conocedor, quien observa, discierne y busca entender al objeto. Es el ***yivatma***, el reflejo o la individualización de la Conciencia Pura y Eterna: el Hijo. Así pues, el Hijo se expresa como acción (***kriya-shakti***), pues para conocer algo se necesita voluntad, misma que proviene del Padre. Esto aclara nítidamente la íntima relación sujeto-objeto[†]. Es el Hijo.

Si centramos la atención en estos tres aspectos señalados, sus términos en sánscrito comienzan etimológicamente con el término ***jña*** que denota conocimiento; o sea, el sujeto, objeto y significado son siempre conocimiento, pues la Conciencia Suprema, que es la fuente primaria de todo, en sí misma es puro conocimiento. Podemos decir, sin duda ninguna, que Conciencia y Conocimiento son uno y lo mismo, pues solo se tiene conciencia de aquello que se conoce y solo se conoce aquello de lo que se tiene conciencia.

---

[*] Juan 1:14.

[†] Al principio sólo estaba Dios, y Su voluntad fue amarse (*Icha-shakti*) y emergió la Auto-Conciencia. Es gracias a este poder *Icha-shakti* que emergió la existencia consciente.

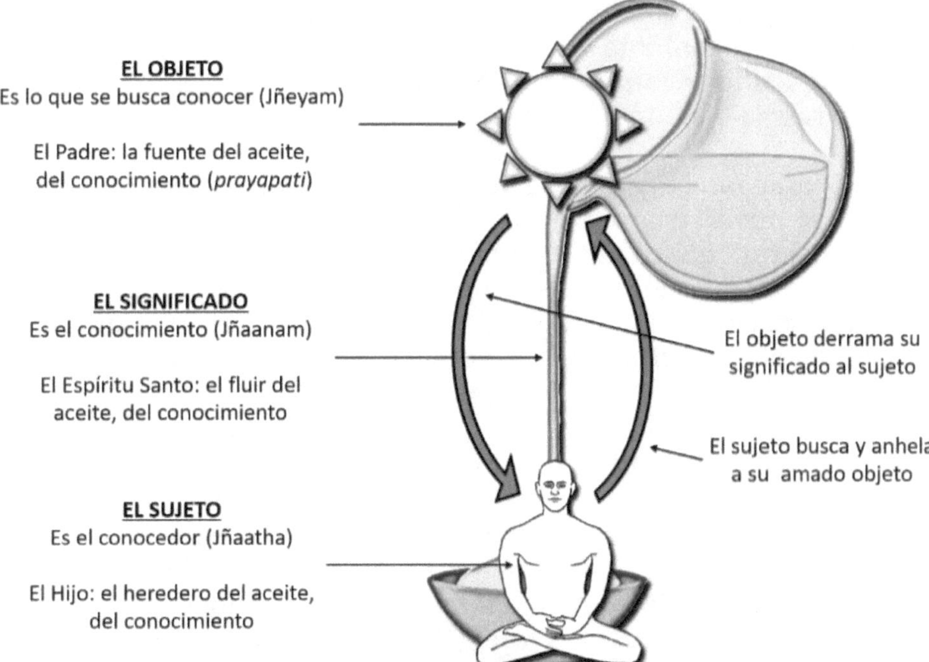

Ilustración 23: Dinámica del Triputi. La triada del sujeto, significado y objeto

En este proceso de volver a recordar quienes somos, se debe tener un único pensamiento y anhelo sagrado, un único objeto de adoración, el ***Ishtadevata***, mismo que representa al Padre. Podemos asignarle el nombre o la forma de nuestra preferencia o incluso trascender aquellos, pero aquel pensamiento seguirá siendo un objeto. En párrafos anteriores se mencionó que, al concentrarnos en un objeto específico, adquirimos sus características; en otras palabras, nos alimentamos de él.

Por ello, la dinámica sujeto-objeto (en este contexto de estudio corresponde a la dinámica Hijo-Padre) revela el significado (conocimiento) de la Suprema Realidad. Así, estableciéndose en esta comprensión, se supera la dualidad, resplandece la Divinidad y se alcanza la Unidad de Conciencia. La voluntad viene del Padre, Su significado es el Espíritu Santo que permea y sostiene a la naturaleza y quien Lo escudriña es el Hijo. El Hijo es lo que es por el Padre y por lo que Este le entrega como herencia, a saber, el significado, la sabiduría, el Espíritu Santo.

Bhagawan Sri Sathya Sai Baba dice que "la esencia del ***triputhi*** es la realidad unitiva integral del ***yiva*** (el hombre – el sujeto buscador), ***Ishwara*** (Dios – el objeto buscado) y ***Prakriti*** (la naturaleza – el significado obtenido)" [13].

Explicado el ***triputhi***, se vuelve más claro el ejemplo de las vasijas de aceite y también será más didáctico explicar algo que es totalmente abstracto como lo es el Ser y el proceso para realizarlo por medio del ***Ashtanga-Yoga***, específicamente en su tercera sección, la interna, compuesta por el ***dharana*** (concentración), ***dhyana*** (meditación) y ***samadhi*** (equilibrio perfecto).

El Triputhi y el proceso de la percepción

Aunque en párrafos anteriores se ha indicado con absoluta claridad que todos los objetos, sean materiales (físicos, densos, etc.) o inmateriales (pensamientos, sensaciones, etc.), son considerados externos y que el observador es lo único interno, para facilitar el siguiente proceso didáctico, lo externo corresponderá a todo aquello que es captado por los sentidos de la percepción (***jñanendriyas***) y lo interno todo aquello que es captado por los sentidos internos (***anthakaarana***).

El ***triputhi*** o "la triple envoltura de una misma cosa" involucra al "proceso de la percepción". Se refiere a la triple dinámica que transcurre desde la aparición del objeto (estímulo), continua con el conocimiento que se obtiene de observar a dicho objeto y culmina con la recepción de su significado. La importancia de conocer esto radica en su control, pues aquello que se desconoce, no puede ser ni operado ni aprovechado adecuadamente. El tener claridad sobre estos procesos es la llave para pasar de ser esclavos (que los objetos nos dominen) a ser reyes (dominarlos a ellos, a la naturaleza).

El "proceso de la percepción" es un sistema unitario, donde sus recursos o instrumentos actúan simultáneamente. No son procesos separados, pues la Conciencia es siempre sapiente, presente y penetrante. Cuando los órganos de la percepción reciben el estímulo, el sistema nervioso transmite la información y la mente pone dicho mensaje a consideración de los procesos superiores; todo esto es sustentado por la misma energía que será también la que permita despertar al entendimiento del mismo estímulo inicial.

Tomar en consideración que, esta sección del *Triputhi y el proceso de la percepción,* fue desarrollado desde la perspectiva del sujeto-observador durante el plano de la vigilia; en otras palabras, cuando se está despierto e involucrado al mundo fenoménico físico (**yaagrath**).

El objeto de la percepción (jñeyaam)

El proceso inicia con la aparición o presencia del objeto, lo que se denomina "objeto de la percepción"[*] o **jñeyaam** (aquello que se busca conocer), el cual actúa como estímulo, pues su presencia "excita" los sentidos externos o internos. Por ende, el objeto o estímulo puede ser de dos tipos:

1. **Estímulo Externo:** Es el que se da en la naturaleza y que es capturado por los órganos de la percepción (**jñanendriyas**) y luego entregado al proceso interno de la percepción por medio de los sentidos internos (**anthakaarana**). Los objetos están conformados a partir de una combinación de los cinco elementos sutiles (**tanmatras**): **sabda** (sonido), **sparsa** (tacto), **rupa** (forma), **rasa** (gusto) y **gandha** (olfato).

2. **Estímulo Interno:** Es el que se da dentro del individuo y que es capturado directamente por los sentidos internos (**anthakaarana**). Nunca pasa por los órganos de la percepción (**jñanendriyas**) sino que se dirige directamente a "el proceso"[*].

El conocimiento de la percepción (jñanaam)

Una vez que el objeto es percibido, el siguiente paso es conocerlo, o sea, identificar sus características básicas y decidir si se lo acepta para un análisis más profundo en lo posterior (respuesta). En este proceso participan los tres cuerpos (físico, mental y espiritual) con todos sus recursos disponibles.

---

[*] Ver Ilustración 24.

Así mismo, en este análisis también participan las tres formas de respuestas que se dan ante los estímulos (objetos), mismas que fueron explicados en el Cap. V "Pratyahara" y que a continuación, para facilidad del lector, se ampliarán:

1. **Factor Condicionante:** Es fruto de un patrón previo adquirido, mismos que son de tres clases: recuerdo o impulso interno (***vritti***), tendencia (***vasana***) e impresión (***samskara***). El sujeto es gobernado por esta triple condición.

2. **Factor Semi-Condicionante:** Es el punto medio de los otros dos: parte expuesto al *factor condicionante* y parte libre de la misma. Por esto, en ocasiones, se ve sometido a la triple aflicción (dolor, miseria y sufrimiento) y en otros momentos es muy creativo y emprendedor.

3. **Libre del Factor Condicionante:** El sujeto no está afectado por ningún sesgo o patrón previo alguno. Todo lo que manifieste (pensamientos, palabras, acciones, sentimientos, etc.) es fruto de la inspiración e intuición, es la más pura y auténtica expresión desde lo más profundo del sujeto participante. El sujeto está libre del *factor condicionante*.

Si todos estos recursos y otros no mencionados (órganos, sistemas, etc.) no están funcionando adecuadamente, el alimento recibido* (estímulo) y sus nutrientes (significado, conocimiento) serán ineficientemente absorbidos y la experiencia será sesgada. En consecuencia, no será real ni completa, por lo que el despertar ante dicho conocimiento estará equivocado y no será compatible con el mensaje original. Esta es una de las principales causas de diversos problemas individuales, sociales y mundiales. Problemas de comunicación, malos entendidos, errores en la puesta en práctica de directrices, etc., los cuales generan ansiedad, depresión, dolor, sufrimiento que finalmente pueden acabar en una somatización y en casos más graves en enfermedades catastróficas.

A continuación, el detalle y funcionamiento de cada cuerpo participante:

---

* Para facilidad de estudio, hacemos un símil entre estímulos y alimentos.

Proceso físico

Durante el proceso de la percepción, el cuerpo físico es el receptor de los estímulos de los objetos externos, los cuales se dan a través de los órganos de la percepción (***jñanendriyas***). Esta función se basa en el proceso neuronal, específicamente en el viaje del estímulo por el sistema nervioso hacia el cerebro, luego de lo cual se lo pondrá a disposición de la mente. El sistema nervioso tiene como característica principal el poder regular y comunicar a las distintas funciones del cuerpo. Este control puede ser voluntario e involuntario:

- **Sistema Nervioso Voluntario (Central y Periférico-Somático):** Está asociado con aquellos procesos del consciente (vigilia o ***yaagrath***) y del subconsciente (sueño con sueños o ***swapna***).

- **Sistema Nervioso Involuntario (Periférico-Autónomo):** Está asociado con aquellos procesos del inconsciente (sueño sin sueños o ***sushupti***).

Proceso mental

Es bien sabido que los órganos de la percepción son las ventanas al mundo fenoménico. También es bien conocida la gran capacidad de la mente para idear, recordar y también para afectar la conducta, sentimientos, etc. Así mismo, toda persona tiene la potestad de reservarse la admisión de dichos estímulos o no. Es como escuchar el timbre de la puerta pero decidir no responder al mismo. Entonces, ¿cómo y cuándo se vuelven conscientes los estímulos?

Sinapsis trascendental: El punto de encuentro entre la materia y la no materia

Tal como se mencionó, aquellos objetos considerados externos (estímulos) viajan por el sistema nervioso hasta llegar al cerebro, y, en un momento específico, al pasar de lo físico a lo mental (sutil), el experimentador toma conocimiento (significado, entendimiento) de aquel. A este momento se lo denomina "sinapsis trascendental" y se refiere al punto de encuentro entre la materia (cerebro) y la no materia (mente). Es el momento y lugar en que se hace notar la presencia de un objeto, o sea, se percibe el estímulo. <u>Antes de esto, aun con la presencia del estímulo, para el experimentador o individuo, dicho objeto no existía.</u>

Aquellos estímulos considerados internos (pensamiento, recuerdos, emociones, sentimientos, etc.) no pasan por los órganos de la percepción (***jñanendriyas***), puesto que por su naturaleza pueden ser sólo percibidos y capturados por los sentidos internos (***anthakaarana***).

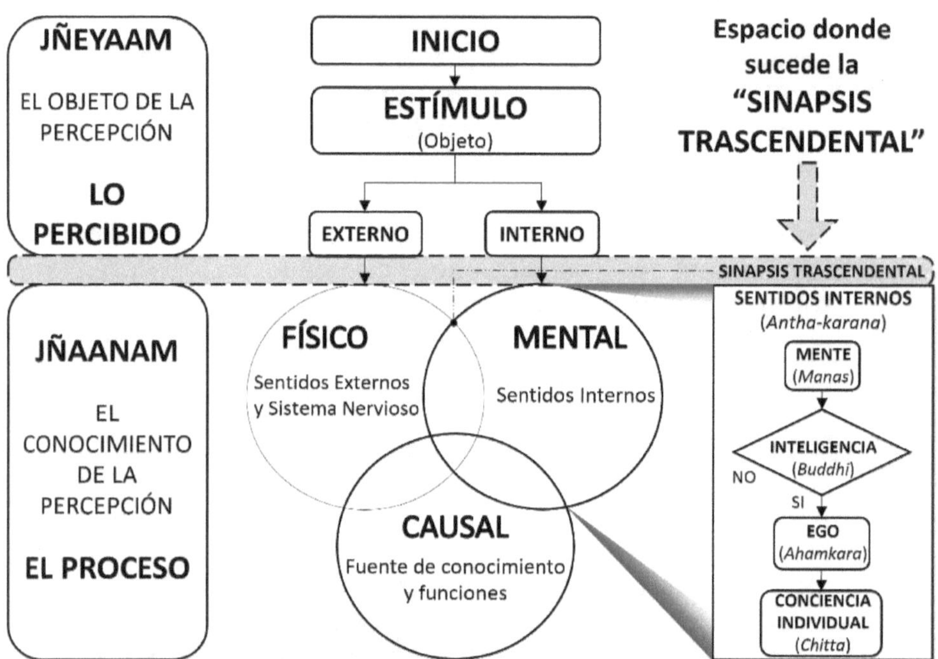

Ilustración 24: La sinapsis trascendental se da en un espacio entre los estímulos (externos o internos) y los sentidos internos (anthakaarana), específicamente en la mente

A partir del proceso mental, todo estímulo, ya sea externo (***tanmatras*** que viajan por los ***jñanendriyas***) así como interno (fruto de la inspiración, creatividad o reacción no física) pasa a ser una carga de conocimiento o significado.

Realmente el objeto como tal no llega al experimentador, sino que, al ser percibido, transmite una onda o energía cargada con un mensaje. Esto genera una dinámica interna basada inicialmente en la valoración de su significado.

Los sentidos internos (anthakaarana)

El proceso mental se da a través de los sentidos internos (***anthakaarana***), mismos que tienen como finalidad descifrar, valorar, decidir y entender. El ***anthakaarana*** está conformado por los siguientes cuatro instrumentos[*]:

1. **Conciencia-Mente (*chitta-manas*):** Llega el aviso de la existencia de un estímulo a la sustancia mental (***manas***).
2. **Conciencia-Inteligencia (*chitta-buddhi*):** Se realiza un proceso de valoración del mensaje (neo-córtex) por medio de la inteligencia (***buddhi***) para aceptar o rechazar el mismo.
3. **Conciencia-Ego (*chitta-ahamkara*):** Si el estímulo es aceptado, el siguiente paso es la absorción intrínseca del mensaje en la individualidad o el ego. La conciencia-ego adopta el mensaje y así se alimenta de su significado.
4. **Conciencia-individual (*chitta*):** Se confirma recepción del mensaje cuando se "despierta" al significado del mismo gracias al aporte del ego pero sobre todo al "feedback" durante el proceso causal. Cuando ***chitta*** despierta o toma consciencia del mensaje, según sea la calidad e impacto del alimento que absorbió (significado), se proyecta a alguno o todos los tres planos de conciencia (consciente, subconsciente o inconsciente) para continuar con el procesamiento, donde se busca información previa, memorias iguales o similares. Así puede entregar los nutrientes del mensaje dependiendo de la calidad del procesamiento del mismo (alimento). Como se mencionó antes, la búsqueda de información se da en los tres planos de conciencia:

- Recuerdos o memoria a corto plazo (***vrittis*** o en el consciente).
- Tendencias o memoria a mediano plazo (***vasanas*** o en el subconsciente).
- Impresiones o memoria de largo plazo (***samskaras*** o en el inconsciente).

---

[*] En la cultura *bharatiya* (se refiere a India. Significa "la tierra de los que tienen apego por el Señor"), se enseña que el *anthakaarana* se compone de cuatro instrumentos pero Mahavatar Bhagawan Sri Sathya Sai Baba reveló que hay un quinto instrumento conocido como "*jñatha*", que corresponde a la persona como tal, quien entiende.

Proceso causal

El cuerpo causal se encarga de controlar y sustentar la programación básica de todos los procesos orgánicos e inorgánicos. Por ejemplo: en el cuerpo físico actúa sobre los sistemas para-simpáticos; en el cuerpo mental, sobre los órganos internos (***anthakaarana***). Así también, en el plano causal se registran las nuevas experiencias (memoria), se mantienen los registros previos (***samskaras***) y sobre todo es la llave para acceder a la fuente de conocimiento inagotable (***prajña***).

El sujeto de la percepción (jñatham)

En este punto, el sujeto individual, o sea, la persona como tal, se hace consciente del objeto (estímulo inicial). Tal como se ha expresado en capítulos anteriores, en base a experiencias y condicionamientos previos (los factores condicionantes), el sujeto generaría cuatro tipos de respuestas o ignorancias (***avidya***) a manera de deseo: egoísta, placentera, de rechazo o de resistencia. Estos por sí mismos son nuevos objetos de percepción, por lo que se podría re-iniciar el proceso de la percepción.

El sujeto también se verá afectado por los tres tipos de ***karma***: está experimentado semillas del pasado (***praarabdha-karma***), acumulando nuevas semillas en el presente (***samchita-karma***) mismas que germinarán en el futuro (***aagami-karma***).

En base a todo lo anterior (al tipo de estímulo, a la experiencia de la percepción, a los tres factores condicionantes, a los cuatro tipos de ignorancia y a los tres tipos de ***karma***), existen tres tipos de sujetos:

1. **Sujeto Experimentador Permanente (*Rogui*):** Aquel que observa, se involucra en la experiencia (acción) y busca repetirla (reacción). Se alimenta de la experiencia, la cual impacta en todos los niveles de conciencia, para luego quedar atrapado en un círculo vicioso. El sujeto es gobernado por el *factor condicionante** lo que provoca la triple aflicción (dolor, miseria y sufrimiento). Genera semilla (***karma***) mientras se involucra (presente) y busca repetirla (futuro). Predomina el ***tamo-guna*** (la característica de la ignorancia).

---

* Ya explicado con anterioridad.

2. **Sujeto Experimentador no permanente (*Bogui*):** Aquel que observa y se involucra en la experiencia (acción) pero no tiene interés en repetirla (sin reacción). Se alimenta de la experiencia misma que impacta en todos los niveles de conciencia. El sujeto es gobernado por el *factor condicionante*, aunque también puede estar libre del mismo (no afectado); por esto, el sujeto vive la experiencia en función de ambos contextos, es decir, en ocasiones es afectado por la triple aflicción (dolor, miseria y sufrimiento), en otros casos se encuentra saturado de gran creatividad y por último con un poco de ambas, o sea, de forma mixta. Genera semilla (**karma**) sólo mientras se involucra (presente). Predomina el **rayo-guna** (la característica de la actividad).

3. **Sujeto inafectado (*Yogui*):** Aquel que observa pero no tiene interés en involucrarse y deja pasar la experiencia. El sujeto inafectado es la excepción a la regla, puesto que no genera actividad (sin acción) ni está tentado a repetirla (sin reacción), por lo que no se verá afectado por los cuatro tipos de ignorancias (**avidya**) ni tampoco generará ninguno de los tres tipos de **karma**. El sujeto es quien gobierna y así confirma estar libre del *factor condicionante*, por esto se caracteriza por una gran intuición e inspiración. No genera semilla (**karma**) ni en el presente (**samchita-karma**) ni para el futuro (**aagami-karma**); y si acaso queda algún remanente del pasado (**praarabdha-karma**), este será consumido por el fuego que entrega el sendero del conocimiento (**jñana-marga**). Predomina el **satwa-guna** (la característica de la pureza).

Para los *sujetos experimentadores permanentes (**roguis**)* y *no permanentes (**boguis**)*, también existen senderos que los podrían liberar de las consecuencias de sus decisiones, a saber: el sendero de la acción con renuncia a sus frutos (**karma-marga**) y el sendero de la devoción (**bhakti-marga**)[†]. Por medio de estos senderos de ascensión se pueden romper las ataduras de las consecuencias por actividades realizadas en el pasado e incluso en el presente.

[†] Revisar el Cap. II sobre "Niyama", específicamente sobre el Karma-Yoga y el Bhakti-yoga.

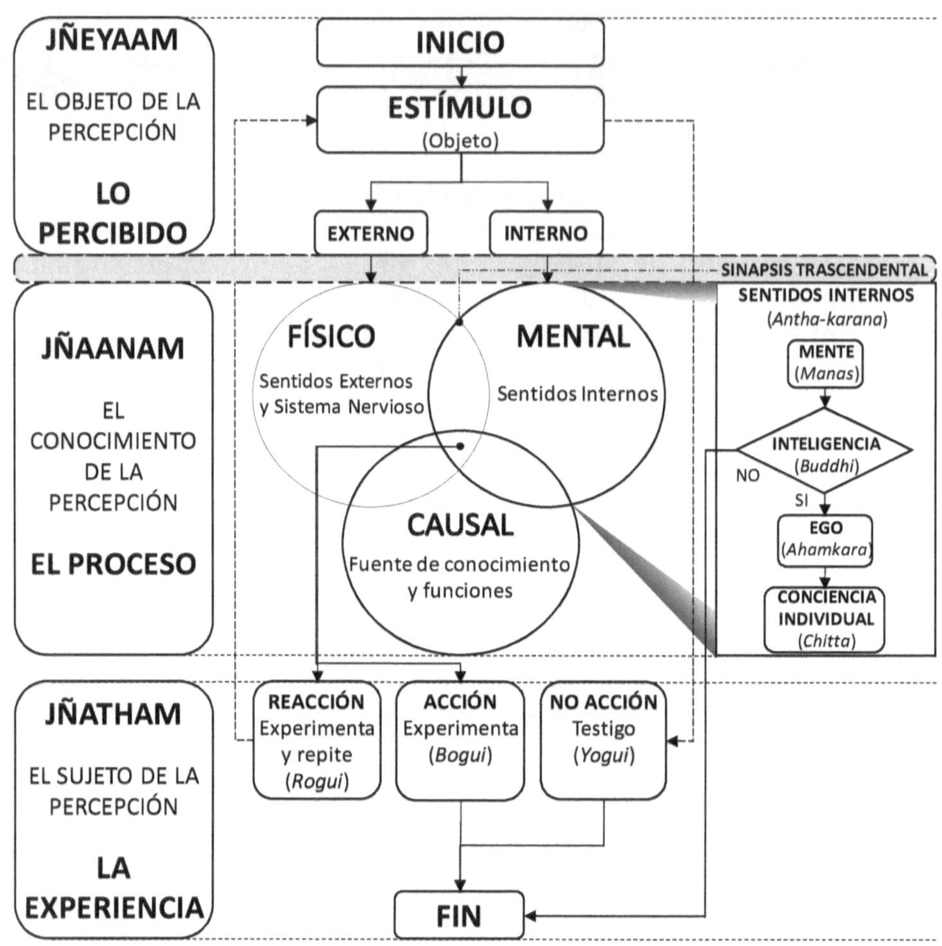

Ilustración 25: La "Dinámica del Triputhi" durante el "Proceso de la Percepción" y su impacto sobre los tres tipos de sujetos

Conciencia y conocimiento

Las características de lo experimentado sólo existen en la conciencia, fuera de la misma no hay nada, únicamente vibración. Ni los órganos de los sentidos (**jñanendriyas**), ni el sistema nervioso, ni el cerebro pueden entender los elementos sutiles (**tanmatras**), excepto la conciencia. Por ende, cuando hablamos de conciencia, se habla de algo mucho más allá de lo que en el mundo occidental se entiende por ella.

Siendo esto así, si sólo existe un "vacío lleno" de vibración ¿Qué es lo que hace posible que exista todo lo sentiente e insentiente?

La conciencia del ser humano (***chitta***) es una expresión de la Conciencia Universal (***Chit***), misma que es fuente, soporte y depositaria de todo conocimiento, memoria y significado. Las modificaciones de este último da lugar a los planos de conciencia (causal, sutil y físico) y por ende es causa y efecto de todo, desde lo más denso hasta más allá de lo sutil, desde el espacio/tiempo hasta más allá de estos, desde los elementos constitutivos hasta más allá de los seres humanos.

La conciencia es testigo, es quien confirma conocimiento de las cosas, por ende, se dice que la conciencia también es conocimiento. Si la conciencia no fuese conocimiento, no podría identificar al estímulo que experimenta:

- **Sería estéril:** pues no produciría nada;
- **Sin luz:** pues no iluminaría la experiencia;
- **Sin vida:** pues no despertaría el entendimiento.

Por lo tanto, lo que el cerebro presenta a la conciencia es sólo experiencia en forma de vibración que, al hacer *sinapsis trascendental* con el testigo (conciencia), busca por medio de la inteligencia (***buddhi***) su mismo par vibratorio en la memoria, trayendo al plano de la conciencia su conocimiento, su significado (función, energía, color, forma, aroma, etc.).

A continuación una analogía de la ruta que siguen los estímulos* para que puedan volverse conscientes por medio de la *sinapsis trascendental*:

Cuando una solicitud (cerebro) de un texto específico (experiencia o vibración específica) llega a una biblioteca (sentidos externos o internos), esta es recibida (*sinapsis trascendental*), procesada (mente o ***manas***), buscada y localizada por el bibliotecario (inteligencia o ***buddhi***); luego, anotada en los registros (ego o ***ahamkara***), entregado al solicitante (conciencia individual o ***chitta***) quien finalmente confirma y da fe de la recepción del mismo (el sujeto conocedor o ***jñatham***).

---

* Como ya se ha descrito en capítulos anteriores, los estímulos pueden ser externos o internos, aunque finalmente, toda experiencia o idea es una superimposición sobre la realidad que es la Conciencia Divina. Desde esta perspectiva, toda modificación de la Conciencia Divina (expresión, manifestación, naturaleza) es externa.

Así también, el cerebro entrega una vibración específica (estímulo), la misma que por la *sinapsis trascendental* es receptada por la mente (**manas**), es entendida, buscada y localizada por medio de la inteligencia (**buddhi**), es absorbida y adoptada por el ego (**ahamkara**), puesta a disposición de la conciencia individual (quien entiende o **chitta**) y finalmente entregada al sujeto (**jñatham**), quien confirma la recepción del conocimiento o significado y así puede decidir cómo proceder sobre dicho estímulo.

En ciertas ocasiones, el proceso de la percepción termina antes de darse la experiencia debido a que no se genera la *sinapsis trascendental* ¿Por qué? El siguiente ejemplo lo aclara:

Un individuo que, caminando por la calle, se encuentra sumergido en sus pensamientos y de repente, otro que lo conoce, pasa a su lado llamándolo por su nombre varias veces sin lograr su atención ¿acaso los sentidos no recibieron los estímulos? Seguramente que sí ¿por qué no respondió? Porque su centro de atención estaba sumergido en otro significado (pensamiento); así las cosas, nunca acusó recibo de dicho estímulo, pues este sólo alcanzó a llegar hasta el cerebro y no se generó la *sinapsis trascendental* entre el órgano (cerebro) y la conciencia (testigo).

Otro ejemplo: si escucho un sonido, inmediatamente se viene a la memoria el nombre y la forma de aquello que lo emite, *per se*, su significado está en la conciencia, no en el estímulo.

Meditación en la Luz: Jyotir-Dhyana

Realizar la práctica de la meditación por medio de la concentración en un solo punto de luz (como la llama de una vela) es un ejercicio antiquísimo de los sabios científicos espirituales (**yoguis**) de **Bharat**[*], incluso se cree que data mucho antes de Maharishi Patányali. Se la conoce como "meditación en la luz" y es empleada sobre todo por aquellos buscadores espirituales de la línea **advaita**[†] pues la luz está más allá de las formas, de los nombres, está libre de toda impureza y representa a la sabiduría misma pues esta lo ilumina todo, despejando así la oscuridad de la ignorancia.

---

[*] Nombre antiguo de India que significa "La tierra de Dios".
[†] Término proveniente del idioma sánscrito que significa no dualidad; es decir, más allá de la doble ilusión del nombre y la forma.

La meditación es sólo un mecanismo que facilita el fluir del significado desde Padre hacia el Hijo. Existen muchos otros, todos muy beneficiosos. Incluso pueden aparentar ser muy diferentes en su tipo, como lo son la oración, repetición de sagrados himnos, nombres de Dios, cantos devocionales (***bhajans***), etc. pero, funcionalmente sirven para el mismo propósito, recibir el santo óleo de la Gracia Divina que despertará en cada uno las características más elevadas o ***satwa-guna***.

Así las cosas, a través de ***dhyana*** se profundiza la comunión interior, pues comenzamos a estabilizarnos en la experiencia del Ser, nuestra eterna y nunca cambiante realidad. Poco a poco, sin darnos cuenta, y por medio del proceso de la meditación, en este caso basados en objeto-luz (***jyotir***), se expande la conciencia*, lo que deriva en la unidad total y finalmente, desde el corazón (***anahata-chakra***), se continua dicho proceso de expansión (conocimiento y despertar en la verdad del Ser) usando como vehículo en todo momento a la luz, pasando por la garganta (***vishuda-chakra***), misma que ayuda a establecer una comunicación trascendental para luego aterrizar en el entrecejo (***ajña-chakra*** o ***trikuti***), donde se permanece relajado, cuidando por la estabilidad, concentración, intensidad, devoción y atentos a la divina Gracia del Señor para el siguiente paso. Este centro energético o ***chakra*** es el oráculo sagrado de la sabiduría. Se recomienda permanecer meditativa, amorosa y naturalmente en este punto hasta ascender al último paso conocido como "***samadhi***".

"No soy esto, no soy esto": Neti-Neti

Esta técnica es empleada para el refinamiento interno y está sustentada en la discriminación (***viveka***) que permite identificar lo irreal de lo real; por ende, podemos emplearla tanto en el campo de la actividad diaria (***sadhana*** externo) como en el campo de la práctica interna (***sadhana*** interno).

Ahora vamos a centrarnos en el campo de la práctica interna (***sadhana*** interno): Tal cómo se indicó en el párrafo anterior, está técnica es fundamental para profundizar en la

---

* Por ende, también se expande el conocimiento (pues la conciencia y el conocimiento son uno y lo mismo) ¿Cuál conocimiento? Aquel que nos revela que todo es uno, que no hay diferencias ni singularidades. Expansión se refiere a establecerse cada vez más en la Unidad de la Sagrada Conciencia Primordial.

identificación de aquellos estímulos que, a medida que se progresa en la práctica espiritual, se comienzan a presentar cada vez más sutiles.

Cuando al pasar por el estado de **dharana** (concentración) se escala al estado de **dhyana** (meditación), es muy probable y hasta cierto punto normal que se presenten pequeñas imperfecciones o impurezas (estímulos) debido al triple *factor condicionante**. Con la práctica del método **Ashtanga-Yoga**, el aspirante las podrá identificar, ya que, a esta altura del ejercicio, todo estímulo que surja es distinto a la meta principal que es siempre la misma, inmodificada y nunca ausente. En lo esencial, lo que se pretende es permanecer sólo y únicamente en el Ser (**Atma** o Alma) por lo que todo lo que "no sea esto", debe ser descartado.

El identificar estos estímulos (modificaciones de la conciencia) y trascenderlos con las herramientas de la concentración, el saber superar dichos objetos no deseados (estímulos) por medio de la ofrenda (ofrecer todo, lo bueno y lo malo al objeto amado), el anhelo de realizar el *Amor* del **Ishtadevata**, el privilegiar permanecer en la sagrada comunión interna (**Atma-rasa**) que se desarrolla en **dhyana**, hacen que la técnica "**neti-neti**" sea de invaluable ayuda para superar las sutiles distracciones y encaminan al practicante hacia el más alto cielo.

Trascender la triple causa que genera karma: Trikaarana-Suddhi

La conciencia individual[†] es el receptáculo de las experiencias que afectan al individuo en los tres estados de conciencia: vigilia (plano físico), sueño (plano sutil) y sueño profundo (plano causal). Al purificarse, o sea, al estar libre de toda mácula de polvo (**tamo-guna**), color y movimiento de la luz (**rayo-guna**) e imperfecciones en el camino hacia la perfecta pureza (**satwa-guna**), este último emerge y se acrecienta, lo que capacita al experimentador para auto-observar la refulgencia del verdadero Yo, el Ser o Conciencia Única.

---

* Conversación interna (*vritti*), tendencia (*vasana*) o impresión (*samskara*). Léase el Cap. VII "Dhyana", sección "El conocimiento de la percepción", pág. 167.

† Recordar que la conciencia individual (*chitta*) es la Conciencia Suprema (*Chit*) revestida de ilusión (*maya*), por lo tanto no es la realidad última.

Como se ha explicado anteriormente, el método para purificar la triple causa que genera *karma* (a saber: pensamiento, palabra y acción) es el *trikaarana-suddhi*, mismo que tiene como finalidad expiar a la conciencia individual utilizando los mismos atributos con los que ha sido equipado: los órganos internos (*anthakaarana*), los elementos internos (*tanmatras*), los órganos de los sentidos (*jñanendriyas*), los principios vitales (*pancha-pranas*) y los órganos de la acción (*karmendriyas*).

Ahora se comprende con total claridad el por qué este método científico-espiritual *Ashtanga-Yoga* comienza y se basa en el autocontrol por medio de los valores humanos (promovidos por Bhagawan Sri Sathya Sai Baba) o ascéticos descritos en el Cap. I sobre "Yama", sobre el cual descansa el *trikaarana-suddhi*.

MÉTODO PARA PURIFICAR LA TRIPLE CAUSA (TRIKAARANA SUDDHI)	TRES FACTORES CONDICIONANTES	LAS TRES CARACTERÍSTICAS PRIMARIAS UNIVERSALES (ADI-GUNAS)	ESTADOS DE CONCIENCIA (AVASTHA)
Triple causa: pensamientos, palabras y acciones	Experiencias previas que condicionan al individuo	Los tres instrumentos para toda superposición sobre la Super-Conciencia	Es el plano en el que se encuentra el transitador
REGULANDO LOS ÓRGANOS DE LOS SENTIDOS	IMPULSOS (VRITTIS)	IGNORANCIA (TAMO-GUNA)	DESPIERTO, VIGILIA (YAAGRATH)
TRASCENDIENDO LA GRATIFICACIÓN QUE BUSCAN LOS ÓRGANOS DE LOS SENTIDOS	TENDENCIAS (VASANAS)	ACTIVIDAD (RAYO-GUNA)	SUEÑO (SWAPNA)
CONSUMIENDO EL KARMA O EXPERIENCIAS PREVIAS REGISTRADAS	IMPRESIONES (SAMSKARAS)	PUREZA (SATWA-GUNA)	SUEÑO PROFUNDO (SUSHUPTI)

Tabla 8: El trikaarana-suddhi no sólo purifica la triple causa que genera karma, sino también los tres factores condicionantes, las tres características primarias universales (adi-gunas) y los tres estados de conciencia (avastha)

El *trikaarana-suddhi* también purifica y estabiliza las tres características primordiales (*gunas*), los tres estados de conciencia (*avastha*) y los tres *factores condicionantes*. A partir de este último, vamos a explicar el proceso de purificación:

- **Impulsos (*vrittis*):** Por medio de la regulación de los órganos de los sentidos, que por ser de naturaleza material (*pancha-bhutas*) es externa, efímera, pasajera y que no trae otra cosa que engaño e ilusión.

- **Tendencias (*vasanas*):** Trascendiendo la gratificación que buscan los órganos de los sentidos, que por ser de naturaleza sutil (*tanmatras*) es externa, efímera, pasajera y que no trae otra cosa que engaño e ilusión.

- **Impresiones (*samskaras*):** Consumiendo el karma o experiencias previas registradas, que por ser de naturaleza causal (*chitta*) es externa, efímera, pasajera y que no trae otra cosa que engaño e ilusión.

El ***trikaarana-suddhi*** es de práctica permanente. Al inicio es un ejercicio, pues purifica lo que se debe purificar; luego sólo queda lo que debe quedar, que es el brillo natural de la Conciencia, el Ser. Pero hay que estar siempre muy alerta: mientras se continúe en un vehículo de tránsito físico (encarnado) o mental (astral), no se debe dar tregua al más mínimo de los impulsos o tendencias respectivamente, pues se puede volver a caer a etapas inferiores (entiéndase de pasión y búsqueda de satisfacción).

Como se ha mencionado a lo largo de este texto, la pureza es condición *sine qua non* para el progreso del ***satwa-guna*** y de la concentración y por ende, del equilibrio y estabilidad en la experiencia del Ser. Es imposible escalar hacia la emancipación total del Ser sin la práctica del ***trikaarana-suddhi***.

Elementos fundamentales para la meditación: Satwa-guna, Trikaarana-Suddhi y Triputhi

Así las cosas, cuando se está pleno de ***satwa-guna***, o sea, de pureza, mismo que empieza y se sostiene en el ***trikaarana-suddhi***, al comprender y emplear sabiamente la dinámica del ***triputhi***, y cuando se está completamente embebido y establecido (estabilizado) en el ideal Divino *o **Ishtadevatha*** por medio de la meditación, se podrá trascender hasta alcanzar, como se dijo antes, el más alto cielo, la realidad interna, el verdadero e incambiable "Yo" que es Unidad en todo y en todos.

Nuevamente, el aspirante espiritual que tenga perfectamente entronizado en su corazón a su ideal Divino o ***Ishtadevatha*** y que incesantemente mantenga una relación de *Amor*, de comunión interna, despertará a sus dones e incluso lo realizará.

"Esto y Aquello son lo mismo"
Tat Twam Asi

Maha-vaakya[*] del Saama Veda[†]

"Jesús dijo: de cierto te digo, que el que no naciere de nuevo, no puede ver el reino de Dios [...]; que el que no naciere de agua y del Espíritu, no puede entrar en el reino de Dios"

Juan 3:3 y 5

El proverbio anterior nos recuerda que bautizar en el nombre del Padre, del Hijo y del Espíritu Santo corresponde al segundo nacimiento, pues venimos del agua y del Espíritu Santo. Se experimenta el sonido del torrente de agua (**Om** o Amén)[**] que proviene de la Morada suprema donde reside el Espíritu Santo. Así, se trasciende lo corpóreo y se escala a la Luz (**teyas**).

En este paso, la experiencia está entre lo corpóreo y lo no corpóreo, o sea, vivimos en la conciencia del cuerpo y del espíritu, por ende, se vislumbra espiritualidad, es el estado de inmortalidad relativa. Como se menciona en la Biblia: ahora somos hijos de Dios.

"Pero a todos los que Le recibieron, a los que creen en Su nombre, les dio potestad de ser hechos Hijos de Dios"

Juan 1:12

"La Luz está en mí" significa estar internamente saturado de Luz, misma que representa lo puro y sagrado, Dios. Es **Vishnu** (aspecto de Dios como sustentador) pues para saturarse de algo, tiene que estar permanente y continuamente. En este paso, propóngase como meta realizar este enunciado.

---

[*] Término sánscrito que significa "Gran proverbio".
[†] Es uno de los cuatro Vedas. Los otros tres Vedas son: Rig, Yayur y Atharva.
[**] Eternidad, fuente y sustento de todo lo manifestado y no manifestado, beatitud. También conocido como *Sat-Chit-Ananda*.

Foto 7: La familia del autor: Lai (esposa), Samir (hijo) y Devi (hija)

CAPÍTULO VIII: SAMADHI

Del Océano de Bienaventuranza

"Yo soy la luz"

Aforismo de Maharishi Patányali, 3:3

Tad evarthamatranirbhasan svarupashoonyam iva samadhih

Cuando aquello, vaciándose de todas las formas,
*refleja solo el significado, es **samadhi** [1].*

Comentario de Swami Vivekananda

*Esto es, cuando en la meditación todas las formas son abandonadas. Supongamos que estoy meditando en un libro y que gradualmente he logrado concentrar la mente sobre aquello, percibiendo únicamente las sensaciones internas, el significado, no expresado de ninguna forma, aquel estado de **dhyana** se conoce como **samadhi** [1].*

Palabras de Bhagawan Sri Sathya Sai Baba

***Samadhi** significa fijación de la mente, libre de todo impulso y agitación, en el Señor o en la Realidad de uno mismo. Indica el estado en el cual uno está en su propia y real naturaleza. **Samadhi** es cuando se está libre de toda dualidad. La mente no será agitada por experiencias duales; brillará como una llama en una habitación sin brisa. Es inmóvil, inconmovible (**nishchala**) [8].*

Sin embargo, uno debe tener cuidado de no discutir estos métodos con cualquier persona; porque para cada uno su camino es el mejor. Si se le consulta a alguien que sigue un sendero diferente, censurará la práctica de la repetición del nombre del

Señor y la meditación y los tratará con escaso respeto. Los menospreciará como algo muy elemental; verá a los aspirantes espirituales como párvulos. Como resultado, ¡uno empezará a dudar de la eficacia del camino escogido! Y donde antes encontraba alegría, ahora surgirán preocupaciones; donde había amor, sentirá disgusto. Por tanto, reflexionen en su interior cuál sendero es el más dulce, o aproxímense a aquéllos que han probado el néctar del nombre del Señor y pídanles que les describan los detalles de sus experiencias.

*No discutan estos temas con toda persona que se encuentren. El tiempo que se emplea en estas discusiones puede ser mejor utilizado en el cultivo del gozo a través del recuerdo constante del nombre (**nama**) y la meditación en la forma (**rupa**) del Señor. [...] La tarea de ustedes es sencillamente cultivar el retoño incipiente llamado el nombre del Señor. Mientras lo practiquen no deben dudar ni preguntarse si verdaderamente tiene la gloria que se le atribuye. Ese retoño, sin duda alguna, crecerá hasta convertirse en árbol y dará el fruto que esperan comer.*

*Ustedes lo pueden lograr, el nombre del Señor tiene la capacidad de dar tal fruto. Por lo tanto, el propósito de la concentración en un solo punto (**ekagrata**) es que ustedes se aferren al nombre del Señor sin cambiarlo y mantengan la forma siempre presente. En la red de la remembranza del nombre (**nama-smarana**) no debe haber ningún agujero; es decir, que siempre debe hacerse, sin pausas ni intermedios. Si se deja una brecha, un espacio abierto, ¡el fruto que haya caído en la red puede escaparse por ahí! Practiquen la meditación hasta que su mente esté firmemente bajo control. Esa es la tarea primordial.*

Dejen que la mente corra por doquier, pero tengan cuidado en no seguirla, esperando descubrir hacia dónde va. Entonces, deambulará de aquí para allá a su antojo, y pronto, ya cansada finalmente, regresará a ustedes. Es como un niño que nada sabe y puesto que la madre lo sigue llamándo hacia ella, se arma de valor y de confianza para avanzar en cualquier dirección; pero si la madre no corre tras de él y se vuelve atrás en silencio, el niño regresa a ella por sí mismo.

No presten atención a las divagaciones de la mente. Ejecuten el recuerdo y la meditación sobre el nombre y la forma que más les agrade, de la manera que están acostumbrados; así alcanzarán concentración (**ekagrata**) y realizarán el deseo de su corazón [2].

[El **samadhi** es alcanzado] cuando se desecha la forma y sólo se experimenta el significado (**samyama**)*. Esta opinión de Patányali puede también explicarse de otra forma: Cuando la persona que medita se olvida de sí misma y del hecho de que está meditando, penetra en **samadhi**; es decir, cuando el sujeto se fusiona con el objeto en el que se medita, se llega al estado llamado **samadhi**. La meditación en la Divinidad se realiza a sí misma y se vuelve completa en el **samadhi**. **Dhyana** persiste y continúa su curso con empeño y esfuerzo, pero **samadhi** llega espontáneamente. Esta es la culminación de la disciplina óctuple.

Cuando uno sabe que no hay la más mínima diferencia entre el ser individual (**yiva**) y el **Atma** (Ser), que son uno y lo mismo, se ha realizado el más alto **samadhi**. Este es el fruto más maduro de la meditación, el momento más preciado por los yoguis, el destructor de la ignorancia, el signo de la Gracia de Dios. Una sed permanente por conocer el **Atma** como el todo debe ser incitada y bienvenida porque es el sendero para eliminar cualquier duda [5].

¿Cuál es el significado interno de **samadhi**? No es el estado de inconsciencia o de alguna otra clase de conciencia. No es nada de eso. El correcto significado de **samadhi** es "**sama-dhi**" –el estado en el cual **buddhi** (inteligencia) ha alcanzado **sama** (ecuanimidad)–. En el placer o en el dolor, en la fama o en el desprestigio, en la ganancia o en la pérdida, en el frío o en el calor, el tener la capacidad de mantener una mente equilibrada es **samadhi**. Ese es el verdadero fruto de la meditación. El día de hoy es un día sagrado en el cual pueden comenzar esta práctica yóguica. Esto les permitirá agudizar su mente y desarrollar la avidez de su intelecto. Yo no había revelado esto a nadie hasta ahora [12].

Samadhi es de dos tipos: diferenciado (**savikalpa**) y no diferenciado (**nirvikalpa**). En **savikalpa-samadhi** (diferenciado), todavía persistirá el **triphuti** o la triple naturaleza del conocedor, el conocimiento y lo que se busca conocer. Cuando se comprende que el conocedor es **Brahman**, el conocimiento también es **Brahman** y lo que se conoce también es **Brahman** entonces no

---

* Más adelante se profundizará en este significado.

hay más **vikalpa** o agitación ni actividad; esto es el **nirvikalpa-samadhi** *(no diferenciado)*.

***Samadhi** es como el océano hacia donde fluye toda disciplina espiritual. Los siete ríos de **yama, niyama, asana, pranayama, prathyahara, dharana** y **dhyana** todo encuentran su consumación en el **samadhi**. Toda huella del nombre y la forma desaparece en dicho océano. Quien sirve y quien recibe el servicio, el que medita y aquel en quien se medita, todo tipo de dualidad se disipa y se destruye. Uno no sentirá si quiera la experiencia de la experiencia, es decir, uno no será consciente de lo que se está experimentando.*

Samadhi** es estar abstraído en uno mismo, nada más. Si hay algo más, entonces no puede ser **samadhi**, sino un sueño, una fantasía, una visión pasajera. **Samadhi** no puede admitir otro que no sea **Brahman [5].

Testimonio del autor

"Yo te daré las llaves del reino de los cielos;
y lo que ates en la tierra, será atado en los cielos;
y lo que desates en la tierra, será desatado en los cielos"

Mateo 16:19

Llegamos a la parte cumbre de este sistema de plenitud de vida llamado **Ashtanga-Yoga**. Este octavo y último paso es conocido como **samadhi**, mismo que, como a lo largo de esta obra, proviene del idioma sánscrito y está compuesto por dos vocablos: **sama** y **dhi**. **Sama** tiene varias acepciones que en el presente contexto va a significar "igualdad en todo momento". **Dhi** se refiere a la discriminación o inteligencia (**buddhi**). Dicho esto, **samadhi** es la estabilidad permanente y consciente en *quién soy Yo*.

Tengamos presente que, en este punto del proceso del **Ashtanga-Yoga**, la inteligencia dejó de ser un proceso intelectual para ser un proceso espiritual. No se trata de dialéctica, se trata de observar con sabiduría.

Profundizando en los planos de conciencia

Ya se ha explicado que todo lo manifestado y no manifestado tiene como fuente a la Conciencia Primordial (**Chit**). Dicha Conciencia se expresa en tres segmentos o planos: físico (denso o material), sutil (mental o de luz) y causal (aquello que es más sutil que lo sutil)*. La conciencia individual (**chitta**) es quien transita en cada uno de ellos bajo el gobierno de las leyes naturales que los rigen.

Plano físico (viswa)

En el plano físico, el ser humano tiene la capacidad de acusar conocimiento de varios objetos (ya sean ondas mecánicas o electromagnéticas) por medio de los sentidos de la percepción (**jñanendriyas**); por ejemplo, escuchar un sonido (onda mecánica), ver una mesa (onda electromagnética), etc. ya que están dentro del espectro que los órganos de los sentidos del ser humano pueden percibir.

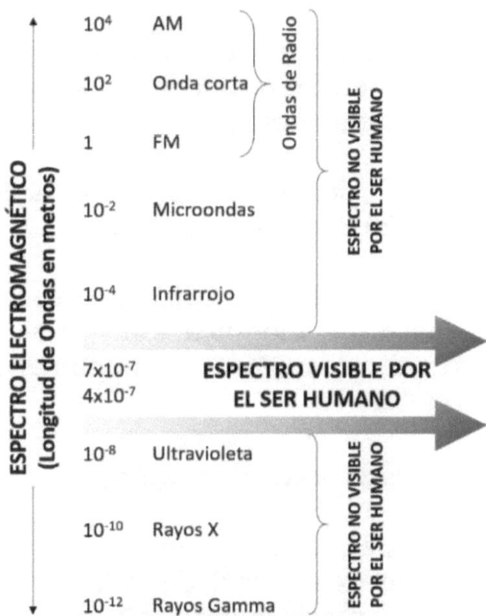

Ilustración 26: Sólo una fracción de longitud de onda del "Espectro Electromagnético" es captada por el ojo humano. Similar sucede con los demás órganos de la percepción y las ondas mecánicas correspondientes

---

* Revisar Cap. VI sobre el "Dharana", específicamente el sub-capítulo "Los tres cuerpos y las cinco envolturas", pág. 137.

Hay otras ondas que no están al alcance de los sentidos de la percepción pero sin embargo existen. Un ejemplo de esto son las ondas electromagnéticas, llámese rayos "X", rayos "Gamma", etc. de los cuales sabemos de su existencia por medio de modernos instrumentos de medición. En base a lo anteriormente señalado, todo lo que se ve y lo que no se ve, tiene como sustento al **prana**, que es la base de todo tipo de espectro. En este plano (físico) el ser humano tiene acceso parcial al conocimiento de naturaleza objetiva y subjetiva, de corto y mediano plazo.

A esto se le llama plano físico, denso o material (**viswa**), mismo que es una modificación (proviene) del plano conocido como astral o de luz (**taiyesa**).

Plano sutil (taiyesa)

En el plano sutil, el ser humano se beneficia con tres capacidades fundamentales:

1. **Prana*:** La energía que sustenta el funcionamiento del cuerpo físico.
2. **Manas:** La de observar y generar ideas o pensamientos.
3. **Vijñana:** La de entender (intelecto) y de manifestar nuevos conocimientos (inteligencia).

En este plano el ser humano tiene acceso parcial al conocimiento de corto, mediano y largo plazo.

A esto se le llama plano sutil, mental, astral o de luz (**taiyesa**), el cual es una modificación (proviene) del plano conocido como causal, fuente de conocimiento (**prajña**) o espiritual.

Plano causal (prajña)

En el plano causal, el ser humano se hace de lo más valioso: la capacidad de existencia, de vida. Es tan importante que, sin este, nada de lo anteriormente señalado podría ser sujeto de conocimiento, investigación o indagación.

---

* En este caso el prana se refiere a los cinco aires vitales (*pancha-pranas*) del ser encarnado, mismo que es una modificación (proviene) del prana original que sustenta a la manifestación cósmica.

El plano causal aparenta vacío, pero no del vacío que significa ausencia, sino del que, por ser todo, aparenta ser nada, similar al individuo que, estando permeado por atmósfera, esta parece no existir pero de hecho lo satura.

La siguiente analogía lo aclara más: en el inconmensurable Cosmos existen los llamados agujeros negros que, a pesar de aparentar estar vacíos, tienen una masa gigante y una fuerza gravitacional tan poderosa que, si se ingresa a su horizonte de sucesos, se hace imposible escapar de ellos; es decir, aparentan estar vacíos pero contienen un poder ilimitado. De manera similar sucede en el plano causal que, a pesar de aparentar estar vacío, realmente representa a la misma fuente de conocimiento, inclusive sobre aquel saber aún desconocido o no revelado.

A esto se le llama plano causal (***kaarana***), fuente de conocimiento (***prajña***) mismo que es una modificación (proviene) de la sagrada fuente denominada Super-Conciencia, Supra-Causal, ***Turiya****, entre otros.

Plano Supra-Causal (Turiya) y la vibración primordial "Om"

"Esto habla el Amén, el Testigo fiel y veraz,
el Principio de la creación de Dios"
Apocalipsis 3:14

El plano causal es auto-conciencia individual, puesto que se observa e identifica a sí mismo como el uno sin segundo, pero también es auto-conciencia universal, pues donde hay lo micro está también lo macro. Este plano es fuente de todo lo que el individuo experimenta (sea tangible o intangible), es la misma fuente de la existencia y del conocimiento.

Ahora, el plano supra-causal es la base y sustancia desde la cual emergen el resto de planos. La combinación de la existencia (Ser o ***Sat***) y el conocimiento (Conciencia o ***Chit***) da como resultado la vibración primordial† origen de todo lo universalmente manifestado y no manifestado, del pasado, presente y futuro, del cual todo se sostiene y también al cual todo

---

* Literalmente significa "4to estado".

† *Om*, Amén o Amín.

regresa. También esta vibración primordial (Verbo) es dicha, pues aquel que se sabe eterno (existencia) y consciente (conocimiento) solo puede concebir bienaventuranza (***ananda***). Esta bienaventuranza no es un sentimiento ni una sensación, sino la vida misma, es lo que sustenta y alimenta toda manifestación. Para facilidad de comprensión del hemisferio occidental, es el Espíritu Santo; para el Oriente, ***Narayana*** o ***Purushotamma***.

Así fue como se originó toda la manifestación: el Espíritu Santo es la vibración primordial (***Om***) o fuente primigenia (***Hiranyagarbha***) y, por ende, también el principio vital (***Prayapati***) y energía vital (***Prana***). Sobre esto último, un ejemplo palpable es el propio Sol (***Surya***, expresión de ***Prayapati***) que por medio de sus rayos (fotones) ilumina y transporta energía (***prana***) a todo el sistema planetario e incluso más allá de sus fronteras. Por lo tanto ***Om, Hiranyagarbha, Prayapati*** y ***Prana*** son en esencia uno y lo mismo.

La sagrada Biblia, el Verbo y la Vibración Primordial "Om"

En la sagrada Biblia, el libro del apóstol Juan 1:1-4, 14, dice: *"En el principio era el Verbo, y el Verbo era con Dios, y el Verbo era Dios. [II]Este era en el principio con Dios. [III]Todas las cosas por Él fueron hechas; y sin Él nada de lo que es hecho, fue hecho. [IV]En Él estaba la vida, y la vida era la luz de los hombres [...] [XIV]Y aquel Verbo fue hecho carne, y habitó entre nosotros, lleno de gracia y de verdad"*.

La interpretación de lo anterior basada en la concepción de la vibración primordial es la siguiente: [I]El inicio o átomo cimiente de todo es el Verbo (***Om***). Dios está antes del Verbo, pues está más allá de toda idea y característica, el ***Paramatma***. [II]Reino Espiritual: el Verbo es la expresión en estado latente de Dios mismo. Aquí ya el Verbo, aunque en estado *latente* (plano Supra-Causal, Super-Conciencia o ***Turiya***), por sí mismo, es la manifestación primordial de lo Divino (***Hiranyagarbha***). [III]Todo cuanto emergió de este Verbo (***Prayapati****, ***Prana***) existe pasando del estado *latente* al *manifiesto*. [IV]Reino Material: desde el estado *manifestado-latente* (plano causal donde yace toda existencia, conocimiento y vibración) se pasa de manera paulatina al estado *manifestado-manifestado* donde despierta primero como luz

---

* Se refiere a la Manifestación Cósmica Primordial caracterizada por la creación, multiplicación y descendencia o progenie.

(plano sutil) [...] XIVy luego como materia (plano físico). Puesto que el átomo cimiente es puro y eterno, entonces es "lleno de gracia y verdad".

El Verbo es vibración y onda primordial desde el cual todo nació. Esta vibración es la sagrada presencia del Espíritu Santo que todo lo permea y sostiene y quien es pura bienaventuranza. También es la fuente misma de vida, pues aquello que despierta a la conciencia es porque da vida.

Los estados de conciencia y el "Om"

Se denomina "estado de conciencia" al plano de conciencia en el que se encuentra el testigo, espectador o *yivatma*, mismos que son cuatro:

1. *Yaagrath:* Estado de vigilia.
2. *Swapna:* Estado de sueño.
3. *Sushupti:* Estado de sueño profundo o sin sueños.
4. *Turiya:* Estado de Conciencia Pura.

Es indudable que el Cosmos se subyace y sustenta en vibración (energía), misma que los científicos (yoguis de la antigüedad) la entendieron como su resonancia **Aum** (**Om**). Como se ha dicho en repetidas ocasiones, la fuente original desde la cual todo surgió es la Conciencia Suprema (Super-Conciencia). Por ende, el **Om** es verdaderamente la primera modificación de dicha sagrada Conciencia Suprema. Aquí radica la importancia de su estudio, ya que es uno de los principales medios por el que el aspirante espiritual puede realizar la Conciencia Suprema (Super-Conciencia) y si ese saber se acompaña del "escalar en los estados de conciencia"*, entonces se completaría el mapa que señala el regreso a "Casa".

En este sentido, los primeros tres estados corresponden a los tres **matras** (unidad de medida) o letras del **Aum**, a saber, A, U y M. El cuarto **matra** del **Aum** se conoce como **amatra** o sin letra, ya que no posee ningún sonido en particular; de hecho, es silencio y corresponde al estado **Turiya** que es la misma fuente que sustenta al resto de estados. La idea misma de un sonido demanda que previamente exista un silencio. **Turiya** no denota

---

* Revisar el Cap. VII "Dhyana" sobre "El escalar de los estados de conciencia", pág. 159.

parte, espacio o tiempo alguno. ***Turiya*** es el propio ***Brahman*** que no admite ninguna diferenciación. Para realizar este último cuarto, hay que primero fusionarse en los tres anteriores. A saber:

- El estado de vigilia (***matra*** "A") se fusiona en el estado de sueño.
- El estado de sueño (***matra*** "U") se fusiona en el estado de sueño profundo (o sin sueños).
- El estado de sueño profundo (***matra*** "M") se fusiona en el estado de ***Turiya*** (***amatra***) o Super-Conciencia.
- Permanecer en ***Turiya*** es permanecer en el silencio, sin sonido (***matra*** vacío). Este es el fruto de un ***dharana, dhyana*** y ***samadhi*** perfectos.

Vibración primordial OM ॐ	PLANOS DE CONCIENCIA	CUERPOS (DEHA o SARIRA)	ESTADOS DE CONCIENCIA (AVASTHA)	NIVELES DE CONCIENCIA
Energía Cósmica Omnipresente que todo subyace y sustenta	Manifestación de la Conciencia en su segmento específico	Vehículo con el cual se transita en un determinado plano de Conciencia	Es el plano en el que se encuentra el sujeto transitador	Acceso al conocimiento en su segmento específico
A	FÍSICO, DENSO (VISWA: UNIVERSO)	CUERPO DENSO (STHULA DEHA)	DESPIERTO, VIGILIA (YAAGRATH)	CONCIENCIA
U	LUZ, CIELO, ASTRAL, SUTIL, MENTAL (TAIYESA)	CUERPO SUTIL (SÚKSHMA DEHA)	SUEÑO (SWAPNA)	SUBCONCIENCIA
M	FUENTE DEL ETERNO CONOCIMIENTO (PRAJÑA)	CUERPO CAUSAL (KAARANA DEHA)	SUEÑO PROFUNDO (SUSHUPTI)	INCONCIENCIA
(silencio)*	SUPRA-CAUSAL (HIRANYAGARBHA)*	CUERPO SUPRA-CAUSAL (MAHA KAARANA DEHA)*	CUARTO ESTADO (TURIYA)*	SUPER-CONCIENCIA*

Tabla 9: Relación entre el Aum (Om), los cuerpos (dehas), los planos de conciencia, los estados de conciencia y los niveles de conciencia

Realmente ***Turiya*** no es un estado, sino que es "el estado", pues es aquella Conciencia única, innacida y origen de todo. Los otros tres estados son modificaciones de este ***Turiya*** o ***Brahman*** (Super-Conciencia).

Del innacido ***Brahman*** o Dios emergió el sonido primordial ***Aum*** o el Verbo, y, como ya se destacó en un párrafo anterior, por medio de esta misma vibración podemos volver nuevamente a nuestra fuente original. El ***Aum*** es la conexión más directa,

---

* Son base y sustento de los demás.

original e ideal para alcanzar la plenitud de conciencia y emancipación sobre la ilusión. Así las cosas, el **Ashtanga-Yoga** facilita y allana dicho proceso.

Aquel que sabe y practica esto con plena conciencia, sinceridad e intensidad, alcanza el más alto cielo.

¿Cómo escalar en los planos de conciencia?

Tal como se mencionó en el Capítulo VII sobre "Dhyana", se hace necesario conocer el camino a transitar para saber cómo ascender por el mismo. En dicho capítulo se explicó cómo escalar en los estados de conciencia. Adicionalmente en el presente capítulo, en la sección inmediatamente anterior denominada *los estados de conciencia y el Om* se lo profundizó. Ahora vamos a ahondar en el funcionamiento y dinámica de la ascensión en los planos de conciencia. Realmente no hay diferencia alguna en el escalar ya sea de los llamados estados o planos de conciencia; sin embargo, sí es de vital importancia abarcar desde todas sus aristas sus características e implicaciones.

Como se indicó en su momento, la bienaventuranza es vibración y por ende, el **yivatma** solo puede escalar en los planos de conciencia a través del poder de concentración y atracción: cuando sentimos, pensamos, hablamos o actuamos, activamos la atracción como magnetismo y volvemos manifiesto el conocimiento latente, sobre todo cuando dicho conocimiento es de nivel trascendental o de muy largo plazo.

Mientras más elevado sea el nivel vibracional que emita la conciencia individual (**chitta**), mientras más perfecta sea la pureza (**satwa-guna**: sin atributos, sin mente, sin deseos) del **yivatma**, su comunión con el Espíritu Santo, con la bienaventuranza, con **Narayana**, será más intensa y estable, que es lo que se busca desarrollar por medio del **samadhi**.

Se debe existir para conocer. Existir se refiere al siempre presente y eterno Ser. Conocer se refiere a la Conciencia única e infinita, enérgica y fuente de toda memoria y sabiduría. Cuando realizas que eres Ser (eternidad) y Conciencia (Omnipresencia, Omnipotencia y Omnisciencia) emerge la bienaventuranza. De aquí lo que se conoce como **Sat-Chit-Ananda**.

La ruta Ashtanga-Yoga

Los primeros pasos del **Ashtanga-Yoga** están dirigidos al control sobre el cuerpo y sus sentidos de la percepción (**yama**), el proceso de purificación (**niyama**), postura (**asana**), energización (**pranayama**) e introspección (**pratyahara**). Sólo luego de esto, el aspirante está apto para concentrarse adecuadamente (**dharana**).

Tanto en **pranayama** como en **pratyahara** se comienza a desarrollar conscientemente la comunión interna con la Conciencia Cósmica o el Espíritu Santo, gracias a la energía vital y al control de la misma en nuestro interior, respectivamente.

Aquí se recomienda utilizar un medio que facilite esta comunión, que eleve la *energía radiante espiritual*. Por esto y por lo expuesto en los párrafos precedentes, se recomienda el canto del **Om**[*]. Al cantar el **Pranava**[†], específica y conscientemente, el aspirante debe movilizarse y ascender con cada **matra** que vaya cantando. En todo momento debe vivir el **bhava**, o sea, el regocijo de la experiencia, que cada vez se vuelve más intensa con y por su **Ishtadevata**.

Citando nuevamente a la sección *los estados de conciencia y el Om*, durante dicho escalar por medio del canto del **Aum** (**Om**, *Amén*, *Amín* o del nombre de su preferencia espiritual), la concentración (**dharana**) corresponde al primer **matra**, o sea, la letra "A". Así se eleva del plano material (**viswa**) al plano de la luz (astral), mismo que corresponde al canto del segundo **matra**, la letra "U". Desde este plano, y por medio de la meditación (**dhyana**) se escala de **taiyesa** (plano de luz o astral) al plano más sutil que lo sutil denominado **prajña**[‡] que corresponde al canto

---

[*] Se debe cantar el *Omkar* (21 veces el *Om*) de manera consciente, o sea, cada *matra* debe ascender al practicante en el plano de conciencia correspondiente. Ahora si usted es cristiano, musulmán o de otra cultura religiosa/espiritual, puede usar el nombre de su preferencia (*Ishtadevata*), como por el ejemplo Jesús, Buddha, Alá, etc. y adaptar los cuatros matras apropiadamente, cantándolo de tal manera que se cumpla conscientemente con el propósito de que sean un medio para el escalar en los planos de conciencia.

[†] Otro nombre para el sonido primordial *Om*.

[‡] *Prajña*: Término sánscrito compuesto por *pra*: anterior, fuente y *jña*: sabiduría. Significa "fuente del conocimiento". También se la conoce como plano causal, pues como su nombre lo indica, es causa de todo. Las impresiones (*samskaras*) o registros *akhásicos* (el inconmensurable espacio de la conciencia infinita) de vidas pasadas e incluso de la presente, quedan grabados en este plano de la

del tercer **matra**, la letra "M"; y, de este plano, se escala a **Turiya** o Super-Conciencia, que corresponde al cuarto **matra** (o **a-matra**), que es el silencio.

Ya sea que escalemos espiritualmente por medio del vehículo del **Om**, de los cuerpos, de las envolturas, de los planos de conciencia, de los estados de conciencia, de los niveles de conciencia, etc. la ruta del **Ashtanga-yoga** es muy clara y precisa: ascender del plano material al plano espiritual por medio de sus comprobadas y exitosas técnicas científicas. A continuación la ilustración que diagrama y explica *"La Ruta Ashtanga-Yoga"*:

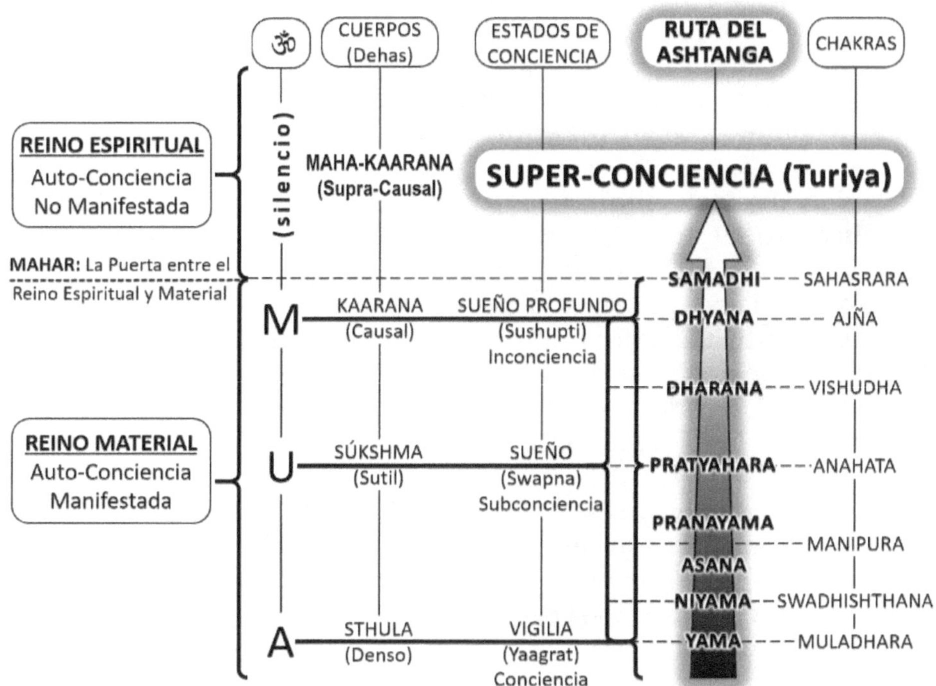

Ilustración 27: La ruta Ashtanga-Yoga hacia la Super-Conciencia

El Samadhi como instrumento de ascención

En el **samadhi** pasamos de la etapa de contemplación (proceso meditativo) a estar totalmente absortos, sin sensaciones corpóreas ni pensamientos, solo silencio, expansión y unidad en

---

misma forma en que las semillas contienen en sí mismas su información genética.

la conciencia. Llegar a este estado es una consecución natural de la Gracia de Dios, del Divino proceso de **Shiva** y **Shakti**[**], y del maestro espiritual (**gurú**)[‡]. Este último, en ciertas ocasiones y con la finalidad de facilitar el proceso del **sadhaka** (aspirante espiritual), hace las veces del **Ishtadevata**.

Por lo anteriormente expuesto, **samadhi** puede ser de dos tipos: **Savikalpa-Samadhi** y **Nirvikalpa-Samadhi**.

Samadhi con características: Savikalpa-Samadhi

Es estar absortos en el "Ser con características" (**savikalpa**); en fin, aún persiste la dualidad. Es estar absortos en la semilla ¿Qué se quiere decir con la palabra semilla? Es conocido que en dicha unidad reproductiva (semilla) está contenida toda la memoria genética necesaria para que pueda nacer y convertirse en un enorme y frondoso árbol.

De manera similar, y dentro del contexto espiritual, la semilla contiene todas las características necesarias de un objeto específico; por ende, si hay semilla hay objeto, y si un objeto es susceptible de ser observado, por ende, persiste la relación sujeto-objetiva, continua la ilusión de individualidad, de separación, de dualidad. Es decir, se está absorto observando (sujeto) aquello que es venerado (objeto) en comunión ininterrumpida (significado). Persiste la conciencia individual[*].

En el **savikalpa-samadhi**, el aspecto del **triputhi** muta de tres participantes (sujeto-significado-objeto) a dos (sujeto-objeto)[†], debido a que el objeto y el significado se funden en uno sólo, producto del estado de observación y de absorción trascendental.

[**] Repasar el Cap. IV sobre el "Pranayama", sección "Kundalini: El Principio Energético Fundacional", pág. 111.

[‡] Término sánscrito compuesto por *gu*: oscuridad y *ru*: que disipa. El *Gurú* es aquel quien disipa la oscuridad de la ignorancia.

[*] En el capítulo anterior sobre "Dhyana" se recomienda permanecer en el *Ajñachakra* o entrecejo. También se narró una alegoría sobre dos vasijas: una con aceite (Dios) y otra inmediatamente inferior vacía (devoto) y que el proceso meditativo era el fluir permanente del aceite de Dios al devoto (ver Ilustración 23). Este ejemplo ayuda a ilustrar la dinámica del *triputhi*, misma que se encuentra en toda la naturaleza, tanto lo sutil como lo burdo.

[†] Ver Ilustración 28.

La esencia del Ishtadevata: Samyama

Trascender la forma y permanecer en su esencia (o sea, sólo en su significado) es lo que se conoce como *"samyama"*. Estando absortos en este *samyama*, el hijo de Dios recibe las características de su *Ishtadevatha*, elevándose espiritualmente. Su progreso espiritual llegará a un punto en donde podrá adquirir todos los atributos de su objeto de veneración. Adquirirá características que antes no poseía. Podrá entender cosas que no conocía, y, mientras su meta sea espiritual, cualquier lugar que pise se volverá santo y sus palabras serán sabias.

En el Cap. V sobre el "Pratyahara" se explicó que su objetivo principal es el cambio de dirección de los sentidos junto a su regente, la mente, pues ambos naturalmente buscan ir hacia afuera, por lo que se hace necesario re-orientarlos hacia adentro: de lo externo a lo interno. En este paso, el del *pratyahara*, los pensamientos son necesarios.

Al llegar al *dharana*, al inicio del mismo aun dichos pensamientos son útiles y necesarios, pero poco a poco, y por medio del proceso de concentración, estos se van desvaneciendo quedando únicamente su significado, su esencia. Las características del objeto sobre el cual se piensa y se concentra se van consumiendo y permanece únicamente su conocimiento, significado, sustrato.

Es similar al proceso de elaboración de un perfume: se utiliza inicialmente flores, que junto a otros ingredientes y por medio del calor se destila quedando únicamente su esencia. A este proceso se le conoce con el nombre de *samyama*.

Es sobre este *samyama* (significado, conocimiento) que continúa el proceso hacia *dhyana* (meditación) y luego se procede al siguiente y último paso del *Ashtanga-Yoga* llamado *samadhi*.

La ventana de cristal: el reflejo

En el Cap. VI sobre el "Dharana" se destaca la *importancia de la saturación en el satwa-guna* por medio de una analogía de la ventana de cristal. Se menciona que el *satwa-guna* (la cualidad de la pureza) mientras más pura y presente sea su saturación en nuestras vidas, mientras más *energía radiante espiritual* se manifieste, tanto más se revelarán las cosas tal como son, o sea, mientras más limpio y de mejor calidad sea el cristal, más fidedigno será el reflejo y también lo que se observe a través del mismo. Entonces, ¿Dónde radica su importancia?

Por medio de este proceso y gracias a la calidad de la pureza (**satwa-guna**) del reflejo sobre el cristal (la mente), el observador (el testigo o **jñatham**) se da cuenta quién es. El Hijo de Dios logra revelar su más íntimo tesoro: aquello que siempre ha buscado, que ama y que es su objeto de adoración (**Ishtadevata**) está reflejado en el cristal, ha sido y es él mismo, descubriendo así su verdadera identidad.

Nuevamente destacar lo fundamental de la limpieza y calidad del cristal, o sea, de los **gunas**: trascender **tamas** y **rayas** y saturarse de un sacro e intenso **satwa-guna**. La fiesta espiritual está en todo su esplendor. Sri Sathya Sai Baba lo describe como **prema-rasa**[*]. La abeja zumba mientras vuela, pero, cuando se posa en la flor de loto, el silencio es absoluto, mientras succiona su néctar.

Como se mencionó anteriormente, esta experiencia se da en el plano de conciencia de **prajña** (fuente del conocimiento), en el **kaarana-sarira** (cuerpo causal), en el estado **sushupti** (sueño sin sueños). En este punto, el Hijo de Dios está preparado y listo para asumir el trono.

Samadhi sin características: Nirvikalpa-Samadhi

Es estar absortos en el "Ser más allá de las características" (**nirvikalpa**); en fin, más allá de toda la dualidad. Es equilibrio sin características o semillas. En este caso, ¿Qué se quiere decir sin semilla?

Si no hay semilla no hay fruto, en otras palabras, no hay objeto, y sin objeto no existe nada que observar; por ende, desaparece la relación sujeto-objetiva, se trasciende la ilusión de individualidad, se supera la separación, desaparece toda dualidad, se consume toda característica. De esta manera, el yo individual (**chitta**) se torna uno con el Yo Universal (**chit**). Se trasciende la conciencia individual hacia la conciencia de unicidad. Se "Es" la Eterna y Sacra Conciencia Única y Universal.

---

[*] La experiencia de libar del néctar del Divino Amor.

Para acceder a este ***nirvikalpa-samadhi*** se hace necesario trascender todo nombre y forma; debe quemarse cualquier rastro de semilla y solo permanecer en el significado. El aspirante debe establecerse únicamente en el **samyama** del **Ishtadevata** y nada distinto a esto.

A diferencia del ***savikalpa-samadhi*** en donde el ***triputhi*** muta de tres participantes a dos (sujeto-objeto), en el ***nirvikalpa-samadhi*** se trasciende absolutamente toda multiplicidad, pues el sujeto se funde en el objeto† resultando una unidad única, sagrada y perfecta.

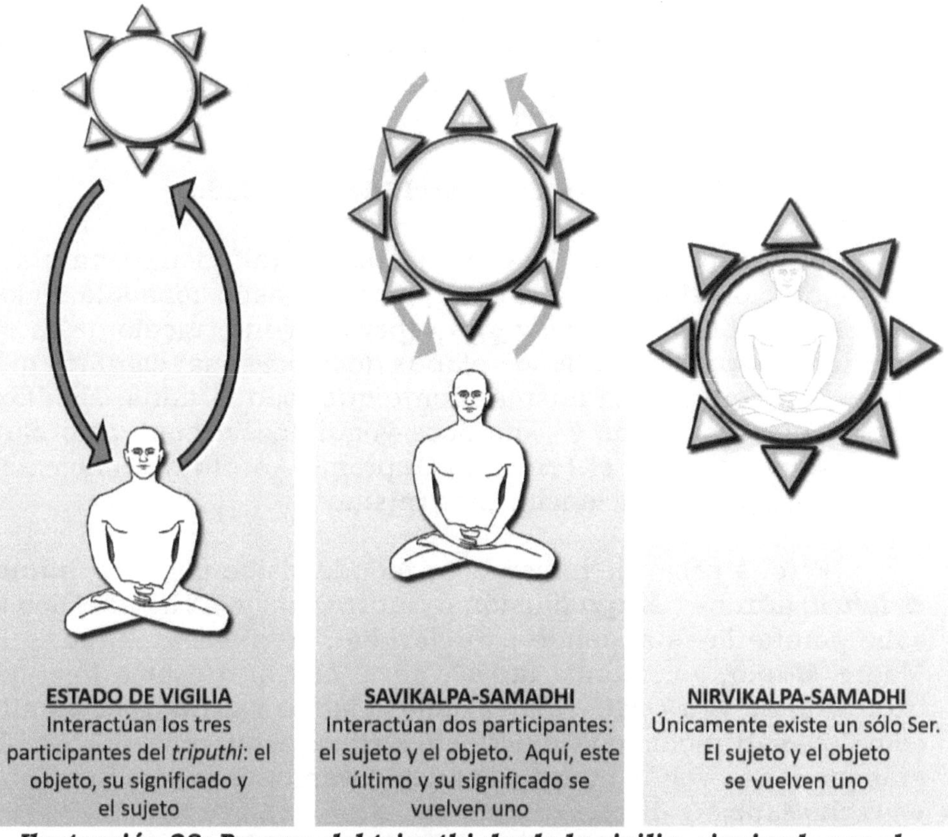

Ilustración 28: Proceso del triputhi desde la vigilia, siguiendo por el savikalpa-samadhi hasta alcanzar el nirvikalpa-samadhi en donde existe un único y omni-abarcante participante: el Ser

---

† Recordar que en el anterior *samadhi* (*savikalpa-samadhi*) el objeto y el significado ya se habían fundido en uno sólo.

Sólo una pureza completa, entrega y rendición hacia el *Ishtadevata* y al **Sad-gurú** (Maestro verdadero) puede generar un torrente de Divina Gracia que finalmente florezca en el **nirvikalpa-samadhi**, pues es aquí donde se quema la barrera final, se supera el último obstáculo de ilusión: el **Ishtadevata**, al propio objeto de adoración. La separación con Dios se trasciende para alcanzar la meta final más elevada: la totalidad del Ser, la Conciencia Única y Divina que es la razón de ser de todo y al mismo tiempo no tiene relación con nada.

El *Amor* de y por Dios es tan inconmensurable que no se soporta más la idea de separación, llegándose incluso a trascender el sagrado rol amado-amante. La única manera de calmar dicha sed espiritual es transformándose en el mismo objeto de veneración: **Ser uno con el Amor Eterno**. Cualquier rastro de ego e individualidad desaparece fundiéndose en la Unicidad y Universalidad del Ser.

La ventana de cristal: del otro lado

Del "otro lado de la ventana de cristal" tiene una clara representación simbólica; es decir, significa estar más allá de los **gunas** y también del **satwa-guna** (pero por intermedio de este); significa estar más allá de los planos de conciencia; significa que ya no es reflejo sino la misma fuente que todo ilumina; significa "ver" lo que los sabios y científicos-yoguis describen como **Sat-Chit-Ananda***, como el Principio Supremo Absoluto, Conciencia Suprema, Super-Conciencia, Dios mismo.

Pero, a pesar de haber alcanzado la visión perfecta (**sama-drishti**), aún hay **Maya** (ilusión o Naturaleza) y el Hijo de Dios lo sabe porque la está viendo con claridad, ve a **Maha-Maya**, a la Madre **Maya**†, ¿en dónde la ve?, en el cristal o espejo (mente), expresión de **Prakriti**‡. Este espejo prístino y puro (gracias a la completa saturación en un perfecto **satwa-guna**) refleja al Ser. El gran científico Yogui, cuerpo de Luz, claramente se ve a Sí mismo en dicho espejo y dice:

---

*   Ser-Conciencia-Bienaventuranza. "Viveka Chudamani"[15] de Sri Shankaracharya, aforismo 26.

† Se refiere a Dios expresado como naturaleza total, en todas sus modalidades.

‡ Término sánscrito compuesto por *pra*: principio o fuente y *kriti*: crear. Es la fuente de la cual emergió toda la naturaleza, lo material y lo inmaterial.

"Oh! Querida Madre Maya,
estoy viendo la belleza eterna y bienaventurada y
me doy cuenta que es un reflejo de mí mismo
¡No estoy dispuesto a seguir viendo un reflejo!"

El Hijo de Dios se da cuenta que el reflejo y lo que se observa por el cristal son uno y lo mismo y en dicho momento comprende la unidad de lo individual y lo universal, desvaneciéndose así la ilusión de la multiplicidad de características y objetos. De esta manera, se hace efectiva la sagrada herencia prometida, el más alto cielo: la Conciencia Divina, la Super-Conciencia. El Hijo de Dios pasa a sentarse junto al Padre.

Así, desechando esa pequeña separación que yacía como el último velo de ilusión, alcanza la majestad en **Turiya**. Esta es la realización y la plenitud del viaje de humano al del Ser y Conciencia perpetua, perfecta y absoluta.

Sólo el ser humano tiene la condición latente para alcanzar el más alto estado de evolución en toda la creación, de manera directa y perfecta, desde el inframundo de **Bhur-loka*** al estado original, el **Purusha**.

"Sean ustedes perfectos, como su Padre que está en los cielos es perfecto"

Mateo 5:48

El **sadhaka** deja su vestidura individual (Hijo de Dios) y asume completamente su herencia Real (realeza, majestad). Podrá continuar encarnado o no, percibirse individual o no, tomar decisiones o no, experimentar o no, podrá incluso parecer afectado por su entorno, pero siempre será el Absoluto Universal, su proceso es irreversible en lo físico, mental y espiritual. Será la misma fuente de sabiduría, por lo que nada estará fuera de él: ni las causas, ni las consecuencias, ni el tiempo, ni el espacio.

"Entonces, el Señor Jesús, después de hablar con ellos,
fue recibido en el Cielo y se sentó a la diestra de Dios"

Marcos 16:19

---

* Estado de conciencia de la vigilia. Es estar en el mundo físico como tal.

No es que uno u otro hayan desaparecido, sino que son uno, sólo queda el Uno, sólo se es. No hay dualidad, no hay causa ni efecto, por ende, no hay semilla. El Hijo de Dios se vuelve uno con Su Padre. Es un verdadero ***yivan-muktha***[†].

Esta es la meta final del ***samadhi*** y también del método estudiado ***Ashtanga-Yoga***. El que alcanza este estado, alcanza la liberación ¿liberarse de qué? De la esclavitud provocada por la ignorancia de no saber *quién soy yo*, sucumbiendo así a la dualidad de la naturaleza, misma que acarrea la triple aflicción del dolor, la miseria y el sufrimiento. Esta es la tragedia y el drama en que se encuentra sumida toda la humanidad.

Al haber trascendido los instintos más básicos y luego ir escalando hasta la visión perfecta en el ***samadhi*** (***sama-drishti***), no hay más engaño, el príncipe heredero ha vencido y con pleno conocimiento de su realeza y de cómo asumirla, está listo para ocupar su trono. El ***Brahma-Vidya***[*] ha consumido todo ***karma***, impresiones, tendencias, impulsos, deseos y hasta la misma individualidad, así como en el proceso de fundición de minerales se remueve la escoria para que quede el puro y brillante oro.

Este no es un estado, realmente es "el estado", y para fines de comprensión, se le denomina Auto-Realización del Ser, Super-Conciencia, ***Turiya*** (cuarto estado), ***Kaivalya*** (beatitud), ***Maha-kaarana-deha*** (cuerpo supra-causal), ***Nirvana*** (trascendencia individual), etc. Finalmente se alcanza el significado de que todo es uno y lo mismo.

> *"Este Sí mismo es Brahman (Dios)"*
> *Ayam Atma Brahman*
> ***Maha-vaakya*** del Atharva Veda

En este paso, la experiencia es trascendental; o sea, vivimos en la Conciencia del Espíritu y, por ende, se alcanza la inmortalidad.

[†] Cuando por medio la práctica disciplinada de estas técnicas se alcanza un dominio total sobre las capacidades humanas, las cuales permiten ascender al nivel supra-humano y permaneciendo aun en el cuerpo físico, al individuo se le denomina *yivan-muktha* (liberado encarnado). Ahora, existe otro método para alcanzar el más alto cielo y es cuando, una vez logrado un autodominio completo a voluntad, se desencarna naturalmente, o sea, no intencional, al individuo se le denomina *videha-muktha* (liberado desencarnado).

[*] Término sánscrito que significa "Conocimiento de Dios".

"Concederé al vencedor que se siente conmigo en mi trono, pues yo también, cuando vencí, me senté con mi Padre en Su trono"

Apocalipsis 3:21

¿Qué es la realización?

Desde la fuente de toda miseria **avidya** (ignorancia, oscuridad), trascendemos cada uno de los planos de conciencia: físico (**sthula-deha** o **Bhur-loka**), sutil (**sukshma-deha** o **Bhuvar-loka**) y causal (**kaarana-deha** o **Swahar-loka**) hasta llegar a lo Supra-causal o Super-Conciencia (**maha-kaarana-deha** o **Turiya**).

Este último plano corresponde al estado de **nirvikalpa-samadhi** y es el estado final de la Divina Auto-Conciencia Universal, también conocido como **Virash-Purusha**, el gran Ser y fuente de sabiduría universal.

Una vez que se recupere el gobierno sobre los tres estados de conciencia, se despierta a la realidad de que aquellos se asientan sobre un único principio inmaculado denominado **Turiya**; o sea, la conciencia individual, luego de reconquistarse por medio de la purificación, realiza que es la misma Conciencia Inmaculada Universal. Todas las experiencias, sujetos, significados y objetos fueron siempre expresiones de una misma sustancia, la Conciencia Única y Prístina conocida como Dios. Despertar a esta verdad es lo que se conoce como estado de **Turiya**. Nuevamente, no es otro estado de conciencia (aunque muchos estudiosos lo definan así), sino es el estado *per se*. Es la Conciencia Inmaculada Universal o Super-Conciencia.

Alcanzar la completa realización es escalar, por medio del **samadhi**, del último y más elevado plano individual llamado causal*, hacia lo Supra-causal conocido como "Estado de **Turiya**" (también llamado Super-Conciencia, **Kaivalya, Sakshatkara, Saayujyam**, entre otros). Aquel que alcanza el estado original, lo alcanza todo. Este estado está más allá del estado de **moksha*** (liberación) puesto que, en este último, a pesar de ya estar liberado de la ignorancia primordial, aún se puede permanecer en las envolturas de la Madre **Maya**.

---

* Mismo que aún posee un velo fino de ilusión, aunque este último ya no distrae al *yivatma*, pues ha alcanzado la Visión Perfecta (*sama-drishti*).

Este estado de **Turiya** es la plenitud del Ser. No es totalidad ni vacío, ni algo, ni nada, ya no hay un más allá, pues sólo se es Él mismo. No hay vestigio alguno de materia o ilusión, pues sólo se es Conciencia. En este sublime estado incluso se podría estar en un vehículo individual, pero siempre con plenitud y sin afectación alguna. Todo lo que vea, toque o hable será puro y purificará, será elevado y elevará, será santo y santificará, será trascendente y trascenderá.

Quien alcanza **Turiya**, por medio de la satisfacción y trascendencia de todos los pasos anteriores, ciertamente alcanza la Conciencia Perfecta del Ser, la Super-Conciencia, el **Purusha, Brahman** (el Ser Supremo), **Paratatwa** (el Principio Trascendental). A esto se le denomina Auto-Realización o **Kaivalya**[†].

En este punto aún persiste la semilla de la ilusión cimiente, pues como se ha señalado (y experimentado al ponerlo en práctica), algo que tenga alguna característica, que pueda ser observado (inclusive la auto-conciencia), por más ínfima que sea, significa naturaleza o dualidad. El **Virash-Purusha** es la Divina Auto-Conciencia Cósmica (lo no manifestado, Super-Conciencia, **Turiya**), el último escalón a superar, la huella final a seguir. Falta trascender este último tramo: desde la "Auto-Conciencia no manifestada" hacia la "Conciencia Primigenia" o "Fuente Primordial".

El cuarto estado, también llamado **Turiya** (literalmente significado 4to) es la Auto-Conciencia Cósmica, el Gran Espíritu, el **Virash-Purusha**, Dios. **Turiya** es la base o fuente primordial para toda manifestación cósmica. Observar también que se utiliza el término "Auto-Conciencia" ya que "al principio solo estaba Él (Conciencia Divina Primigenia) y decidió amarse a Sí Mismo (Auto-Conciencia Divina Cósmica)"; o sea, la Conciencia Divina, que reposa en un Océano de quietud y equilibrio absoluto, se observó a Sí misma y en dicho momento se volvió Auto-Consciente. Este 4to estadio es Auto-Conciencia Divina, en otras palabras, lo Divino se observa así mismo.

---

† Término sánscrito que literalmente significa emancipación.

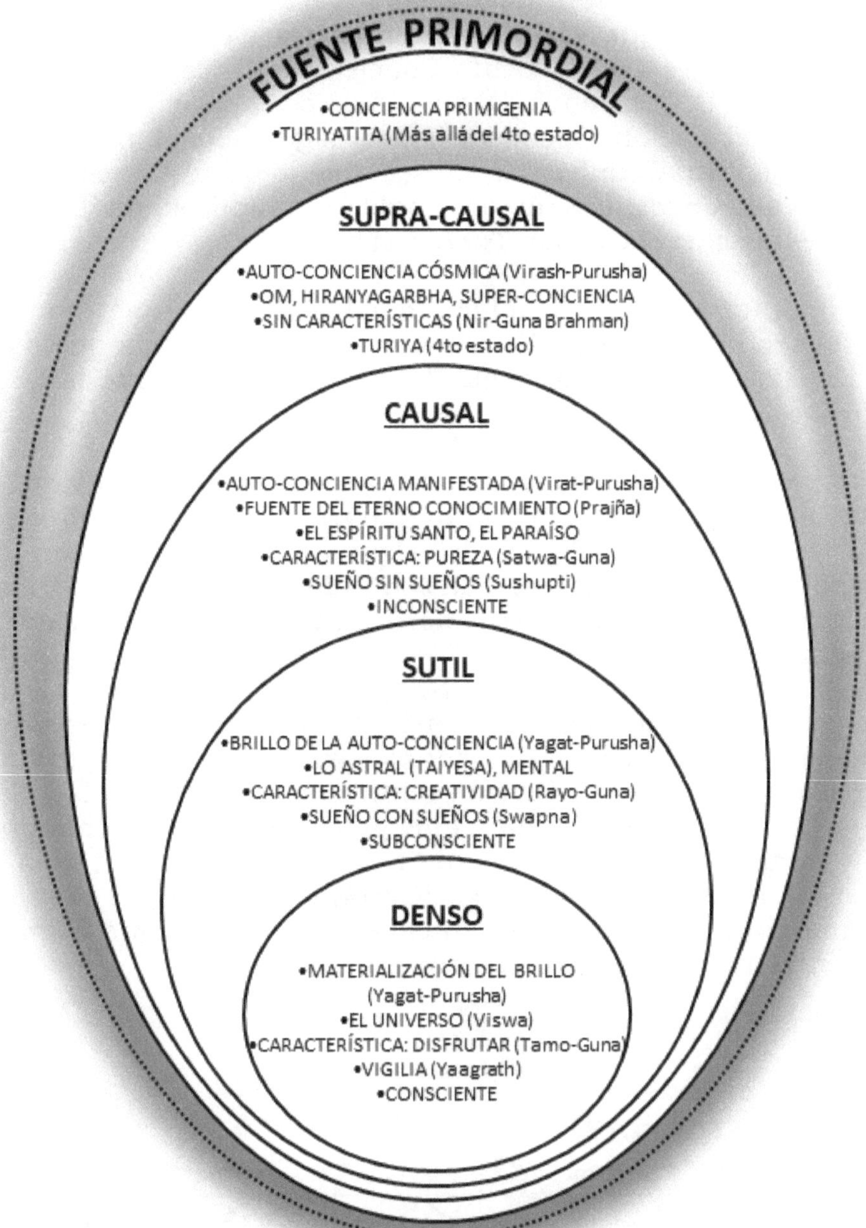

Ilustración 29: Los planos de conciencia incluso desde antes de la génesis (Fuente Primordial); la génesis como tal (Super-Conciencia, Supra-Causal); causa, ideación y evolución (el resto)

El estar en ***Turiya*** es estar exactamente en el 4to estado, fuente de todo o base fundacional. Trascender esto es alcanzar el ***Turiyatita***, que significa literalmente "estar más allá de ***Turiya***". Antes de la Auto-Conciencia Divina está sólo y únicamente la Conciencia Divina. Este es el principio de la Gran Auto-Manifestación Cósmica, y así, siguiendo el rastro de la huella espiritual universal, o sea, de la Auto-Conciencia, se regresa a la Conciencia imperturbable e inmanifestada. Esto es lo que se busca explicar por ***Turiyatita***.

Sinceramente le pido, amable lector, que continúe buscando comprender sólo a través de la experiencia que otorga la práctica, propiciando sabia, humilde y permanente la Gracia de Dios.

En este punto, y, por seguridad del practicante, se recomienda permanecer en el último paso del ***Ashtanga-yoga***, o sea, en ***samadhi***. Sin duda alguna, continuando con esta práctica que entrega la sagrada comunión con el reino de Dios, la completa realización se dará de manera natural y espontáneamente.

Querido lector, este método científico ancestral se encuentra lejos del entendimiento terrenal, pues está más allá del espacio-tiempo-mente. En este sentido, se deja trazada la hoja de ruta científico-espiritual para que, gracias al conocimiento previo del camino que se tiene que transitar, la meta pueda ser alcanzada de manera exitosa, directa, sin pérdida de tiempo ni distracciones. No busque entender; mejor busque caminar, experimentar, comprobar, recordar y realizar.

"Yo y el Padre somos uno"

Juan 10:30

"Yo soy la Luz" significa que se trasciende la ilusión de dualidad de lo externo "yo estoy en la Luz" y lo interno "la Luz está en mí", quedando sólo la Luz. La Luz representa lo puro y sagrado: ¡Dios! Propóngase como meta realizar este significado (***samyama***).

TESTIMONIOS FINALES

Yo soy

Lucha, pues luchando se va escalando;
cree, porque creyendo se va iluminando;
vive, porque viviendo se va experimentando;
así las llaves del más alto cielo serán confiadas,
junto al invaluable tesoro de la inmortalidad

Beneficios adicionales de la práctica del Ashtanga-Yoga

La práctica de esta disciplina no solo otorga la más alta meta, sino que también, por añadidura, entrega beneficios muy valorables y prácticos para la vida diaria.

Dar el justo valor a las cosas

La dinámica de esta manifestación cósmica es un constante dar y recibir. Aceptar las cosas tal como son, ni más ni menos y, a partir de esto, dar siempre la mejor atención y energía, con la excelencia de nuestras capacidades, sin esperar nada a cambio, pues la recompensa está en el mismo acto de dar.

No a la pre-ocupación ni post-ocupación

Valorar quien soy: Yo soy un ser ahora manifestado, ahora individual, consciente de que no sólo habito en un plano de conciencia, sino que estoy siempre presente en todo momento y que pertenezco a una estirpe sagrada e inmortal que es la misma e igual para todo el género humano.

El ser conscientes de que no solo vivimos en el estado de vigilia, nos revela que este plano no es el principio ni el fin; y por ende, todo problema es pasajero.

Mejorar y prolongar la calidad de vida[*]

Recuerda que al realizar la verdad de que no sólo habito en el estado de vigilia sino que estoy siempre presente en el sueño y en el sueño profundo y aún más allá de estos (*Turiya*) revela que soy un ser inmortal y, por ende, los seres que me rodean, también lo son. Vamos a formular la siguiente reflexión:

1. **En el estado de vigilia no hay descanso de ningún tipo:** Todos los sistemas y órganos se encuentran alertas, por ende, van consumiendo las provisiones energéticas.
2. **El cuerpo físico descansa en el sueño:** Dejamos de ser conscientes del cuerpo físico y entramos en el plano sutil[†]. Aquí sólo descansa el cuerpo físico, sobre todo lo múscular.
3. **El cuerpo mental descansa en el sueño profundo:** Dejamos el cuerpo mental y entramos en el plano causal. Aquí descansa lo anterior más la mente y el sistema nervioso voluntario (central y periférico-somático).
4. **El cuerpo causal descansa en el sueño eterno:** Dejamos el cuerpo causal y entramos en el descanso eterno. Aquí reposa todo lo anterior más el sistema nervioso involuntario (periférico-autónomo).

Los procesos humanos detallados en los cuatro puntos anteriores son gobernados por el hipotálamo que a su vez afecta al sistema nervioso involuntario (periférico-autónomo); en otras palabras, el individuo no tiene voluntad sobre los mismos, a lo mucho solo puede propiciarlos. Estos sistemas nunca descansan, por ende, se deterioran y no logran recuperarse, produciéndose la desencarnación o muerte del cuerpo físico.

---

[*] Aviso importante: El control del sistema involuntario no debe practicarse bajo ningún concepto, peor aún sin la guía y conducción de un instructor cualificado y probo (*sad-gurú*). La mejor manera de identificar a un maestro verdadero es tan sencillo como verificar de manera clara, contundente y sin duda ninguna que, en su día a día, viva y realice todo aquello que pretende enseñar. Si es así, es un maestro verdadero; caso contrario, lo recomendable es alejarse de inmediato de este tipo de personas. La descripción de estos beneficios no busca ubicarlos como el objetivo principal de esta obra, sino dar a conocer los beneficios colaterales de alcanzar una plena capacidad humana. Sería un lamentable error dar prioridad a lo colateral en lugar de la meta principal, nuevamente, la total realización de las capacidades que el ser humano dispone.
[†] El término sutil es muy usado en esta obra para definir aquello que carece de masa, por ende, tiene la capacidad de moverse a la velocidad de la luz e incluso más allá de esta, lejos y distinto del concepto velocidad, tiempo y espacio.

Precisamente el método del **Ashtanga-Yoga** puede desarrollar la capacidad para dominar los sistemas involuntarios del cuerpo humano y, por ende, hacerlos descansar, revitalizándolos y prolongando la vida humana de manera natural.

Las cuatro preguntas fundamentales

*"Si tan solo hicieran las preguntas "¿Quiénes somos? ¿De dónde venimos? ¿A dónde vamos? ¿Cuánto tiempo estaremos aquí?", la verdad podría alcanzarse con facilidad. Estas interrogantes son la característica de la discriminación (**viveka**). Por medio de esta discriminación, la idea de que el mundo es impermanente quedará muy arraigada en la mente, todos los apegos cesarán de manera automática. Este es el estado de renunciación o desapego (**vairagya**)"* [5].

Bhagawan Sri Sathya Sai Baba

La perfección y plenitud humana están basadas precisamente en el descubrir de la totalidad de nuestras capacidades, nuestras virtudes, nuestro verdadero tesoro, que como se ha mencionado a lo largo de esta obra, yace en absolutamente todos los seres humanos. Si tan sólo indagáramos con sinceridad y profundidad en estas cuatro preguntas, obtendríamos respuestas a todas nuestras dudas e interrogantes.

A través de los tiempos, el mensaje que ha llegado a la humanidad es que sólo un minúsculo grupo de personas han estado predestinadas para alcanzar la plenitud humana o el despertar superior. Parecería ser una misión imposible, algo muy lejana, distante y distinta, hecha de una especie de material imaginario y que, por más esfuerzo que se realice, el avance aparenta ser muy limitado en comparación a los testimonios de varios textos que narran historias sagradas de aquellos que alcanzaron la plenitud espiritual.

Pero esto no es así, de ninguna manera, nada más alejado de la verdad. La sagrada meta espiritual es y está al alcance de todos, tan cerca que basta con estar conscientes, observar de verdad, escuchar con atención, estar abiertos a develar la realidad. Sí, esta sagrada ciencia está dirigida y diseñada para usted, para las personas que le rodean, para beneficio de todos y también para dar testimonio que el sagrado **Sanathana Dharma** es una verdad palpable, que cualquier persona que disponga de ella, alcanzará el dominio sobre la naturaleza y, por ende, la plenitud humana.

No se trata de...

I

No se trata de imaginar, sino de vivir;
no se trata de aparentar, sino de establecer;
no se trata de soñar, sino de experimentar;
no se trata de fortuna, sino de disciplina.

II

No se trata de recibir, sino de entregar;
no se trata de poseer, sino de soltar;
no se trata de aislarse, sino de aliarce;
no se trata de unos cuantos, sino de todos.

III

No se trata de buscar, sino de dejar salir;
no se trata de aprender, sino de despertar;
no se trata de llenar, sino de Unificar;
no se trata de razonar, sino de realizar.

IV

No se trata de insistir, sino de perseverar;
no se trata de desear, sino de anhelar;
no se trata de satisfacer, sino de trascender;
no se trata de creer, sino de Ser.

El despertar de la sagrada energía "Kundalini"

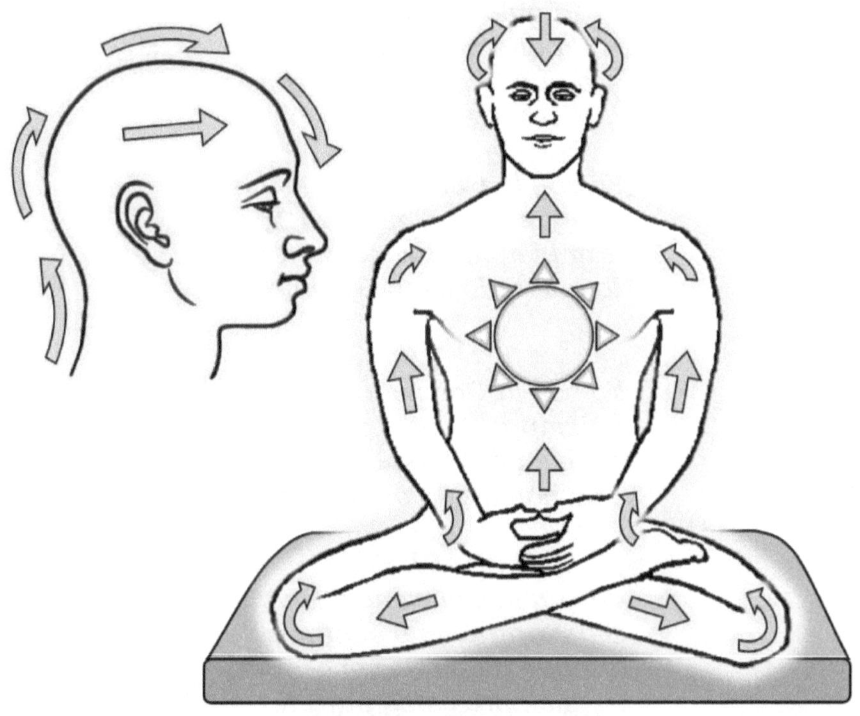

Ilustración 30: Representación del despertar de la sagrada energía "Kundalini" y su circulación, vibración e intensidad en el autor

El 14 de junio del año 2020 el autor vivió el sagrado despertar del **"Kundalini"**, en un contexto del **sadhana** interno, en el horario del **Brahma-muhurta**. Fue un despertar espontáneo de energía en movimiento: vigorosa circulación y vibración. Hasta el día de hoy dicha sagrada vibración permanece estable y manifiesta, sobre todo en las zonas del **brahmarandhra** y **sahasrara**.

Esta obra es testimonial y ha sido desarrollada en base al legado ancestral escrito (**paroksha-jñana**) y al fruto de la experiencia y conocimiento directo (**aparoksha-jñana**) por los que el autor fue agraciado misericordiosa y piadosamente por la Sagrada Conciencia Suprema.

Yo soy la Conciencia Divina

I

Yo soy la Conciencia Divina;
la que a todo ilumina,
la que a todo da vida,
la que te rodea de dicha.

II

Yo soy la Conciencia Divina;
aquella que mora en ti,
también la que mora en él,
la que todo espacio abarca.

III

Yo soy la Conciencia Divina;
la siempre Reina del presente,
también del pasado y futuro,
la no nacida, la omnipresente.

IV

Yo soy la Conciencia Divina;
así afirmes no sentirme,
aunque digas no conocerme,
siempre estoy para ti.

V

Yo soy la Conciencia Divina;
la que te enriquece con preciados dones,
como el despertar a la vida,
así como el despertar al conocimiento.

VI

Yo soy la Conciencia Divina;
que aguarda con eterna paciencia,
a que algún día preguntes por Mí,
y con mucho amor te diré "Heme aquí".

VII
Yo soy la Conciencia Divina;
que te guía con certeza infalible,
hacia la meta más sublime,
la más anhelada y atesorada de todas.

VIII
Yo soy la Conciencia Divina;
porque al llegar al Divino Puerto,
te recibiré con los brazos abiertos,
para fundirnos en el amor sempiterno.

IX
Yo soy la Conciencia Divina;
porque mi eterno mensaje siempre fue el mismo:
tú y Yo siempre hemos sido el mismo,
la radiante, unitaria y eterna Conciencia Divina.

X
Ahora el gozo eterno es el descanso;
la Auto-Conciencia culminó,
el gran Pralaya concluyó,
la Conciencia Divina Soy.

OM SRI SAI RAM

Para contactar al autor,
favor escribir al siguiente correo electrónico:

ps.hanny.juez@gmail.com

GLOSARIO

Aagami-karma: Se refiere a las consecuencias de las acciones, mismas que serán experimentadas en el futuro.

Ahamkara: Ego.

Ahimsa: Literalmente significa "no violencia".

Ajña chakra: Corresponde al chakra ubicado en el entrecejo, más conocido como tercer ojo. Se la considera fuente de sabiduría eterna, el oráculo por excelencia.

Amnaya: Tradición ancestral.

Anantham: Infinito.

Ananya-bhakti: Práctica devocional que se desarrolla en el plano causal o espiritual.

Anga: Significa miembro o rama. En referencia a esta obra, es más sencillo entenderla como "paso".

Antha-kaarana: Son los sentidos internos compuestos por: ego (*ahamkara*), mente (*manas*), inteligencia (*buddhi*), conciencia individual (*chitta*). Bhagawan Sri Sathya Sai Baba indica que hay un quinto compuesto llamado conocedor (*jñatha*).

Anthara-anga sadhana: Literalmente significa "ayudas internas de la disciplina espiritual".

Anthara-Atma: Ser interno.

Aparigraha: Significa literalmente "no aceptar dádivas".

Aparoksha-Jñana: Se refiere a aquel conocimiento revelado desde la experiencia o comprobación directa.

Ardhangui: Literalmente significa "la otra mitad del cuerpo". Se refiere al cónyuge, al período de matrimonio.

Ardha-padma-asana: Se refiere a la postura sentada con una pierna cruzada hacia arriba y la otra hacia abajo. Conocida también como "posición de medio-loto", es una de las posiciones más usadas para meditar a nivel de piso o tabla rasa por su comodidad y fácil adaptación corporal.

Artha: Riqueza.

Asana: Significa gesto de la postura.

Ashtanga-yoga: Término compuesto: *ashta* ocho y *anga* rama o parte, o sea, *Ashtanga-Yoga* significa el "Yoga de los Ocho Pasos" o la "Disciplina Óctuple".

Astheyam: Literalmente significa "no robar".

Atma-bhava: Gozo o comunión con el propio Ser.

Atman: Comúnmente se traduce como Alma.

Avadhuta: Aquel que ha alcanzado el pleno conocimiento sobre sí mismo y por ende la liberación sobre la ilusión que proyecta la naturaleza. También se los conoce como *Yivanmuktha* o *Paramahamsa*.

Avarana-Shakti: Es el poder (*shakti*) de la ilusión (*maya*) de velar (*avarana*) la Divina presencia en todo y en uno mismo.

Avastha: En el contexto de lo que se estudia, se refiere a los estados de conciencia mismos que son tres: vigilia (*yaagrath*), sueño (*swapna*) y sueño profundo (*sushupti*).

Avatar: Literalmente significa "descenso" o "encarnación". En el contexto de esta obra se refiere a la encarnación de la Sagrada Conciencia Divina.

Avidya: Se refiere a la ignorancia fundamental o velo de ilusión también conocido como maya, por lo que el ser encarnado no reconoce o está cegado a su verdadera identidad.

Bahiranga sadhana: Literalmente significa "ayudas externas de la disciplina espiritual".

Bhakti-yoga: Se refiere al sendero de ofrendar todo como un acto de amor al Ser Supremo.

Bhoutika-bhakti: Práctica devocional que se desarrolla en el plano físico o material.

Bhur-loka: Se refiere al mundo o plano material. Corresponde a los mundos inferiores (materiales) siendo el 1ro en orden ascendente.

Bhuva-loka: Se refiere al mundo o plano sutil. Corresponde a los mundos inferiores (materiales), siendo el 2do en orden ascendente. Es la región del Hijo del Hombre.

Bikshus: Religiosos mendicantes.

Bogui: Se refiere al sujeto que experimenta el momento. Es aquel que observa y se involucra en la experiencia pero no tiene interés en repetirla.

Brahma: Primera persona de la Trinidad Hindú que representa el aspecto de Dios como creador.

Brahma-charyam: Término compuesto donde *Brahma* significa Dios y *charyam* conducta; o sea, es el conducirse bajo los designios del Dios creador. En general se refiere al período de la juventud donde se debe mantener el celibato. Es la contemplación incesante de Dios.

Brahma-muhurta: Término compuesto que significa "el horario o período de tiempo correspondiente a *Brahma* (Dios)". Es el momento más adecuado y auspicioso para la práctica interna que por lo general se establece entre las tres y cinco de la madrugada.

Brahman: El Ser Absoluto Universal o Dios. No confundir con *Brahma* quien es la primera persona de la sagrada trinidad Hindú.

Brahmín: Dícese de aquel que oficia de sacerdote en la religión hindú.

Buddhi: Inteligencia.

Chaitanya: Conciencia.

Chakra: Zona o región energética presente en todo objeto manifestado, sea macro o micro, universos o individuos. En el ser humano existen decenas de miles de *chakras*, pero los principales son siete: muladhara, *swadishthana, manipura, anahata, vishuda, ajña* y *sahasrara*.

Chin-mudra: *Chin* deriva de la raíz *Chit* que significa conciencia; o sea, *Chin-Mudra* es el "gesto para la conciencia". Su posición es con la palma de la mano hacia abajo.

Chinmaya-tatwa	La fuente de la conciencia. También es conocida como Super-Conciencia, Supra-Conciencia o Ultra-Conciencia.
Chitta:	Conciencia individual.
Dama:	Auto-regulación.
Dharana:	Concentración.
Dharma:	Comúnmente entendida como rectitud; sin embargo, para los mismos estudiosos del sánscrito, la coincidencia en el significado y más aún en la traducción de este término no es concluyente. Virtud refleja más el espíritu de lo que se quiere dar a entender como *dharma*. La virtud (*dharma*) puesta en acción (*karma*) da como resultado la rectitud.
Dharma-charya:	Conducta virtuosa.
Dhyana:	Literalmente significa meditación.
Dhyana-mudra:	Significa literalmente "gesto para la meditación". Esta posición facilita la absorción de la conciencia en sí misma (auto-conciencia), que es lo que se conoce propiamente como *dhyana* (meditación) y que es el pre-ambulo del estado de *samadhi*.
Dwapara-Yuga:	La era de cobre donde predomina la falsedad pero aun persisten rasgos de verdad y pureza.
Ekaantha-Bhakthi:	Es un estado sutil que se adquiere con el control efectivo de la mente y se experimenta el propio ser interno (*Anthar-Atma*). Es la capacidad de limpiar la mente de pensamientos impuros.
Ekagrata:	Se refiere a la fijación o concentración en un solo punto.
Gayatri Mantra:	Canto que contiene en sí mismo la esencia de los vedas.
Grihastha:	Jefe de familia.
Gunas:	Características primordiales.
Himsa:	Violencia.
Hiranya-garbha:	Literalmente significa: matriz (*garbha*), dorado (*hiranya*). Se refiere a la Divina Fuente de todo cuanto existe.
Icha-Shakti:	El poder (*shakti*) de la voluntad (*icha*).
Ida:	Es el *nadi* o la vertiente energética fría (Luna). Corresponde al canal izquierdo del cuerpo, relacionada con la glándula pituitaria.
Ishta-Devata:	Término compuesto por *ishta*: amado y *devata*: deidad o Dios. Literalmente significa "Dios atesorado o amado". Se refiere al modelo o ideal divino anhelado por el devoto.
Ishwara-pranidhaanam:	Ofrenda a Dios.
Ishwara-kripa:	Literalmente significa "Gracia Divina".
Jñaanam:	Sabiduría. Corresponde al puente intermedio que comunica al sujeto y el objeto, misma que entrega conocimiento (significado).
Jñaatha:	Representa al conocedor, quien observa, discierne y busca entender (*jñaanam*) al objeto (*jñeyam*).

Jñana-Mudra: Significa literalmente "gesto para el conocimiento". Su posición es con la palma de la mano hacia arriba.

Jñana-Yoga: Se refiere al sendero que conduce a alcanzar la conciencia de unidad con el Ser Supremo.

Jñanendriyas: Se refiere a los órganos de percepción, mismos que comprenden a los oídos (*srotra*), piel (*tvak*), ojos (*cakshus*), lengua (*rasanaa*) y nariz (*ghraana*).

Jñeyam: Es un objeto, cualquiera que este sea, material (casa, trabajo, riqueza, familia, etc.) o inmaterial (pensamiento, deseo, anhelo, emoción, ansiedad, etc.).

Jyotir-dhyana: Técnica ancestral de meditación de la India.

Kaarana-deha: Se refiere a uno de los tres cuerpos del ser humano, en este caso, al causal.

Kaivalya: Literalmente significa emancipación. Se le denomina así al estado de Auto-Realización, Auto-Conocimiento o Auto-Conciencia perfecta.

Kali-Yuga: La era de hierro donde predomina la falsedad y las impurezas y que es la que actualmente está en proceso de culminar.

Kama: Deseo.

Karma: Se puede traducir como actividad. Se refiere a que toda acción conlleva una reacción, una relación causa-efecto que se da en toda manifestación cósmica, por ende, sucede a todo nivel, desde lo micro hasta lo macro, desde lo denso hasta lo más allá de lo sutil.

Karma-yoga: Se refiere al sendero de la renuncia al fruto de la acción. Actividad desinteresada, también conocido como *nish-kama-karma*.

Karmendriyas: Órganos de la acción: cabeza, miembros superiores, miembros inferiores, órgano de la reproducción y órgano de la excreción.

Kshama: Autocontrol. Es la capacidad de auto-regularse por sobre los estímulos y sus distintos vehículos: sentidos, mente, deseos, factores condicionantes (*samskaras, vasanas* y *vrittis*), etc., o sea, es tener control sobre las características de la naturaleza en el individuo.

Kumbhaka: Período de retención del aire durante la práctica del *pranayama*.

Kundalini: Literalmente significa "serpiente enroscada". Es la energía fundacional que permanece latente en el ser humano en el *chakra muladhara*. Es la energía femenina o creadora conocida también como *Shakti*.

Kurukshetra: Literalmente significa "El campo de los Kurus". Es donde se libró la legendaria batalla entre los Pandavas y los Kauravas narrada en el Mahabharata, específicamente en el Guita.

Laghu-pranayama: Práctica del *pranayama* para el control de la mente y los sentidos, entre otros beneficios.

Maha-Jñana-Yogui: Gran maestro de la sabiduría.

Maha-kaarana-deha: Se refiere al cuerpo supra-causal.

Maha-Rishi: Gran sabio o erudito.

Mahar-loka: Es el 4to en orden ascendente de los mundos o planos. Es el puente entre los planos superiores (espirituales) y los inferiores (materiales).

Mahatma: Literalmente significa "gran alma".

Manana: Reflexionar.

Manas: Mente.

Manasika-sambhashana: Es el diálogo interno constante, el cual es un obstáculo para la paz interior. Otro nombre para *vrittis*.

Manes: Se refiere a los antepasados, aquellos seres desencarnados.

Marga: Sendero.

Maya: El poder (*shakti*) de velar la realidad y es de dos tipos: *avarana* y *vikshepa shakti*.

Mithya: Se refiere a algo entre verdad y falsedad, no es ni real ni irreal.

Moksha: Liberación (de la ilusión, engaño o *maya*).

Nadis: Canales sutiles por donde circula la energía fundamental en los seres. Las principales son: *ida, píngala* y *sushumna*.

Nadi-shodhana: Práctica del *pranayama* encaminada a remover toda impureza de los canales por donde circula el *prana*.

Neti-Neti: Técnica para el refinamiento interno, basada en la discriminación. Literalmente significa "no soy esto, no soy esto", precisamente para diferenciar lo que no soy (lo irreal) de lo que soy (lo real).

Nididhyasam: Interiorizar.

Nirakara: Se refiere a aquellos métodos científicos-espirituales que no emplean forma ni característica alguna para progresar.

Nirguna upasana: Se refiere a la práctica espiritual sin atributos. El progreso es en base a la no dualidad, a la realización de la Conciencia Primigenia y Única; por ende, no se usa nombre ni forma.

Nirguna-Brahman: Se refiere a que el *Ishtadevatha* es sin atributos o características.

Nirvikalpa-samadhi: Literalmente significa "*samadhi* sin características". Es cuando el *triphuti* o la triple naturaleza del conocedor, el conocimiento y lo que se busca conocer se han fundido dando como resultado una unidad perfecta. No habrá practicante, ni búsqueda ni tampoco resultado, solo pura y permanente Auto-Conciencia.

Nishchala: Inmóvil, inconmovible.

Niyama: Significa literalmente "práctica de las restricciones". Se refiere a la pureza externa e interna de forma permanente.

Om (Aum): Es la Vibración Primordial, el Verbo, desde la cual todas las cosas fueron hechas. También se lo conoce como Amén, Amín, entre otros.

Oyas: Es la sublimación de los *viryas*, transformándose en poderosos nutrientes para los cuerpos del ser encarnado.

Padma-asana: Se refiere a la postura sentada con piernas cruzadas hacia arriba. Conocida también como "posición de loto" (traducción literal del sánscrito), es ideal para meditar a nivel de piso o tabla rasa.

Pancha-bhutas: Significa literalmente los cinco elementos: tierra (*prithvi*), agua (*yala*), fuego (*agni*), aire (*vayu*), espacio/éter (*akasa*).

Pancha-koshas: Significa literalmente las cinco envolturas: física o del alimento (*anamaya kosha*), energía vital (*pranomaya kosha*), mente (*manomaya kosha*), inteligencia (*vijñanamaya kosha*), bienaventuranza (*anandamaya kosha*).

Pancha-pranas: Significa literalmente los cinco aires vitales: *samana* (balance), *vyana* (circulación), *udana* (movimiento ascendente), *apana* (movimiento descendente), *prana* (fuerza vital).

Pancha-rupas: Significa literalmente las cinco formas. Se refiere al *Gayatri-mantra*. Sus cinco (*pancha*) formas (*rupas*) son: los cinco órganos de la acción (*karmendriyas*), los cinco órganos de la percepción (*jñanendriyas*), los cinco elementos (*pancha-bhutas*), los cincos aires vitales (*pancha-pranas*) y los cinco principios básicos (*pancha-tatwa*). Otros textos reemplazan a los cinco aires vitales (*pancha-pranas*) por los sentidos internos (*anthakaarana*).

Pancha-tatwa: Son los cinco principios básicos o cinco valores ascéticos sobre los cuales se asienta toda la naturaleza: *ahimsa* (no violencia), *sathya* (verdad), *asteyam* (no robar), *brahmacharya* (continencia, período de estudiante) y *aparigraha* (no recibir nada de otros). En ocasiones es el mismo *Pancha-bhutas*.

Pandit: Erudito o sabio.

Paramatma: El Gran Alma Universal, el Ser Supremo.

Paramjyotir: Literalmente significa "Fuente de Gran Esplendor". Se refiere al Principio Divino que es causa de todo lo cognoscible y no cognoscible.

Paratatwa: El Principio Trascendental

Paroksha-Jñana: Se refiere a aquel conocimiento indirecto o inferido obtenido por intermedio de distintas fuentes: textos, videos, discursos, etc.; es decir, es un conocimiento aprendido, no experimentado ni comprobado.

Patányali: Sabio de la India cuyo nacimiento se calcula siglos antes del Señor Jesucristo. Escribió el "Yoga Sutras", texto que trata varios principios científicos-espirituales.

Píngala: Es el *nadi* o la vertiente energética caliente (Sol). Corresponde al canal derecho del cuerpo, relacionada con la glándula pineal.

Praarabdha-karma: Es cuando se está experimentado las consecuencias de las acciones del pasado.

Prajña: Del sánscrito *pra* anterior y *jña* conocimiento, o sea, que es fuente del conocimiento. Se refiere al plano causal o espiritual. Su naturaleza aparenta vacío, pero no del vacío que significa ausencia, sino del que, por ser todo, aparenta ser nada. Como su nombre lo indica, es causa y conocimiento de todo lo demás.

Prakhanti: Dicha y amor supremos.

Prakriti: Naturaleza.

Prana-maya-kosha: Significa literalmente "envoltura ilusoria de principio vital". Es una de las envolturas que está presente en todos los seres vivos.

Pranayama: El vocablo *pranayama* es una combinación de dos términos sánscritos *prana* y *ayama*. Prana a su vez se compone de dos términos *pra* anterior o principio y *ana* acción; por lo tanto, *prana* significa principio de la acción, fuente vital o energía vital. Por su parte, *ayama* se compone de dos términos: *a* hacer y *yama* control, por lo que significa controlar. Por ende, *pranayama* es el control sobre la energía vital.

Prasthaan-trayee: Se refiere a los tres textos básicos de estudio: Bhagavad-Gita, Upanishads y Brahma-Sutras.

Pratyahara: Significa desapego de los sentidos. Es retirar la dinámica mente-sentidos (los receptores de los estímulos) y alojarlos en donde encuentren satisfacción y descanso, o sea, en el "sancta sanctórum" del corazón (*anahata chakra*). Es la visión directa, aguda y de concentración en un solo punto de la mente sobre el *Atma*.

Prayapati: Se refiere a la Manifestación Cósmica Primordial caracterizada por la creación, multiplicación y descendencia o progenie.

Prema-rasa: La experiencia de libar del néctar del Divino Amor.

Puraka: Período de inhalación del aire durante la práctica del *pranayama*.

Purusharthas: Es el sendero por el cual se pueden alcanzar de manera legítima las metas de vida.

Raya-yoga: Literalmente significa el Yoga del Rey (Reina) o de la realeza. Es el estado manifiesto del *Sanathana Dharma*, el cual contiene los siguientes tres senderos concomitantes: *karma-marga* (sendero de la actividad desinteresada por sus frutos), *bhakti-marga* (sendero del amor por aquel Ser Superior) y *jñana-marga* (sendero del conocimiento Superior).

Rayo-guna: Actividad, impulsividad, afán por el control y ambición de triunfo. Su expresión se da mayormente en el plano mental. Su característica principal en el ser humano es la actividad y la creatividad.

Rechaka: Período de exhalación del aire durante la práctica del *pranayama*.

Ritham: Verdad. Sinónimo de *Sathyam*.

Rogui: Se refiere al sujeto que busca ser experimentador permanentemente. Es aquel que observa, se involucra en la experiencia y busca repetirla.

Saalokyam: Es la concentración, la absorción del pensamiento en la Divinidad.

Saamipyam: Se refiere a la proximidad o cercanía con el Señor.

Saarupyam: Se refiere a la experiencia de la visión del Señor.

Saayujyam: Es el proceso de fusión del *yivatma* con el *Paramatma* descrito como fusión Divina.

Sadhaka: Aspirante espiritual.

Sadhana: Disciplina y/o práctica espiritual.

Saguna-upasana: Se refiere a la práctica espiritual con atributos. Se usa nombre y/o forma para progresar.

Saguna-Brahman: Se refiere a que el *Ishtadevatha* es con atributos o características.

Sahasrara chakra:	Corresponde al *chakra* ubicado en la coronilla, más conocido como *chakra* corona. Es la puerta que comunica a la Conciencia Superior. En dicha corona reside la energía liberadora o Shiva.
Sakara:	Se refiere a aquellos métodos científicos-espirituales que emplean la forma para progresar.
Sakshatkara:	Otro nombre para *Kaivalya*.
Sama:	Control o equilibrio.
Samadhi:	Se refiere a la comunión interna con la Conciencia Única y Suprema. Es el estado en el cual el intelecto ha alcanzado ecuanimidad perfecta por medio del cual la conciencia se absorbe en sí misma, o sea, se establece en la Auto-Conciencia.
Sama-drishti:	Literalmente significa "visión ecuánime". Se refiere a la visión perfecta, pero no de índole orgánico, sino trascendental: ver igual todo, pues todo es sólo Conciencia Divina o Dios.
Samchita-karma:	Se refiere a las consecuencias de las acciones que están siendo acumuladas en el presente.
Samkhya Darshana:	Es una antigua rama filosófica de la India que se basa en tres formas de estudio: *pratyaksha* (percepción), *anumaana* (inferencia) y *shabda* (testimonio de fuentes confiables).
Samsara:	Rueda de nacimientos y muertes.
Samskara:	Impresiones o registros mentales que permanecen a nivel del inconsciente (estado de sueño profundo o plano causal) del individuo.
Samyama:	Es la técnica por la cual las características del objeto sobre el cual se piensa y se concentra se van consumiendo y permanece únicamente su conocimiento, significado o sustrato.
Sanathana Dharma:	Su traducción literal es Perpetua Virtud. Se refiere al sendero eterno y sagrado que toda la humanidad cursará sin excepción de regreso a la Fuente, misma que se encuentra más allá de religión, etnia, nación, clase social, etc.
Sankalpa:	Decisiones o resoluciones que se traducen en voluntad.
Santhosham:	Contento.
Sanyasa:	Aquel que renuncia a todo lo externo.
Sathatham yoginah:	Se refiere a establecerse en el yoga permanentemente.
Sat-Chit-Ananda:	Ser-Conciencia-Bienaventuranza. La Conciencia Suprema es eternidad (*Sat*) y auto-refulgencia (*Chit*). Al saberse eterno y auto-consciente brota la bienaventuranza (*Ananda*).
Sathatham:	Estar firmemente establecido en algo.
Sathya-loka:	Corresponde a los mundos espirituales (superiores), siendo el 7mo y último en orden ascendente. También conocida como *Anama*, la Sin Nombre. Los que alcanzan este plano alcanzan *Turiya*, *Nirvana*, *Kaivalya* o *Shatshakara*. La región del Ser Único.
Sathyam:	Literalmente significa "verdad".
Sathya-Yuga:	Es la era de oro donde reina la verdad y la pureza y que en estos momentos está apenas en su alboreo.
Satsanga:	Literalmente significa estar asociados con la verdad. Se refiere a estar en compañía de personas íntegras.

Satwa-guna: Pureza, transparencia. Es la sagrada manifestación cósmica tal como es, sin variaciones ni modificaciones. Su expresión se da mayormente en el plano causal. Su característica principal en el ser humano es la ecuanimidad y la fuente del conocimiento (conciencia).

Savikalpa-samadhi: Literalmente significa "*samadhi* con características". Aunque el *triphuti* ha mutado de tres a dos factores (sujeto y objeto). Aún persiste *maya*.

Shakti: Nombre proveniente de la cultura hindú que representa el Principio Energético Femenino, o sea, la fuerza creadora de la naturaleza.

Shiva: Tercera persona de la Trinidad Hindú que representa el Principio Energético Masculino, o sea, la fuerza liberadora de la naturaleza. Es el renovador, destructor y protector. Su nombre significa prosperidad.

Soucham: Pureza.

Sravana: Escuchar.

Sthula-deha: Se refiere a uno de los tres cuerpos del ser humano, en este caso, al material o físico.

Sukha-asana: Se refiere a la postura sentada con las piernas cruzadas con los pies hacia abajo. Conocida también como "posición placentera o cómoda" o también como "cuarto de loto", es la posición básica para meditar a nivel de piso o tabla rasa.

Sukshma-deha: Se refiere a uno de los tres cuerpos del ser humano, en este caso, al sutil, astral o mental.

Sundaram: Belleza.

Surya: El Astro Rey, Sol.

Suryaka: Período de retención del vacío luego de *rechaka* (exhalación) durante la práctica del *pranayama*.

Sushumna: Es el *nadi* o la vertiente energética del equilibrio. Corresponde al canal principal del cuerpo, relacionado con el sistema nervioso central.

Sushupti: Se refiere al estado de conciencia de sueño sin sueños.

Swadhyayam: Se refiere al estudio de textos sagrados.

Swahar-loka: Se refiere al cuerpo causal o espiritual. Corresponde a los mundos inferiores (materiales), siendo el 3ro en orden ascendente.

Swami: Se refiere a una orden monástica de India. Aunque Bhagawan Sri Sathya Sai Baba no necesitó nunca recibirse de grado alguno, los devotos respetuosamente se dirigen a Él como Swami.

Swapna: Se refiere al estado de conciencia del sueño.

Taiyesa: Se refiere al plano de conciencia de la luz (*teyas*), astral, sutil o mental.

Tamo-guna: Oscuridad, ignorancia, pereza, bajas pasiones. Su expresión se da mayormente en el plano físico. Su característica principal en el ser humano es la reactividad y la concreción de la creatividad.

Tanmatras: Se refiere a los objetos de percepción los cuales comprenden al sonido (*shabda*), tacto (*sparsa*), forma (*rupa*), gusto (*rasa*) y olfato (*gandha*).

Tapas: Penitencia o sacrificio.

Tapo-loka: Corresponde a los mundos espirituales (superiores), siendo el 6to en orden ascendente. En este plano el Ser encarnado comprende que es solo una idea que descansa en el Espíritu Santo, y así sacrifica (tapo) incluso dicha idea. También conocida como *Agama*, la Inaccesible. La región del Espíritu Santo.

Treta-Yuga: La era de plata donde predomina la verdad; sin embargo, ya hay rasgos de impurezas.

Trikaarana-Suddhi: Literalmente significa "purificación de la triple causa", a saber, pensamiento, palabra y acción.

Triputhi: Se refiera a la triada del sujeto, objeto y el conocimiento que entrega la dinámica que generan los dos primeros.

Turiya: Es la Auto-Conciencia Base de la cual surgen el resto de planos.

Upanishads: Textos sagrados de India. Se lo considera la esencia de los Vedas.

Vairagya: Renunciación o desapego.

Vaishnava: Seguidor de *Vishnu*, quien representa a la Segunda Persona de la Trinidad Hindú. Quien sostiene a toda la manifestación cósmica.

Vanaprastha: Anacoreta o aquel que se recluye.

Vasana: Tendencias que subsisten a nivel del subconsciente (estado de sueño, plano astral o mental) del individuo.

Vedanta: Referente a los "Vedas", mismos que son revelaciones sagradas ancestrales compiladas en forma de textos.

Vichara: Literalmente significa "investigación".

Vidya: Conocimiento

Vighneshvara: Es la deidad que preside a la inteligencia y dota a las personas de pureza del intelecto y del poder de discriminar entre lo correcto y lo incorrecto, y entre lo permanente y lo transitorio.

Vikalpa: Variedad de ideas o dudas mentales.

Vikshepa shakti: Es el poder (*shakti*) de la ilusión (*maya*) de proyectar (*vikshepa*) el *avarana shakti* (el velo de la ignorancia o separación); esto es, el poder de disgregar lo permanente de lo efímero.

Virash-Purusha: Se refiere el Gran y Único Ser. La Auto-Conciencia Suprema, base de todo lo demás. Es el Ser Cósmico. Es el Reino de lo Espiritual.

Virat-Purusha: Se refiere a la Auto-Conciencia Suprema manifestada. Es el Ser Universal, lo macro. Corresponde al mundo material.

Viryas: Se refiere a la materialización del principio de la energía vital o prana.

Vishuda-chakra: Corresponde al *chakra* ubicado en la parte baja de la garganta. Es instrumento fundamental para la comunicación.

Viswa: Se refiere al plano físico, o sea, la naturaleza material.

Viveka: Discriminación.

Vritti: Es el diálogo interno constante o recuerdos que actúan a nivel consciente (estado de vigilia, plano material o denso).

Yaagrath: Se refiere al estado de conciencia de la vigilia.

Yagat-Purusha: Se refiere a la Auto-Conciencia Suprema manifestada. Es el Ser individual, lo micro. Corresponde al mundo material. El conjunto de *Yagat-Purushas* es el *Virat-Purusha*.

Yama: Autocontrol o restricción.

Yana-loka: Corresponde a los mundos espirituales (superiores), siendo el 5to en orden ascendente. En este plano el Ser encarnado al ascender de los mundos materiales (inferiores), ya no refleja la Luz Espiritual, sino que la manifiesta. También conocida como *Alakshya*, la Incomprensible. La región del Hijo de Dios.

Yivatma: Término compuesto por *yiva* que significa vida y *atma* que se equipara a alma, por lo que literalmente significa "alma con vida". Se refiere a los seres encarnados.

Yoga Sutras: Literalmente significa "Aforismos del Yoga". Se refiere al texto escrito por el gran sabio de la antigüedad Patányali.

Yoga: Literalmente significa unión.

Yoga-kshema: Se refiere a la Gracia del Supremo de ver siempre por el bienestar de su devoto.

Yoga-mudras: Técnicas ancestrales yóguicas que emplea variados gestos y formas.

Yogui: Se refiere al sujeto inafectado. Que se encuentra en el sendero del Yoga.

Yuga: Se refiere a los períodos de manifestación cósmica, mismos que son cuatro: Oro (*Sathya-Yuga*), Plata (*Treta-Yuga*), Cobre (*Dwapara-Yuga*) y Hierro (*Kali-yuga*).

ANEXO BIBLIOGRÁFICO

1. *Swami Vivekananda*. Yoga-Sutra de Patányali. Versión del idioma inglés.

2. *Bhagawan Sri Sathya Sai Baba*. Dhyana Vahini (Sanathana Sarathi). Versión del idioma inglés. 1959.

3. *Bhagawan Sri Sathya Sai Baba*. Divino discurso. Versión del idioma inglés. 1989/sep/03.

4. *Bhagawan Sri Sathya Sai Baba*. Divino discurso. Versión del idioma inglés. 1996/ene/18.

5. *Bhagawan Sri Sathya Sai Baba*. Prashanti Vahini (Sanathana Sarathi). Versión del idioma inglés. 1960.

6. *Bhagawan Sri Sathya Sai Baba*. Divino discurso. Versión del idioma inglés. 1987/sep/26.

7. *Dale Carnegie*. Como ganar amigos e influir sobre las personas. Versión del idioma castellano. 1936.

8. *Bhagawan Sri Sathya Sai Baba*. Prasnotara Vahini (Sanathana Sarathi). Versión del idioma inglés. 1964.

9. *Bhagawan Sri Sathya Sai Baba*. Divino discurso. Versión del idioma inglés. 1964/dic/17.

10. *Bhagawan Sri Sathya Sai Baba*. Divinos discursos. Versión de los audios del idioma inglés. 1989/sep/03 y 1996/ene/18. https://ssschv.srisathyasai.org/.

11. *Bhagawan Sri Sathya Sai Baba*. Vidya Vahini (Sanathana Sarathi). Versión del idioma inglés. 1981.

12. *Bhagawan Sri Sathya Sai Baba*. Divino discurso. Versión del idioma inglés. 1989/jun/29.

13. *Bhagawan Sri Sathya Sai Baba*. Cursos de verano. Divino discurso #20. Versión del idioma inglés. 1979/may.

14. *Bhagawan Sri Sathya Sai Baba*. Divino discurso. Versión del idioma inglés. 1985/nov/21.

15. *Swami Madhavananda*. Vivekachudamani of Sri Shankaracharya. Versión del idioma inglés. 1921.

16. *Swami Sri Yukteswar*. La Ciencia Sagrada. 1894.

17. *Ernesto Ballesteros Arranz*. Yoga Vasishtha, un compendio. Versión del idioma castellano. 1995.

18. *Swami Sivananda*. The Brihadaranyaka Upanishad. Versión del idioma inglés. 1985.

19. *Bhagawan Sri Sathya Sai Baba*. Divino discurso. Versión del idioma inglés. 1982/ene/23.